NUITS ANTIQUES

DANS LA MÊME COLLECTION

1. Panthéon en poche
Dieux et déesses de l'Antiquité
2. À la table des Anciens
Guide de cuisine antique
3. Séduire comme un dieu
Leçons de flirt antique
4. À l'école des Anciens
Professeurs, élèves et étudiants
5. À la rencontre de l'étranger
L'image de l'Autre chez les Anciens
6. Sur la mer violette
Naviguer dans l'Antiquité
7. Monstres et merveilles
Créatures prodigieuses de l'Antiquité
8. Professionnelles de l'amour
Antiques & impudiques
9. Dixit
L'art de la parole dans l'Antiquité
10. Des lyres et cithares
Musiques & musiciens de l'Antiquité
11. Homosexualité
Aimer en Grèce et à Rome
12. Celebriti
Riches, célèbres et antiques
13. Devenir dieux
Désir de puisssance et rêve d'éternité chez les Anciens
14. Paranormale Antiquité
La mort et ses démons en Grèce et à Rome
15. L'Empire des loisirs
*L'*otium *des Romains*
16. Odeurs antiques
17. Hocus Pocus
À l'école des sorciers en Grèce et à Rome
18. Exit
Exclus et marginaux en Grèce et à Rome
19. Mercato
Le commerce dans les mondes grec et romain
20. Torturer à l'antique
Supplices, peines et châtiments en Grèce et à Rome

NUITS ANTIQUES

Précédé d'un entretien

entre Michel Serres et Michel Polacco

Textes réunis et présentés

par

Virginie Leroux

LES BELLES LETTRES

2013

www.lesbelleslettres.com
Retrouvez Les Belles Lettres
sur Facebook et Twitter

ISBN: 978-2-251-03021-0
ISSN: 0003-181X

« La nuit aussi mérite qu'on l'écoute »

Homère, *Iliade,* VII, 282

Cet ouvrage n'aurait pas existé sans la généreuse impulsion donnée par Christine Pigné. Qu'elle soit chaleureusement remerciée de son énergie et de son enthousiasme.

ENTRETIEN AVEC MICHEL SERRES*

MICHEL POLACCO. – *Parlons de la nuit. Chaque jour revient la nuit. La plus courte, cette année, sera celle du 21 juin, au solstice d'été, et la plus longue, celle du 20 décembre, pour le solstice d'hiver. Elle rythme nos vies. Elle est le sujet de nos peurs et de nos fantasmes. Elle est vitale à nos cycles de repos circadiens. Elle porte conseil, selon le vieux proverbe, et la nuit tous les chats sont gris, Michel, vous le savez. Autrefois, la guerre s'interrompait la nuit ; de nos jours, c'est la nuit qu'on effectue, comme en Libye, les bombardements les plus dévastateurs. Alors, Michel, la nuit, c'est l'impuissance ?*

MICHEL SERRES. – « La lumière luit dans les ténèbres et les ténèbres ne l'ont pas reçue[1]. » Saint Jean, que je viens de citer, pensait, comme la philosophie des Lumières, qu'il fallait combattre les ténèbres, parce qu'actives elles l'emportaient sur la lumière. Paradoxe extraordinaire : n'importe quelle lueur, en effet, la plus tremblotante des bougies effacent l'ombre de la nuit, alors que l'obscurité n'a jamais, que je sache, vaincu la lumière. Premier paradoxe dans l'image de la connaissance philosophiquement la plus commune, et cependant contradictoire, ou au moins contraire à l'expérience.

Deuxième paradoxe, celui d'Olbers, astronome du XIXe siècle. Déjà repéré dès le XVIe et le XVIIe siècles, il formule l'énigme du noir de la nuit : si l'on considère que le regard intercepte dans n'importe quelle direction

* Cet entretien entre Michel Serres et Michel Polacco a été diffusé sur France Info le 1er mai 2011. Nous les remercions chaleureusement de nous avoir autorisée à le publier.

1. *Évangile de Jean*, I, 5.

une étoile, alors la voûte céleste devrait être beaucoup plus brillante la nuit que le jour et, par conséquent, l'on devrait percevoir une luminosité dix fois plus importante la nuit. Seule l'expansion de l'univers a permis de résoudre ce paradoxe, longtemps disputé parmi les astronomes.

Troisième paradoxe : nous avons perdu la nuit. Si vous regardez, par exemple, des photographies de notre planète la nuit, vous observerez que la lumière sature nos régions occidentales, Amérique du Nord ou Europe ; d'Oxford à Turin, en passant par la Ruhr et la Suisse, s'étendent de gigantesques sources de clarté. Les constellations sont tombées sur la Terre ! Vous qui habitez les villes, vous ne pouvez pas échapper à la lumière. Il est difficile de trouver la nuit, sauf si vous allez dans le désert, dans l'Himalaya ou au sommet des Alpes. Nous avons perdu la nuit comme nous avons perdu le silence. La lueur obligatoire correspond à la rumeur obligatoire. Aussi, je supplie les auditeurs de protéger la nuit, contrairement à ce que recommande la philosophie des Lumières.

Pour les philosophes, le modèle de la connaissance a toujours été la lumière – le siècle des Lumières – ou le soleil – le Roi-Soleil –, l'éclat qui ruisselle de et sur la vérité. Cependant, si l'on fait du jour le modèle de la science, de la connaissance et de la conscience, alors il n'y aurait qu'une vérité, unique, totalitaire et d'une certaine manière cruelle et tyrannique. En réalité, et c'est là un quatrième paradoxe, la science, le savoir ressemblent beaucoup plus à la nuit qu'au jour. Pourquoi ? Parce que nos sciences sont constellées de repères différents, d'ailleurs superbes, des inventions et des intuitions remarquables qui se détachent sur la nuit du non-savoir et des choses encore à comprendre. Oui, le modèle de la science, de la conscience et du savoir apparaît plutôt la nuit que le jour ; ce n'est point un paradoxe, c'est la pure vérité.

Je finis sur la beauté de la nuit. Quoi de plus beau que les constellations : Orion, le Capricorne, Cassiopée, la Grande Ourse, les supergéantes rouges comme Bételgeuse, bleues comme Rigel, Véga au zénith du ciel d'été, Sirus, du Grand Chien, et surtout Antarès, la tête de Méduse, scintillant de mille et une couleurs comme un diamant.

Je viens de citer des noms grecs, vous l'avez remarqué. Antarctique signifie « de l'autre côté de l'Ourse », Arctique, « l'Ourse » et Arcturus, « la queue de l'Ourse ». Le nom latin est Septentrion, c'est-à-dire les « sept bœufs de labour » (*septem triones*) de la Grande Ourse. Comptez-en les étoiles, vous en trouverez sept : trois pour la queue, quatre pour le chariot. Rigel et Bételgeuse sont des noms arabes qui veulent dire l'épaule et le pied. Cette collection de noms latins, grecs et arabes, etc., vient d'une vieille tradition : disons entre le Moyen Âge et l'Âge classique, musulmans, chrétiens, juifs ou athées, ces astronomes travaillèrent ensemble et donnèrent alors aux étoiles des noms empruntés à leur langue, à leur culture et à leur religion. Alors, dans la nomination des étoiles et des constellations du ciel s'inscrivit la paix des civilisations, la paix des cultures au sein de leur diversité. Tout à l'heure, je disais que le meilleur modèle du savoir, par la diversité des repères, des intuitions et des découvertes, était plutôt la nuit que le jour ; de même, le modèle politique, linguistique et culturel de la paix est, de nouveau, la nuit, alors que, pendant le jour, on ne perçoit que cette vérité unique dont l'exclusivité peut devenir accablante et totalitaire.

Mieux encore, règne dans les ténèbres lumineuses de la nuit une sérénité que n'importe quel voyageur du désert, alpiniste de l'Himalaya ou grimpeur dans les Andes a ressentie lorsqu'il a cru que les étoiles étaient si proches qu'il pourrait les toucher de la main. La nuit est plus savante, multiple et paisible que le jour.

CARTES

La Méditerranée antique (1 cm = 280 km)

Borysthenes
Tanais
SCYTHIA
DACIA
CHERSONESUS
TAURICA
COLCHIS
Danubius/Ister
PONTUS EUXINUS
Trapezus
MOESIA
BITHYNIA
PONTUS
THRACIA
Byzantium/
Constantinopolis
CAPPADOCIA
MACEDONIA
Halys
Tigris
MESOPOTAMIA
Smyrna
Euphrates
CILICIA
Athenae
SYRIA
CYPRUS
CRETA
Sidon
Damascus
Tyrus
PHOENICIA
RE INTERNUM
Aelia capitolina /
Jerusalem
Cyrene
Alexandria
LIBYA
AEGYPTUS
Nilus

Le monde grec (1 cm = 98 km)

PONTUS
EUXINUS
THRACIA
Bosphorus
Byzantium/
Constantinopolis
Abdera
Hebrus
Doriscus
PROPONTIS
THASOS
Hellespontus
AMOTHRACIA
Cyzicus
TROAS
Troja/Ilium
Simoïs
MYSIA
TENEDOS
Scamander
M. Ida
MARE
EGAEUM
Pergamum
PHRYGIA
LESBOS
LYDIA
Hermus
Smyrna
CHIOS
IONIA
Colophon
Ephesus
Maeander
ANDROS
SAMOS
M. Mycale
ASIA MINOR
Miletus
CARIA
DELOS
PATMOS
PAROS
Halicarnassus
NAXOS
SPORADES
COS
Cnidus
LYCIA
THERA
RHODOS
Cnossus
Gortyna
M. Dicte

ALPES MONTES
Aquileia
GALLIA CISALPINA
Mediolanum
Patavium
Verona
Cremona
Mantua
Padus
Parma
Ravenna
Felsina/
Bononia
Rubico
Ariminum
Pisaurum
APENNINUS MONS
ILLYRICUM
Ancona
Pisae
Arnus
Florentia
Arretium
PICENUM
ETRURIA
MARE
ADRIATICUM
UMBRIA
Asculum
Tiberis
Corfinium
CORSICA
Tarquinii
Sulmo
Roma
Tibur
Praeneste
Ostia
Tusculum
Arpinum
Lavinium
Cannae
Venafrum
APULIA
Beneventum

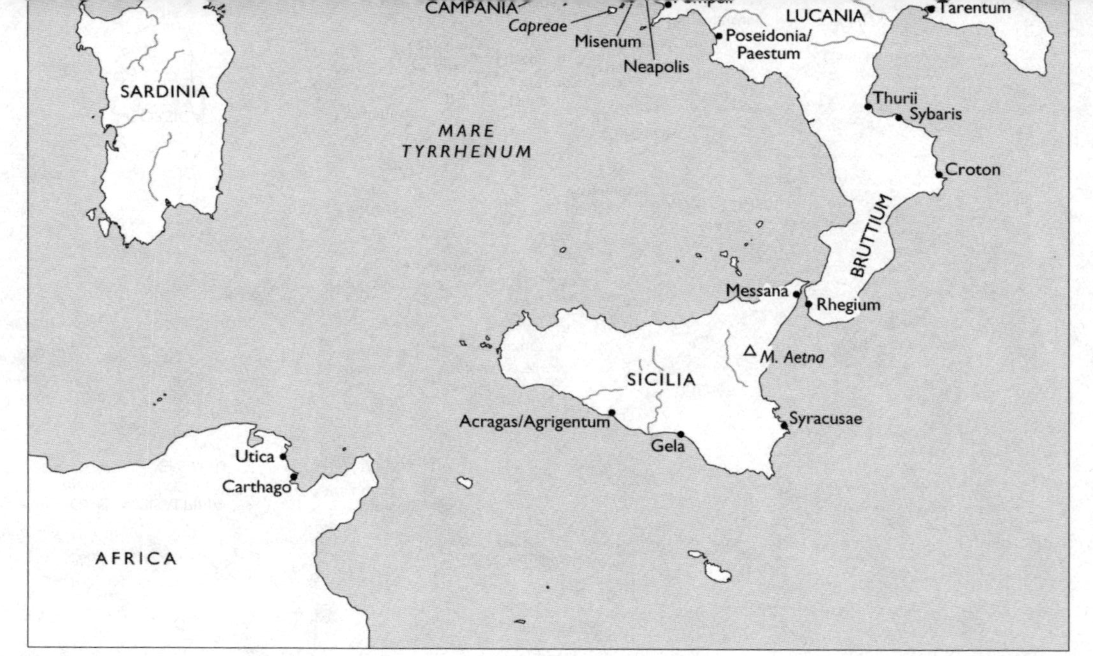

L'Italie antique (1 cm = 93 km)

LA NUIT DES TEMPS

Au commencement était la nuit. De nombreuses civilisations représentent l'état originel comme un état indifférencié ou comme un vide enveloppé de ténèbres, ainsi du tohu-bohu hébreu que décrit la *Genèse* (I, 2). Les Grecs et les Latins ont répondu de manières diverses à l'énigme des débuts du monde. Le plus fréquemment, ils placent à l'origine le Chaos, mais ils ne définissent pas ce terme de la même façon : Hésiode le conçoit comme une béance, un abîme ; pour l'école ionienne, il s'agit d'une eau primordiale ; pour certains stoïciens, de la masse informe des éléments mêlés ; pour Aristote enfin, de l'espace vide, ouvert pour tout contenir. À côté de Chaos, Nuit joue un rôle éminent dans plusieurs mythes cosmogoniques. Hésiode présente ainsi une genèse dans laquelle Nuit engendre son contraire, la Lumière, ainsi qu'une progéniture funeste. Parménide met en scène une divinité qui gouverne tout, ancêtre du démiurge qui crée l'univers dans le mythe cosmogonique du *Timée* de Platon. Cette divinité est à l'origine de l'enfantement de toutes choses à partir du Feu-lumière et de la Nuit en proportions diverses[1]. La Nuit est donc un des principes contraires originels dont l'union permet la génération du monde. La secte orphique accorde de même à la Nuit une place centrale : Orphée enseignait trois Nuits, la Nuit mantique, la Nuit vénérable

1. Fragment 12, voir *Le Poème. Fragments,* traduit et commenté par M. Conche, 2e édition, Paris, Presses universitaires de France, 1999, p. 222-229.

liée à la Sagesse et la Nuit qui engendre la Justice[2], et les cosmogonies orphiques font de Nuit tantôt la conseillère de Zeus[3], tantôt la mère[4], et parfois aussi la fille et l'épouse[5], d'un jeune mâle lumineux qu'on appelle Phanès, qu'elle enfante et à travers qui elle donne naissance à toutes choses.

Cette antériorité originelle de la nuit se retrouve dans la division du temps. Chez les premiers Indo-Européens ou les Sémites, on compte le temps par nuits et non par jours. Nos fêtes nocturnes de la Saint-Jean, de Noël, de Pâques ou de Pentecôte sont des vestiges de cette mesure archaïque, ainsi que le nom gallois de la semaine, *wythnos*, qui signifie étymologiquement « huit nuits ». Jean Lydus justifie la définition lunaire du jour en remarquant que l'obscurité est plus fondamentale que la lumière et que les ténèbres et l'obscurité sont antérieures à l'organisation de notre monde (*Des mois*, II, 2). La prééminence symbolique accordée à la lumière incite cependant les Pères de l'Église à affirmer l'antériorité du jour dans la constitution du monde : commentant *Genèse* I, 5, Basile prend ainsi soin de distinguer les ténèbres originelles de la nuit qui ne vint qu'après le jour et par opposition au jour.

2. *Les Discours sacrés en vingt-quatre rhapsodies*, fragment 99. Voir *Orphée. Poèmes magiques et cosmologiques*, édité par L. Brisson, Paris, Les Belles Lettres, « Aux sources de la tradition », 1993.

3. Voir plus loin la théogonie du *Papyrus de Derveni*, p. 5.

4. *Les Discours sacrés…*, fragment 106.

5. *Les Discours sacrés…*, fragment 98.

Hésiode

Il n'est pas de créateur dans la Théogonie *d'Hésiode. Le monde se constitue par genèse à partir du Chaos originel, conçu comme un Abîme. Fille du Chaos, Nuit est mère de l'Éther et de la Lumière du Jour.*

L'ORIGINE DU MONDE

Donc, avant tout, fut Abîme ; puis Terre aux larges flancs, assise sûre à jamais offerte à tous les vivants, et Amour, le plus beau parmi les dieux immortels, celui qui rompt les membres et qui, dans la poitrine de tout dieu comme de tout homme, dompte le cœur et le sage vouloir.

D'Abîme naquirent Érèbe et la noire Nuit. Et de Nuit, à son tour, sortirent Éther et Lumière du Jour. Terre, elle, d'abord enfanta un être égal à elle-même, capable de la couvrir tout entière, Ciel Étoilé, qui devait offrir aux dieux bienheureux une assise sûre à jamais. Elle mit aussi au monde les hautes Montagnes, plaisant séjour des déesses, les Nymphes, habitantes des monts vallonnés. Elle enfanta aussi la mer inféconde aux furieux gonflements, Flot – sans l'aide du tendre amour.

Théogonie, 116-132

HOMÈRE
VIIIe s. av. J.-C.

VIRGILE
Ier s. av. J.-C.

CLAUDIEN
Ve s. ap. J.-C.

Aristophane

Dans la comédie des Oiseaux, *Aristophane parodie la théogonie d'Hésiode et les théogonies de la secte orphique qui faisaient naître le monde d'un œuf originel. Le coryphée fait ici un récit fantaisiste de la genèse du monde afin de prouver aux hommes l'antériorité et la suprématie des oiseaux.*

ET NUIT PONDIT UN ŒUF

Au commencement était le Vide et la Nuit et le noir Érèbe et le vaste Tartare, mais ni la terre, ni l'air, ni le ciel n'existaient. Dans le sein infini de l'Érèbe tout d'abord la Nuit aux ailes noires produisit un œuf sans germe, d'où, dans le cours des saisons, naquit Éros le désiré au dos étincelant d'ailes d'or, Éros semblable aux rapides tourbillons du Vent. C'est lui, qui, s'étant uni la nuit au Vide ailé dans le vaste Tartare, fit éclore notre race et la fit paraître la première au jour. Jusqu'alors n'existait point la race des immortels, avant qu'Éros eût uni tous les éléments : à mesure qu'ils se mêlaient les uns aux autres, naquirent le Ciel et l'Océan et la Terre et toute la race impérissable des dieux bienheureux. Ainsi nous sommes de beaucoup les plus anciens de tous les bienheureux. Et que nous descendons d'Éros, mille preuves l'attestent : nous avons des ailes et nous vivons avec les amoureux.

Les Oiseaux, 693-704

HOMÈRE
VIIIe s. av. J.-C.

VIRGILE
Ier s. av. J.-C.

CLAUDIEN
Ve s. ap. J.-C.

Le papyrus de Dervini

En 1962, on trouva dans une tombe de la nécropole de Derveni en Macédoine un rouleau de papyrus à demi consumé par l'incinération du défunt à qui il appartenait. Daté du milieu du IVe siècle avant J.-C., il contient un commentaire à une cosmo-théogonie explicitement attribuée à Orphée[1]*. On a proposé à la lecture de ce papyrus des restitutions de la théogonie orphique. Voici une reconstitution du poème commenté (Orphée. Poèmes magiques et cosmologiques,* édités par Luc Brisson, Paris, Les Belles Lettres, « Aux sources de la tradition », 1993, p. 57-58).

LES ORACLES DE LA NUIT

Je vais chanter pour les initiés, – mettez des portes [devant vos oreilles] profanes –,
De Zeus, le maître qui gouverne tout, les prodigieuses œuvres,
Toutes celles que, sur les conseils de la noire Nuit, il exécuta,
Et la race des bienheureux plus jeunes qui sont immortels,
Eux qui naquirent de Zeus, le roi tout-puissant.
Zeus, alors donc que, [des mains] de son père, le pouvoir prédit par l'oracle
Et le sceptre très glorieux, dans ses mains, il était sur le point de prendre,
Se mit dans l'esprit absolument tout ce que, du fond de son sanctuaire, lui
Dit celle dont émanent tous les oracles, la nourrice des dieux, la Nuit immortelle :

1. Le papyrus de Derveni a été traduit en français par F. Jourdan, Paris, Les Belles Lettres, 2003.

Celle-ci lui révéla absolument tout ce qu'il lui était permis de faire
De façon à régner sur le beau séjour [des dieux] qu'est l'Olympe enneigé.
Zeus ensuite, après avoir entendu les secrets proférés par la déesse sous forme d'oracle,
La force, dans ses mains, prit et le glorieux *daimôn* [Protogonos],
Le vénérable [*daimôn*], il l'avala, celui qui le premier s'élança hors de [ou dans] l'Éther.
Celui-ci [Protogonos], la Terre [Gaia] et le vaste Ciel [Ouranos] il engendra ;
Puis à lui [Ouranos], la Terre énorme donna pour enfant Kronos, qui fit grand [mal]
À Ouranos, le fils d'Euphronê [la Bienveillante, la Nuit], celui qui le tout premier régna.
À lui donc succéda Kronos, puis Zeus à la *métis*,
Qui détenait la Métis et la dignité royale sur les immortels.
Et un beau jour, il [Zeus] avala, suivant ce qu'il [lui] était permis de faire, le principe de vie du dieu,
Protogonos [le Premier-né], le roi vénérable ; puis à lui [Zeus], tous
Les immortels adhérèrent, dieux bienheureux aussi bien que déesses
Et les fleuves et les sources aimables et tout le reste,
Tout ce qui était alors venu à l'être ; et alors lui [Zeus], il devint le seul [être].
Maintenant il est le roi de tous les êtres, et il le sera dans l'avenir.

Orphée. Poèmes magiques et cosmologiques

I

LA NUIT DES SAVANTS

POURQUOI FAIT-IL NUIT ?

Assimilant le lever et le coucher du soleil au cycle de la vie et de la mort, les Égyptiens imaginaient que chaque matin, le soleil naît à l'Orient, croît jusqu'au zénith, puis vieillit jusqu'à l'Occident où il disparaît dans le royaume des morts. Durant la nuit, il affronte, à bord d'une barque, les forces du chaos et en particulier son ennemi juré, le serpent Apopis. À la barque des Égyptiens, qui témoigne chez eux de l'importance du Nil, les Grecs préfèrent un char tiré par quatre coursiers blancs grâce auquel Hélios – le Soleil personnifié – se rend chaque jour de son palais, situé en Éthiopie ou dans l'île d'Aéa, jusqu'à l'ouest. La nuit, il revient à son point de départ, soit par un chemin souterrain sur son lit en or, soit en naviguant sur l'océan dans une coupe d'or. Les poètes adoptent ainsi l'image du « lever » de la nuit, qui s'élance de l'océan au moment où le soleil s'y couche.

Nous apprenons à l'école que l'alternance des jours et des nuits est due à la rotation de la Terre sur elle-même : un seul hémisphère se trouve en face du Soleil à un moment donné, tandis que l'autre moitié se trouve dans l'obscurité. Les Anciens proposent d'autres explications : selon Aristote qui défend la théorie géocentriste, il fait nuit quand la Lune s'interpose devant les rayons solaires, tandis que l'ombre de la Terre éclipse les rayons de la Lune. Pour Lucrèce, la nuit s'explique par deux raisons : soit le Soleil parvenu à l'extrémité du ciel exhale ses derniers feux, soit il poursuit sa course sous la terre, explication que l'on trouve dans *Étymologies* d'Isidore de Séville.

Les philosophes s'interrogent sur la finalité de l'alternance du jour et de la nuit. Platon la rapporte à la nécessité de mesurer le temps et Ovide y voit une illustration de la théorie pythagoricienne du mouvement perpétuel de l'univers. Ils cherchent encore à rendre compte de ses spécificités, s'interrogeant par exemple sur les raisons pour lesquelles les sons s'entendent mieux la nuit que le jour. La question, traitée par Aristote dans le *Problème* XI, 33 et reprise par Plutarque dans les *Propos de table*, VIII, 3, suscite des réponses diverses : l'air chauffé le jour est bruyant et couvre les sons ; l'air est plus dense ou plus agité le jour et le calme ou le vide relatif nocturnes favorisent la transmission des sons ; les objets visibles le jour et les occupations diverses distraient l'attention, tandis que « la nuit solitaire et aveugle » (Empédocle, fragment 49) restitue l'audition, ou bien le caractère impérieux des paroles prononcées la nuit, souvent dites dans le trouble et sous la pression des passions, donne à la voix une plus grande puissance de déplacement.

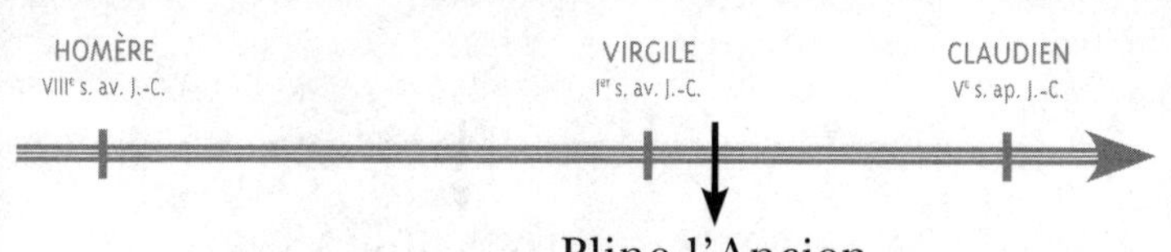

Pline l'Ancien

*Pline développe ici une interprétation formulée par Aristote (*Météorologiques, I, 8, 6, 345b7) *: la nuit n'est que l'ombre de la terre.*

JEUX D'OMBRE

De fait, il est évident que le soleil est caché par l'interposition de la lune et la lune par celle de la terre : effets réciproques, par lesquels la lune enlève à la terre et la terre à la lune les mêmes rayons solaires, en s'interposant devant eux. Quand la lune se place devant le soleil, les ténèbres se répandent tout à coup et en revanche l'ombre de la terre éclipse la lune. La nuit n'est que l'ombre de la terre ; or cette ombre a une forme conique, semblable à celle d'une toupie renversée ; en effet sa pointe seule atteint la lune sans outrepasser sa hauteur, puisque aucun autre astre n'est obscurci de la même manière et qu'une figure conique se termine toujours en pointe. Les oiseaux qui volent à une très grande hauteur montrent bien que l'espace dévore les ombres. Donc elles trouvent leur limite là où finit l'air et commence l'éther. Au-dessus de la lune, tout est pur et inondé de la lumière du jour. Pour nous cependant les astres ne sont visibles que la nuit, comme les autres lumières se détachant sur les ténèbres. C'est donc pour ces raisons que la lune ne s'éclipse que quand il fait nuit. Les éclipses du soleil et de la lune sont périodiques, mais non mensuelles, à cause de l'inclinaison du zodiaque et des oscillations déjà mentionnées de la lune, les mouvements de ces astres ne coïncidant pas toujours à une fraction de degré près.

Histoire naturelle, II, 7

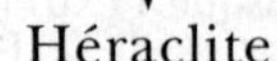

Héraclite

Héraclite, qui n'a de commun avec le philosophe présocratique que le nom, a rassemblé un vaste répertoire d'allégories contre les détracteurs d'Homère, à commencer par les deux plus illustres, Platon et Épicure. Il propose ici une interprétation physique des descriptions poétiques de la nuit et, en particulier, de l'expression « nuit rapide ».

NUIT RAPIDE

Quant à la nuit rapide (*thoè*), cela ne signifie rien d'autre que la forme sphérique de l'ensemble du ciel. La nuit, en effet, suit le même cours que le soleil, et tout l'espace abandonné par lui est aussitôt envahi par ses ténèbres. Le poète l'indique nettement en un autre endroit quand il dit :

« À ce moment l'éclat lumineux du soleil
tombe dans l'Océan,
sur la terre féconde amenant la nuit noire[1]. »

La nuit est comme attachée au soleil, qui l'entraîne derrière lui, tous deux marchant à la même vitesse. Homère par conséquent l'appelle avec raison la nuit « rapide ». Mais on peut aussi, et avec plus de vraisemblance, interpréter métaphoriquement ce mot de *thoè* (filant en pointe), et penser qu'il se réfère, non pas à la vitesse de la nuit, mais à sa forme. En effet, le poète dit quelque autre part :

De là, je mis le cap sur les Iles Pointues[2].

Le poète n'a pas voulu parler ici de la vitesse de ces îles, bien enracinées – ce serait une sottise – il a voulu dire que leurs contours dessinaient une figure qui s'achevait en

1. *Iliade,* VIII, 485-86.
2. *L'Odyssée,* XV, 299.

angle aigu. Il est dès lors normal que la nuit soit appelée « pointue », puisque l'extrémité de son ombre finit en pointe.

Allégories d'Homère (Problèmes homériques), 45

HOMÈRE
VIIIe s. av. J.-C.

VIRGILE
Ier s. av. J.-C.

CLAUDIEN
Ve s. ap. J.-C.

Lucrèce

L'univers des épicuriens est formé d'atomes et de vide. Les atomes ont la capacité de se déplacer dans le vide et de s'agréger pour former des corps. Cette théorie permet d'expliquer de façon originale la disparition du Soleil : il meurt chaque soir d'épuisement et se reforme chaque matin grâce à l'afflux d'atomes de feu.

« IL EST MORT, LE SOLEIL »

Et si la nuit couvre les terres de son ombre immense, c'est ou bien que le soleil, venant au terme de sa longue course toucher à l'extrémité du ciel, y exhale, épuisé, ses derniers feux rompus par le voyage et succombant aux chocs répétés de l'air qu'ils ont traversé ; ou, encore, parce qu'il poursuit sa course sous la terre, sous l'impulsion de la même force qui a promené son disque au-dessus des terres.

Pourquoi encore est-ce à une heure fixe que la déesse du Matin répand à travers les régions de l'éther l'aurore aux doigts de rose, et ouvre les portes à la lumière ? c'est que le soleil demeure toujours le même ; mais après son passage sous terre, au moment de revenir à l'horizon, il lance en avant ses rayons dont il tâche d'enflammer le ciel. Ou bien encore, c'est qu'à l'heure fixe se rassemblent des feux, affluent régulièrement de nombreux atomes de chaleur qui chaque jour produisent un nouveau soleil doué d'une nouvelle lumière : c'est ainsi, dit-on, que des hauts sommets de l'Ida on aperçoit à la naissance du jour des feux épars, qui se réunissent ensuite en une sorte de globe unique et forment un disque parfait.

Du reste, on ne doit pas s'étonner ici que ces atomes de feu puissent si ponctuellement affluer au même endroit pour réparer l'éclat du soleil. Nous voyons en effet maint phénomène s'accomplir à date fixe dans tous les domaines de la nature.

De la Nature, V, 650-670

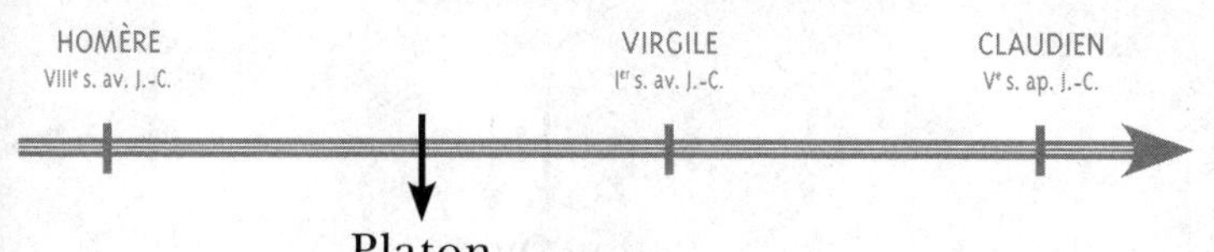

Platon

Le Timée *décrit la création de l'univers pour en montrer la rationalité. Le Temps est né avec le Ciel. Le Dieu a d'abord façonné le Soleil, la Lune et les autres astres qu'on appelle errants et les a mis en marche en les plaçant dans leur orbite. C'est la course de ces astres qui détermine la nuit et le jour.*

LA RAISON DE LA NUIT

Or, afin qu'il fût pourvu, dans leurs huit mouvements, à une mesure visible de leur lenteur et de leur vitesse relatives, le Dieu fixa un luminaire à celle des orbites qui est placée la seconde par rapport à la Terre, celle que nous appelons maintenant le Soleil. Ainsi fut fait, afin que le Ciel fût partout lumineux et que les Vivants pour lesquels cela était convenable participassent du Nombre, qu'ils apprirent à connaître à la vue de la révolution du Même et du Semblable. Ainsi et pour ces raisons naquirent la Nuit et le Jour, qui forment la révolution du cercle unique et de tous le plus raisonnable. Ainsi naquirent le mois, lorsque la Lune, ayant parcouru son orbite, rattrape le Soleil, l'année, quand le Soleil a fait le tour de son cercle.

Timée, 38b-c

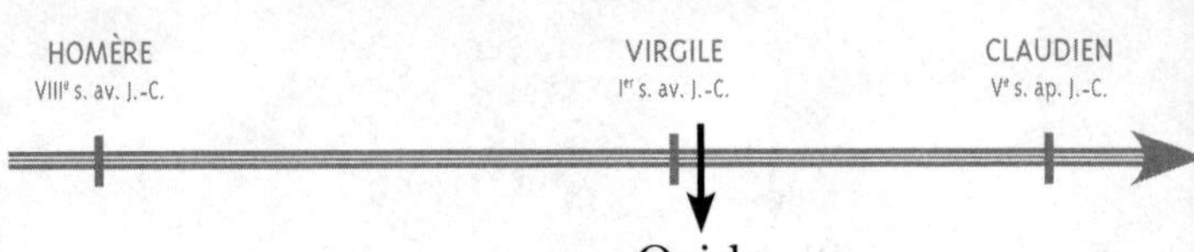

Ovide

Pythagore, que nous connaissons surtout pour le théorème qui porte son nom, dispensa aussi un enseignement philosophique et religieux qui affirme la réincarnation ou la transmutation des âmes et développe l'idée d'une fluctuation universelle, identifiable à la fois dans l'histoire, dans l'univers et dans la nature. Dans le discours que lui prête Ovide, au livre XV des Métamorphoses, *il décrit, entre autres, la fluctuation du temps dont témoigne l'alternance des jours et des nuits.*

MOUVEMENT PERPÉTUEL

Puisque je suis emporté sur la vaste mer et que j'ai livré mes voiles aux vents qui les emplissent, sachez encore qu'il n'y a rien de stable dans l'univers entier ; tout passe, toutes les formes ne sont faites que pour aller et venir. Le temps lui-même s'écoule d'un mouvement continu, ni plus ni moins qu'un fleuve ; car un fleuve ne peut s'arrêter, l'heure rapide pas davantage ; le flot pousse le flot ; celui qui va devant est pressé par celui qui vient derrière et presse celui qu'il a devant lui ; ainsi les heures fuient et d'un cours toujours égal en suivent d'autres, elles se renouvellent sans cesse ; ce qui était ne compte plus ; ce qui n'était pas arrive à l'existence, tout instant fait place à un autre. Vous voyez la nuit, après avoir achevé sa course, tendre vers le jour et l'astre radieux succéder à la nuit obscure. Le ciel n'a pas la même couleur, lorsque, au milieu de la nuit, tous les êtres fatigués s'abandonnent au sommeil et lorsque le brillant Lucifer sort des flots sur son blanc coursier ; autre couleur encore, lorsque l'avant-courrière du jour, la fille de Pallas, colore le monde qu'elle doit livrer à Phébus.

Les Métamorphoses, XV, 175-92

MESURER LA NUIT

Comment mesurer le jour civil et comment y intégrer la nuit ? La question a divisé les Anciens. Le sabbat des Hébreux commence au coucher du soleil et comme eux, les Athéniens, les Libyens, les Germains et les druides gaulois comptent le jour d'un coucher de soleil au suivant, d'où le nom de « nychthémère[1] » que la tradition athénienne donne à la succession nuit-jour. D'autres, comme les Babyloniens, font commencer le jour au lever du soleil, tandis que les Romains le font commencer à minuit, comme notre jour civil actuel.

Plusieurs divisions de la nuit coexistent. Outre la division en douze heures du lever au coucher du soleil, héritée des Babyloniens, et la division en quatre veilles, issue du milieu militaire, on rencontre des repères liés aux astres – le point du jour (*dilucidum*), le coucher du soleil (*suprema*) ou le crépuscule, d'un mot sabin, *crepusculum,* qui désigne le moment où l'on doute s'il fait jour ou nuit –, mais aussi au chant du coq (*gallicinium*) ou aux activités humaines, comme « le moment de se coucher » (*concubium*), « le temps le plus silencieux de la nuit » (*conticinium*) ou la nuit profonde où tout travail serait intempestif (*intempesta nox*). Les douze heures de la nuit étaient, comme celles du jour, d'égale longueur entre elles, mais de longueur variable selon la durée de la journée au fil de l'année. Plus les heures de la journée sont longues, plus les heures de la nuit sont courtes. Elles n'ont la même durée que deux fois par an, aux équinoxes.

1. Littéralement « nuit-jour », puisque *nux* signifie « nuit » et *hemera* « jour ».

Cette variabilité a nourri de nombreux fantasmes sur les terres des confins, comme le pays merveilleux des Lestrygons où « les chemins du jour côtoient ceux de la nuit ». Selon l'*Odyssée,* les jours y sont si longs et les nuits si courtes qu'un même homme en vingt-quatre heures peut faire paître successivement un troupeau de bœufs et un de moutons et gagner ainsi double salaire. César mentionne plusieurs îles voisines de la Bretagne à propos desquelles certains auteurs affirment que la nuit y règne pendant trente jours de suite, au moment du solstice d'hiver (*Guerre des Gaules,* V, 13).

Un certain nombre de situations exigeaient une connaissance au moins approximative de l'heure nocturne : l'organisation des tours de garde, les voyages ou les combats nocturnes. Socrate conseille d'apprendre les signes du zodiaque pour calculer le temps en voyage et pour monter la garde (Xénophon, *Mémorables,* IV, 7, 4), et Polybe exige des stratèges des connaissances astronomiques. La maîtrise de la nuit fut aussi favorisée par les horloges à eau ou clepsydres, qui fonctionnent selon le principe du sablier. D'après le témoignage de Pline (VII, 215), Scipion Nasica fut le premier à utiliser l'eau pour noter les heures, aussi bien de nuit que de jour ; il dédia sa clepsydre, installée à couvert, en l'an de Rome 595, c'est-à-dire en 172 avant J.-C.

HOMÈRE
VIIIe s. av. J.-C.

VIRGILE
Ier s. av. J.-C.

CLAUDIEN
Ve s. ap. J.-C.

Aulu-Gelle

Aulu-Gelle part d'une question pratique pour composer une dissertation sur la durée et les limites du jour civil.

QUEL EST L'ANNIVERSAIRE DES GENS NÉS LA NUIT ?

On a l'habitude de se demander, pour ceux qui sont nés à la troisième heure de nuit, ou à n'importe quelle autre, si on doit considérer et appeler jour anniversaire le jour que cette nuit a suivi ou le jour qui a suivi cette nuit. Varron dans le livre des *Antiquités humaines,* qu'il a intitulé *Sur les Jours,* a écrit : « On dit que les gens qui sont nés dans un intervalle de vingt-quatre heures, du milieu de la nuit au milieu de la nuit suivante, sont nés le même jour. » Par ces mots il semble avoir opéré un partage dans le calcul des jours, tel que celui qui est né après le coucher du soleil, avant le milieu de la nuit, a pour anniversaire le jour qui précède cette nuit ; au contraire celui qui naît dans les six heures suivantes, passe pour né le jour qui a brillé après cette nuit.

Les Athéniens considéraient les choses autrement, toujours d'après Varron au même livre : ils disaient que tout le temps entre un coucher de soleil et un deuxième coucher de soleil n'était qu'un seul jour. Les Babyloniens encore autrement : ils appelaient un jour tout l'espace allant d'un lever du soleil au lever suivant ; beaucoup de gens sur la terre d'Ombrie disent qu'il y a une seule et même journée d'un midi au midi suivant : « Ce qui est absurde à l'excès, dit Varron. Celui qui est né chez les Ombriens à la sixième heure le jour des calendes, son anniversaire devra être la moitié du jour des calendes et le jour qui suit les calendes jusqu'à la sixième heure. »

Quant au peuple romain, les preuves ne manquent pas, qu'il compte, chaque jour, comme Varron l'a dit, du milieu de la nuit à la nuit suivante. On fait à Rome certains sacrifices le jour, d'autres la nuit ; mais ceux qui se font la nuit, sont datés du jour, non de la nuit ; ceux donc qui se font dans les six dernières heures de nuit passent pour être faits le jour qui suit immédiatement cette nuit. En outre la manière rituelle de prendre les auspices indique la même conception : les magistrats, quand ils doivent au cours du même jour prendre les auspices, prennent les auspices après le milieu de la nuit et agissent de jour après midi ; ils passent pour avoir pris les auspices et avoir agi le même jour. Puis, les tribuns de la plèbe qui n'ont pas le droit de s'absenter de Rome un seul jour, quand ils partent après minuit et rentrent aux premiers flambeaux, avant le milieu de la nuit suivante, ne sont pas considérés comme absents un jour entier, puisque, rentrés avant la sixième heure de la nuit, ils ont passé une partie de ce jour dans la ville de Rome.

Les Nuits attiques, III, 2, 1-11

Lucrèce

Après avoir fourni deux explications possibles à la nuit, l'épuisement des feux du soleil ou le fait que ce dernier poursuive sa course sous la terre, Lucrèce en vient à l'origine de l'inégalité des jours et des nuits.

LA DURÉE DES NUITS

Et de même, si nous voyons les jours croître et les nuits diminuer, et inversement les jours raccourcir alors que les nuits s'allongent, c'est peut-être que le même soleil, en parcourant les régions de l'éther, décrit au-dessus et au-dessous de la terre des courbes de grandeurs différentes, et partage ainsi son orbite en arcs inégaux. Ce qu'il retranche d'un côté, il le reporte dans la partie opposée de son orbite où il retourne décrire une courbe d'autant plus grande, jusqu'à ce qu'il ait atteint le signe céleste où l'équinoxe assure au jour et aux ombres de la nuit une égale durée ; car alors, à mi-chemin entre l'hémisphère austral et celui où souffle l'aquilon, le point du ciel qu'il occupe est à égale distance des deux tropiques, en raison de l'inclinaison du zodiaque à l'intérieur duquel le soleil décrit en tourbillonnant sa révolution annuelle, frappant de ses rayons obliques le ciel et la terre. Ainsi du moins l'enseigne la doctrine de ceux qui, observant toutes les régions du ciel et l'ordre des constellations dont il est orné, en ont dressé la carte.

Il se peut encore qu'un air plus épais par endroits arrête et retarde sous la terre l'éclat tremblant des feux du soleil, et que ceux-ci ne puissent les traverser facilement pour l'élever à l'orient. Ainsi s'expliquerait que durant l'hiver les nuits s'allongent paresseusement jusqu'au retour du diadème radieux qui couronne le jour.

De la Nature, V, 680-702

HOMÈRE
VIIIe s. av. J.-C.

VIRGILE
Ier s. av. J.-C.

CLAUDIEN
Ve s. ap. J.-C.

Géminos

*Inventeur d'horloges astronomiques, Géminos de Rhodes est un spécialiste de la variation de la longueur du jour à laquelle il consacre un traité des climats. Il évoque ici les régions dans lesquelles les nuits sont les plus courtes et convoque, en particulier, la description homérique du pays des Cimmériens (*Odyssée*, XI, 14-19) et son commentaire par Cratès de Mallos (vers 150 av. J.-C.). Bibliothécaire de Pergame et philosophe stoïcien, ce dernier tenta d'interpréter Homère à la lumière des connaissances scientifiques de son temps, traçant les itinéraires suivis par Ulysse sur un globe terrestre de dix pieds de diamètre.*

LE JOUR LE PLUS LONG

Suivant la région ou la ville considérée, la durée des jours n'est pas la même. Vers le nord les jours sont plus longs ; ils sont plus courts vers le sud. À Rhodes le plus long jour dure 14 h. ½ ; à Rome, il dure 15 h. ; au nord de la Propontide, 16 h. ; et encore plus au nord, il y a des jours de 17 ou même de 18 heures.

C'est dans ce genre de région sans doute qu'est parvenu Pythéas le Massaliote. En tout cas, dans son traité *L'Océan*, il déclare : « Les barbares nous montraient l'endroit où le soleil repose ; car il arrivait dans ces régions que la nuit devenait très courte, tantôt de 2 heures, tantôt de 3, de sorte que, très peu de temps après son coucher, le soleil se levait à nouveau ». […]

Encore plus au nord, une partie du zodiaque est située tout à fait au-dessus de la terre. Partout où l'on voit un signe entier au-dessus de l'horizon, le jour dure un mois. Partout où deux signes sont situés au-dessus de l'horizon, le plus long jour est un jour de deux mois. Et ainsi de suite, jusqu'à une région limite, à l'extrême nord, où le pôle est au zénith et où le zodiaque montre six signes au-dessus de l'horizon, et six dans la fraction située sous l'horizon : le plus long jour y vaut six mois, de même que la plus longue nuit.

Ce serait ce genre de régions que mentionnerait peut-être Homère, à en croire Cratès le grammairien, quand il parle de la demeure des Cimmériens ; il dit :

« Les Cimmériens y ont leur pays et leur ville,
Ensevelis sous brumes et nuées ; jamais sur eux
L'étincelant soleil ne darde ses rayons,
Ni durant sa montée vers les astres du ciel,
Ni quand, du firmament, il revient vers la terre ;
Sur ces infortunés pèse une nuit de mort. »

En effet, si le pôle est au zénith, il se produit une nuit et un jour de six mois : il faut trois mois pour que le soleil aille de l'équateur, qui occupe la place de l'horizon, au tropique d'été, trois mois aussi pour qu'il revienne du tropique d'été à l'horizon ; pendant tout ce temps il décrira des cercles parallèles au-dessus de la terre. Or, comme ce lieu géographique est situé en pleine zone glaciale inhabitée, il est forcé que cette région tout entière soit couverte de nuages, que les nuages y soient accumulés sur une grande épaisseur, et que les rayons du soleil ne puissent pas traverser les nuages. Voilà pourquoi, logiquement, la nuit y est totale, et l'obscurité. Lorsque en effet le soleil se trouve au-dessus de la terre, l'obscurité règne pourtant vu l'épaisseur des nuages ; lorsque le soleil est sous l'horizon, la nuit règne par nécessité physique ; aussi ce lieu géographique est-il totalement privé de lumière.

Introduction aux phénomènes, VI, 7-8 et 14-19

Germanicus

Composés au IIIe siècle avant J.-C., les Phénomènes *d'Aratos ont joui dans l'Antiquité d'un prestige extraordinaire et furent plusieurs fois traduits en latin, notamment par Germanicus, le grand-père de l'empereur Néron.*

REPÈRES NOCTURNES

Aucune nuit n'entraîne dans le ciel moins de six signes ; aucune ne dure plus que le temps nécessaire à la moitié du cercle complet pour s'élever dans les airs.

Souvent vous voudriez savoir combien il reste de la nuit et apaiser votre cœur par l'espérance du proche retour de la lumière. Le premier indice vous en sera donné par la constellation que le soleil traverse ; car Phébus rayonnera toujours dans un seul signe. Levez alors les yeux vers les autres signes qui brillent de leur propre éclat, voyez quel est celui qui se couche, celui qui se lève, celui qui passe au sommet de sa course, combien de temps dure leur lever lorsqu'ils quittent les flots bleus ; car les uns font un bond rapide, les autres se traînent plus pesamment et quittent l'Océan à pas lents. Si d'aventure la route du soleil disparaît au creux d'un nuage ou si un signe, s'élevant de la tête dans le ciel, est caché par le haut Athos, le Cyllène, l'Hémus neigeux, le Gargaron, sommet de l'Ida, ou l'Olympe gouverné par les dieux, alors si vous repérez les constellations qui à droite et à gauche reviennent en même temps que les signes, vous n'ignorerez jamais l'heure de la nuit, jamais l'approche du lever de Tithon.

Les Phénomènes *d'Aratos*, 570-88

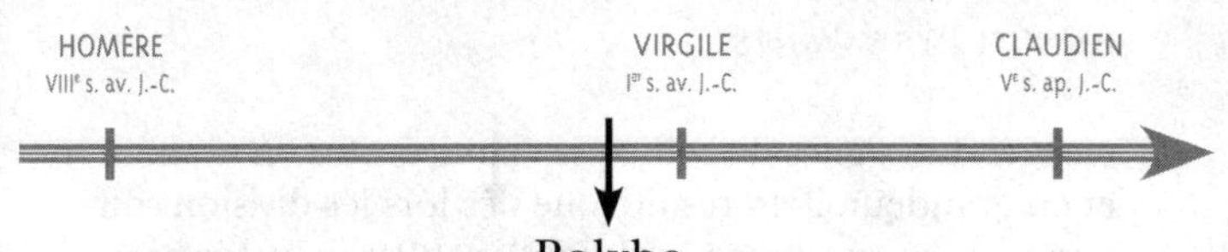

Polybe

Quoi de pire pour un général que d'arriver après la bataille ? Arriver trop tôt… C'est pourquoi l'astronomie est une compétence que les chefs de guerre doivent absolument acquérir : elle seule permet de connaître les heures de la nuit et ainsi d'être prêt à combattre au bon moment.

CONSEILS AUX STRATÈGES

Le temps commande toutes les œuvres humaines, et surtout les opérations militaires. Un général doit donc connaître sans hésiter les solstices d'été et d'hiver, ainsi que les équinoxes, et les croissances et décroissances intermédiaires des jours et des nuits ; c'est le seul moyen de calculer à proportion les étapes terrestres et maritimes. Il est nécessaire de connaître en outre les subdivisions du temps, diurne et nocturne, pour savoir à quelle heure ordonner le réveil et le départ ; car on ne peut arriver à ses fins en manquant le commencement. Or, si rien n'empêche de déterminer les heures de la journée grâce à l'ombre, grâce aussi à la marche du soleil et à la position qu'il occupe dans le ciel, il est difficile de connaître les heures de la nuit, sauf en suivant sur le ciel visible la structure et l'ordre des douze signes du zodiaque ; or, cela même est très aisé quand on a étudié les constellations. En effet, bien que les nuits soient inégales, il se trouve pourtant que toujours, au cours d'une nuit, se lèvent six de ces signes ; il est donc évident que nécessairement, des parties égales des douze signes se lèvent dans les mêmes parties de chaque nuit. Comme on connaît chaque jour la partie (du zodiaque) qu'occupe le soleil, il est clair qu'après son coucher doit nécessairement se lever la partie diamétralement opposée. Ainsi on comprend que la durée nocturne écoulée est toujours fonction de la portion du zodiaque que nous voyons levée ensuite. Les signes du zodiaque étant connus en nombre et en grandeur, il en résulte que dès lors les divisions du temps nocturne leur correspondent. Pendant les nuits nuageuses, il faut observer la lune, parce qu'étant donné sa taille, sa lumière est toujours visible d'ordinaire, quel que soit le point du ciel où elle se trouve. Et il faut calculer tantôt d'après l'heure et le lieu de son lever, tantôt au contraire d'après ceux de son coucher, pourvu que l'on ait acquis, sur cette question aussi, assez de notions pour suivre les variations quotidiennes de son lever.

Histoires, IX, 15, 1-13

ASTRONOMIE ET ASTROLOGIE

Les Grecs et les Latins ont bénéficié des acquis des Babyloniens et de l'astronomie égyptienne dans l'élaboration d'explications rationnelles et physiques aux phénomènes célestes. Les deux autorités sont Aristote au IVe siècle avant J.-C. et Ptolémée au IIe siècle après J.-C. Héritier de Platon, qui avait établi que le monde avait une forme sphérique et que le mouvement de tout corps céleste était circulaire, Aristote place la Terre au centre du monde dans un système de cinquante-cinq sphères emboîtées. Il distingue l'intérieur de l'orbite lunaire, composé de la Terre et de son atmosphère, imparfait et soumis au changement, des cieux situés au-delà de la Lune où se trouvent la perfection et l'immuabilité. Ptolémée introduit une innovation en montrant que chaque planète évolue sur un petit cercle, appelé épicycle, dont le centre se déplace sur un grand cercle centré sur la Terre.

Deux philosophes défendent des modèles plus proches de la réalité : contemporain d'Aristote, Héraclide considère que la terre tourne sur elle-même et suggère que Mercure et Vénus tournent non autour de la Terre, mais du Soleil. Au IIIe siècle avant J.-C., Aristarque de Samos détermine les distances relatives de la Lune et du Soleil et montre que le Soleil est beaucoup plus grand que la Terre. Puisqu'un objet bien plus grand ne peut tourner autour d'un corps plus petit, il fait du Soleil le centre du monde autour duquel gravitent toutes les planètes sauf la Lune.

Bien que les Latins se soient intéressés à l'astronomie, appréciant notamment les instruments sophistiqués conçus pour rendre compte du mouvement des astres, il n'y eut pas de nouvelle théorie d'origine latine, et entre Ptolémée et Copernic, l'histoire ne mentionne aucun « découvreur »[2].

L'étude des astres répond à des nécessités pratiques, temporelles (établir des calendriers), géographiques (établir des cartes, se repérer la nuit), météorologiques, mais aussi médicales. Elle est utile tant aux agriculteurs qu'aux marins et aux généraux. Des Chaldéens, les Anciens héritent enfin l'idée de la divinité des astres et de leur influence sur la terre. Parmi ceux-ci, les plus importants sont la Lune et le Soleil, puis les cinq planètes consacrées ou assimilées aux principales divinités de la mythologie. Qualifiées d'interprètes parce que douées d'un mouvement particulier que n'ont pas les étoiles fixes assujetties à une marche unique, elles manifestent aux hommes les desseins des dieux. Des cinq étoiles, deux sont propices, Jupiter et Vénus, deux sont funestes, Saturne et Mars, et une, Mercure, est tantôt bonne, tantôt mauvaise. Des deux luminaires, la Lune est bienfaitrice, mais le Soleil, créateur et destructeur, est à la fois ami et ennemi. Toutes les constellations du firmament et en particulier les douze signes du zodiaque et les trente-six décans, qu'on appelle les dieux conseillers, sont vénérées comme les révélateurs de la volonté céleste.

Dans leurs pérégrinations, les astres ont dans le zodiaque leurs maisons ou domiciles où ils se réjouissent, c'est-à-dire où ils acquièrent le plus d'autorité : le Soleil par exemple a son domicile dans le Lion. Pythagore et Platon développent, par ailleurs, l'idée que les âmes humaines sont en relation avec les étoiles et qu'elles montent vers

2. Voir Béatrice Bakhouche qui a montré que les Latins ont joué le rôle de « passeurs » (*Les Textes latins d'astronomie. Un maillon dans la chaîne du savoir*, Louvain / Paris, Éditions Peeters, 1996).

elles après la mort. Cicéron place de même les âmes des grands hommes dans la Voie lactée. Les lettrés romains furent d'abord méfiants envers l'astrologie, stigmatisant les charlatans qui sous le nom de Chaldéens exploitent la crédulité populaire, cependant l'astrologie pénètre les milieux cultivés qui se délectent des descriptions du ciel à la mode d'Aratus : elles sont traduites par Cicéron et par Germanicus, tandis que Manilius compose son poème des *Astronomiques.* La comète qui paraît à la mort de César accélère le processus : son héritier, pour conforter l'apothéose dynastique, prétend que la comète est l'âme de son père. Auguste publie son thème de géniture et frappe la monnaie d'argent au signe du Capricorne, sous lequel il était né. Le catastérisme ou la transformation d'un être en constellation devient la conclusion normale de quantité de légendes et la forme de l'immortalité promise aux grands hommes.

C'est Ptolémée qui, en 140 après J.-C., constitue la première synthèse de l'astrologie occidentale, le *Tétrabiblos,* en compilant les connaissances des Égyptiens, des Chaldéens et des Grecs et en se fondant sur les apports de son traité d'astronomie, l'*Almageste.* Il met l'accent sur l'atmosphère, en tant qu'intermédiaire entre la cause céleste et son effet terrestre, groupe les effets matériels sous le gouvernement des quatre éléments – Feu, Terre, Air et Eau –, et il met en lumière les aspects planétaires. Héritier d'Hipparque, qui avait découvert l'importance de la précession des équinoxes, Ptolémée remplace le zodiaque sidéral qui prenait comme point de repère les constellations de la voûte céleste par le zodiaque tropical basé sur le cycle des saisons et les quatre points cardinaux (les deux solstices et les deux équinoxes). Le zodiaque tropical commence ainsi au « point vernal », déterminé par l'arrivée du soleil sur l'équinoxe de printemps.

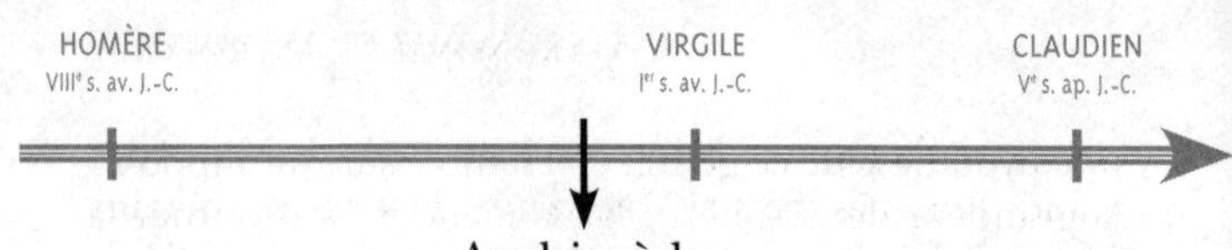

Archimède

Aristote et Ptolémée, tenants du géocentrisme, l'ont emporté aux yeux de la postérité. Certains Anciens avaient pourtant développé une théorie héliocentrique – c'est le cas d'Aristarque de Samos –, mais ils ne furent pas écoutés.

UN PRÉCURSEUR DE COPERNIC ET DE GALILÉE

Or tu te souviens que par le terme monde la plupart des astronomes désignent la sphère ayant pour centre le centre de la terre et pour rayon la droite comprise entre le centre du soleil et le centre de la terre, car tu auras appris cela dans les démonstrations qu'écrivent les astronomes. Aristarque de Samos, cependant, a publié quelques hypothèses desquelles se déduisent pour le monde des dimensions beaucoup plus grandes que celles que nous venons de dire. Il suppose en effet que les étoiles fixes et le soleil restent immobiles, que la terre tourne autour du soleil sur une circonférence de cercle, le soleil occupant le centre de cette trajectoire, et que la sphère des fixes, qui s'étend autour du même centre que le soleil, a une grandeur telle que le rapport du cercle, sur lequel il suppose que la terre tourne, à la distance des étoiles fixes est comparable au rapport du centre de la sphère à sa surface. Ceci, certes, est impossible de toute évidence ; car du moment que le centre de la sphère n'a aucune grandeur, il faut admettre qu'il n'a aucun rapport, non plus, à la surface de la sphère. Mais on peut croire que le raisonnement d'Aristarque est le suivant : puisque nous admettons que la terre est en quelque sorte le centre du monde, le rapport de la terre à ce que nous appelons communément le monde est égal au rapport de la sphère, contenant le cercle sur lequel il suppose que la terre tourne, à la sphère des fixes ; il adapte en effet ses démonstrations des apparences (sc. célestes) à une hypothèse de ce genre, et il semble surtout supposer la grandeur de la sphère, sur laquelle il faut tourner la terre, égale à la réalité que nous appelons communément le monde.

L'Arénaire, 1

Géminos

Une des grandes difficultés posée par le calendrier des Grecs fut de combler les décalages entre le cycle lunaire et l'année solaire. Nous utilisons actuellement le calendrier grégorien, hérité du « calendrier julien » mis en place par Jules César, alors Grand Pontife. Il fit passer la durée d'une année de 355 à 365 jours, instituant un jour intercalaire tous les quatre ans. Du nom de ce jour – ante diem bis sextum Kalendas martis – *provient le mot bissextile.*

LE COMPTE EST BON

Les anciens comptaient des mois de 30 jours, avec des intercalaires tous les deux ans ; mais très vite les apparences célestes les convainquirent de la vérité, car les jours et les mois ne concordaient plus avec la lune, les années ne s'alignaient plus sur le soleil. Aussi cherchaient-ils une période qui, pour les années, concorderait avec le soleil, et pour les mois et les jours, avec la lune : une telle période doit nécessairement contenir un nombre entier de mois, de jours et d'années.

D'abord on composa la période de l'octaétéride, qui contient 99 mois, dont 3 intercalaires, 2 922 jours ou 8 années. Voici comment on s'y prit pour composer l'octaétéride : l'année solaire valant 365 jours ¼ et l'année lunaire 354, on soustrait l'année lunaire de l'année solaire ; il reste 11 jours ¼. Si donc l'on compte les mois d'après la lune, on est en retard de 11 jours ¼ par an sur l'année solaire. On a donc cherché par combien il fallait multiplier ce nombre pour obtenir un chiffre rond de jours et de mois ; en multipliant par 8 on obtient 90 jours et 3 mois.

Puisqu'on est en retard sur l'année solaire de 11 jours ¼ il est clair que, en 8 ans, on aura sur l'année solaire 90 jours de retard, soit 3 mois. C'est pourquoi à chaque octaétéride on ajoute 3 mois intercalaires, afin de combler l'écart qui se creuse chaque année par rapport au soleil ; tous les 8 ans, on recommence à zéro, et il y a accord avec les saisons. Par ce moyen, les sacrifices aux dieux se feront toujours aux mêmes saisons de l'année.

Introduction aux phénomènes, VIII, 26-31

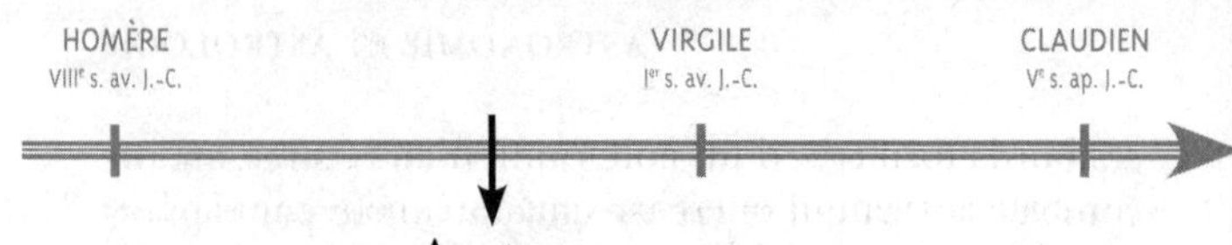

Aratos

Comme le rappelle Aratos, Zeus n'a pas encore accordé aux hommes la connaissance de tout, mais il protège le genre humain en se manifestant de tous côtés, et en révélant partout ses signes. Les navigateurs peuvent ainsi prévoir le temps qu'il fera par l'observation des astres.

LA MÉTÉO DES ASTRES

Étudie-les donc, et prends soin, si tu te fies à un bateau, de découvrir tous les signes qui sont établis comme des oracles pour prédire les vents d'hivers et les coups de mer. La peine n'est pas grande, immense en revanche est bientôt l'avantage que tire de sa prudence l'homme toujours sur ses gardes. [...]

Telles choses te seront dites par la lune coupée en deux, de part et d'autre de sa plénitude, ou aussi quand elle est pleine ; et telles autres sont annoncées par le soleil, soit à son lever, soit à la tombée de la nuit. Et tu pourras tirer d'autres signes encore, différents selon leurs sources différentes, sur l'état de la nuit et celui du jour.

Observe en premier lieu la lune sur ses bords, de chaque côté. Car chaque soir la peint d'un éclat différent. Chaque fois des formes différentes dessinent les arcs de la lune, dès qu'elle commence à croître, tantôt au troisième jour, tantôt au quatrième. Et ces formes peuvent t'instruire sur le mois qui commence.

Fine et limpide au troisième jour, elle est signe de beau temps ; fine et bien rouge, elle est venteuse. Plus épaisse, avec des bords flous, du troisième jour au quatrième, et répandant une lumière affaiblie, c'est le Notos qui la rend floue, ou l'approche de la pluie. Si à ses deux croissants, au troisième jour, on ne la voit ni piquer vers l'avant, ni se renverser en arrière, mais que ses bords forment, d'un côté ou de l'autre, une courbe verticale, les vents d'ouest arrivent après cette nuit-là. Et si elle est toujours aussi droite au quatrième jour, alors elle nous apprend qu'une tempête s'amasse. Mais si son bord supérieur pique franchement vers l'avant, attends Borée, et s'il se renverse en arrière, attends Notos. En revanche, si pendant son troisième jour un cercle entier la cerne, tout rouge, elle annonce alors la grosse tempête : et par une tempête encore plus grosse, sa pourpre serait encore plus flamboyante.

Phénomènes, 758-62 et 773-98

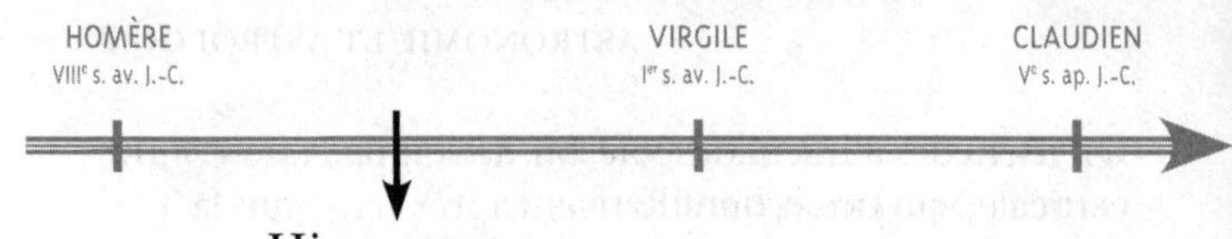

Hippocrate

Les rêves sont utiles au diagnostic des maladies. Parmi les signes à observer figurent les signes célestes qu'Hippocrate interprète par une doctrine micro-macrocosmique. Les remèdes proposés sont conformes à la théorie des humeurs selon laquelle le corps était constitué des quatre éléments – Air, Feu, Eau et Terre – et possédait quatre qualités – chaud ou froid, sec ou humide. La santé résulte de l'équilibre de ces éléments et de ces qualités antagoniques.

SIGNES SALUTAIRES

Voir le soleil, la lune, le ciel ou les astres purs et lumineux, chacun selon leur apparence ordinaire, est bon ; tous ces signes indiquent la santé pour le corps ; seulement, il faut conserver cet état par le régime du moment. Mais voir le contraire sur un de ces points, indique une maladie pour le corps, violente si le signe est violent, plus légère s'il est plus faible.

Les astres ont l'orbite extérieure, le soleil, celle du milieu, la lune, celle qui est située près de la concavité (de la sphère intérieure). Si l'un des astres paraît atteint ou caché dans sa révolution, soit par un brouillard ou par un nuage, le signe est faible ; si c'est par l'eau ou la grêle, le signe est fort. Cela signifie la formation d'une sécrétion interne, humide et flegmatique, qui a fait irruption dans le circuit extérieur. Il est utile à ce patient de faire beaucoup de courses en gardant ses vêtements, de les augmenter graduellement, pour se faire transpirer le plus possible, et de faire beaucoup de promenades après les exercices ; il faudra rester sans déjeuner. Après suppression du tiers des aliments, on les reprendra en cinq jours. Si le signe paraît plus violent, on fera aussi des bains de vapeur. En effet, il importe de se purger par la peau, puisque le mal réside dans le circuit extérieur.

On usera des aliments secs, âcres, astringents, purs et des exercices qui dessèchent le plus.

Du régime, IV, LXXXIX, 1-3

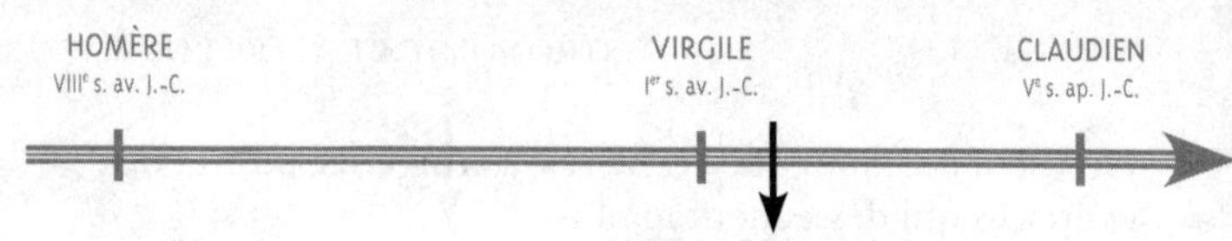

Pline l'Ancien

La Lune est l'astre de la croissance et de la fécondité. Aristote note ainsi la coïncidence entre les règles des femmes et le décours de la lune (Aristote, Histoire des animaux, *VII, 2, 582b2-4), mais les Anciens constatent aussi son influence sur les marées ou sur la pousse des cheveux et des ongles, d'où certains usages rapportés par Pline.*

SUPERSTITIONS

Se couper les ongles au temps des Nones romaines, quand la lune est invisible, et en commençant par l'index est considéré généralement comme étant d'un mauvais présage, mais se couper les cheveux le dix-septième et le vingt-neuvième jour de la lune les empêche de tomber et préserve des maux de tête.

Histoire naturelle, XXVIII, 28

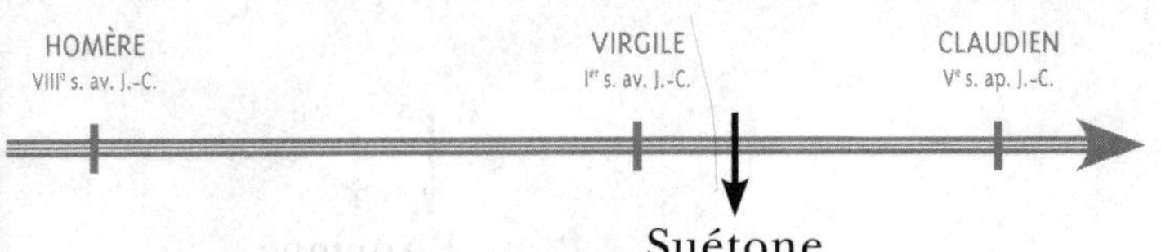

Suétone

Parmi les astres et les constellations qui brillent dans la nuit figurent de nombreux mortels divinisés, par exemple la nymphe Callisto qui devint la Grande Ourse. Au III*e siècle avant notre ère, Ératosthène leur consacre un ouvrage intitulé* Catastérismes. *Cette transformation ou représentation en astre, à laquelle Cicéron confère une légitimité philosophique dans* Le Songe de Scipion, *fut exploitée par la propagande des héritiers de César après l'assassinat de ce dernier.*

CATASTÉRISME

Il mourut dans sa cinquante-sixième année et fut mis au nombre des dieux, non point seulement par une décision toute formelle des sénateurs, mais suivant la conviction intime du vulgaire. En effet, au cours des premiers jeux que célébrait en son honneur, après son apothéose, Auguste, son héritier, une comète, qui apparaissait vers la onzième heure, brilla pendant sept jours consécutifs et l'on crut que c'était l'âme de César admis au ciel : voilà pourquoi on le représente avec une étoile au-dessus de sa tête. On décida de murer la curie où il avait été assassiné, de nommer les ides de Mars « Jour parricide », et d'interdire à tout jamais au sénat de se réunir à cette date.

Vie des douze Césars, LXXXVIII

HOMÈRE
VIIIe s. av. J.-C.

VIRGILE
Ier s. av. J.-C.

CLAUDIEN
Ve s. ap. J.-C.

Ptolémée

Distinguées par divers attributs – elles sont chaudes ou froides, sèches ou humides, masculines ou féminines –, les planètes ont sous leur contrôle des propriétés physiques ou mentales ou certains aspects de la vie sociale et tout signe est associé à une planète dite législatrice avec laquelle il est en harmonie.

FORTUNE ET RICHESSE

Les richesses se doivent juger par le Sort de la Fortune qui se tire en cette sorte :

Autant il y a de distance du Soleil à la Lune, autant (en quelque lieu qu'elle puisse tomber) il faut en ôter de l'Ascendant, soit que la nativité se trouve diurne, soit qu'elle soit nocturne. Que l'on considère donc les planètes qui ont le gouvernement du signe qui occupe ce lieu, et quelle est leur vertu et leur affinité, suivant les méthodes que nous en avons baillées. Que l'on examine encore les aspects heureux que les autres planètes ont avec celles-là et celles qui sont élevées sur ces seigneurs, qu'elles soient d'une même ou d'une différente condition. En effet, lorsque celles-là sont les plus fortes qui dominent à la part de Fortune, elles augmentent les richesses et principalement quand elles sont aidées par les luminaires. Saturne par le moyen des édifices, de la navigation et de l'agriculture, Jupiter par la tutelle, par les charges de justice et par celles qui appartiennent au ministère divin, Mars, par la milice et la conduite des armées. Vénus par les moyens des amis, ou par les bienfaits des femmes. Mercure, par le bien dire et par le trafic.

Mais d'une façon particulière quand Saturne est associé avec la fortune matérielle, s'il regarde Jupiter d'un favorable aspect, il donne des héritages ; surtout si cela se rencontre dans les angles principaux ou que Jupiter se trouve en signe bicorporel, ou que la Lune lui soit heureusement appliquée, car alors, appelés aux adoptions, ils seront héritiers de biens étrangers ; et ces richesses seront durables, si les planètes de même condition aident celles qui ont signification et pouvoir sur les biens. […]

Manuel d'astrologie, IV, 2

Macrobe

L'astrologie distingue des planètes maléfiques et des planètes bénéfiques : Mars est jugée hostile en raison de sa couleur rouge qui évoque le sang et la destruction, tandis que Saturne-Cronos, identifiée par paronymie avec Chronos, le Temps destructeur, passe pour provoquer les morts violentes. En revanche, Jupiter est une planète favorable et Vénus est l'astre de la fécondité. Selon Macrobe, qui se réfère à Ptolémée, ces influences des planètes doivent être rapportées à leurs relations numériques avec les deux luminaires – Soleil et Lune – responsables de la vie humaine.

PLANÈTES MALÉFIQUES ET BÉNÉFIQUES

Or notre vie est réglée principalement par le soleil et la lune. En effet, sachant que les corps éphémères possèdent deux propriétés, la sensation et la croissance, l'*aisthètikon*, c'est-à-dire la faculté de sentir, nous vient du soleil, le *phutikon*, la faculté de croissance du globe lunaire. Ainsi c'est sur un bienfait de ces deux luminaires que se fonde la vie dont nous jouissons. Cependant nos relations humaines et le résultat de nos actes relèvent tant des deux luminaires mêmes que des cinq planètes ; mais parmi ces dernières, les unes sont convenablement unies et associées aux luminaires par la médiation des nombres dont j'ai fait mention plus haut ; les autres n'ont aucun lien numérique qui les rattache aux luminaires. Donc les astres de Vénus et de Jupiter sont associés par ces nombres à l'un et l'autre luminaire ; mais Jupiter est rattaché au soleil par tous et à la lune seulement par la plupart, Vénus, à la lune par tous et au soleil par la plupart. Aussi, bien que les deux planètes passent pour bénéfiques, Jupiter cependant est-il plus étroitement lié au soleil et Vénus à la lune, et par là ils influent plus favorablement sur notre vie, accordés qu'ils sont par une relation numérique avec les luminaires responsables de notre vie. Quant à Saturne et à Mars, ils n'ont pas de rapport avec les luminaires, quoiqu'un lien numérique, pour lointain qu'il soit, fasse regarder Saturne vers le soleil et Mars vers la lune. Aussi passent-ils pour moins favorables à la vie humaine, n'étant pas liés aux responsables de notre vie par une étroite relation numérique.

Commentaire au songe de Scipion, I, 19, 23-26

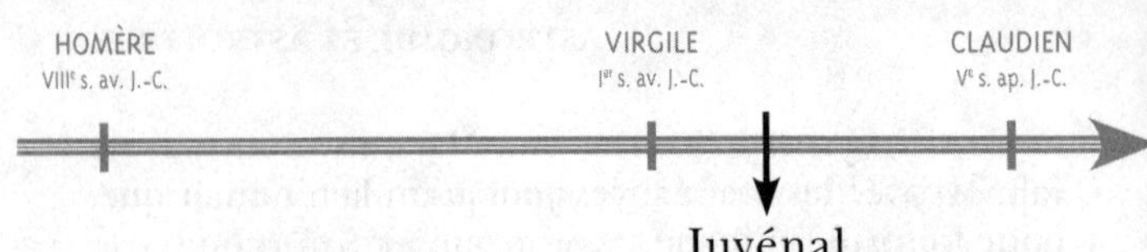

Juvénal

L'horoscope est une rubrique indémodable des magazines féminins. Parmi les nombreux vices que Juvénal dénonce chez les femmes figure déjà la crédulité qui conduit les superstitieuses à s'asservir aux pratiques absurdes de charlatans.

LES FEMMES ET L'HOROSCOPE

Plus grande encore est la confiance que les Chaldéens inspirent. Tout ce que dit l'astrologue, elles se figurent que cela émane de la source même d'Hammon, puisque les oracles de Delphes ne se font plus entendre et que l'obscurité qui enveloppe l'avenir est le châtiment du genre humain. Mais le plus haut coté d'entre eux, c'est celui qui fut plusieurs fois exilé et qui, par son amitié et ses computations vénales, fit périr un grand citoyen redouté d'Othon. Son art aura plus de crédit encore, si à ses deux mains se sont entrechoquées les chaînes et s'il a fait un long séjour dans une prison militaire. Un astrologue n'a pas de génie, s'il n'a jamais été condamné. Il faut qu'il ait vu la mort de près, qu'il ait failli avoir la chance d'être relégué aux Cyclades et que finalement il ait été frustré de la petite Seripho. Alors ta Tanaquil le consulte sur la mort trop lente de sa mère, qui a la jaunisse ; mais c'est par toi qu'elle commence ; elle veut savoir aussi pour quand les funérailles de sa sœur, de ses oncles ; si son amant lui survivra ; quelles faveurs plus grandes les dieux pourraient-ils lui accorder ?

Encore ignorent-elles, celles-là, ce dont les menace l'astre sinistre de Saturne, en quelle conjonction Vénus est favorable, quels sont les mois dommageables ou avantageux. Mais souviens-toi d'éviter jusqu'à la rencontre de celle entre les mains de qui tu aperçois un calendrier qui a pris le poli et le luisant de l'ambre, celle qui ne consulte personne et que déjà l'on consulte, qui ne suivra pas son mari quand il part pour le camp ou pour sa patrie, si les calculs de Thrasylus la retiennent. Lui plaît-il de se faire porter jusqu'à la première borne militaire, elle compulse son manuel, pour savoir à quelle heure. Le coin de son œil la démange-t-il pour l'avoir trop frotté, elle ne demande un collyre qu'après vérification de l'horoscope.

Satires, VI, 555-580

II

NOCTAMBULES

VAINCRE LA PEUR ET L'OBSCURITÉ

Les nuits des Anciens étaient bien plus sombres que les nôtres. Les premières lampes sont apparues dès la fin du Paléolithique. Au cours du IIIe millénaire, on découvre deux nouveaux combustibles : l'huile d'olive et le bitume. Dès le IXe siècle avant J.-C., les Phéniciens inventent des lampes constituées d'un plat au bord recourbé pour servir d'assise à la mèche et on ajoute ensuite un réservoir, puis une anse pour la porter et ensuite un tenon parfois percé pour la suspendre au moyen d'une cordelette. Les Romains ornent les lampes de médaillons décorés figurant des scènes de la vie quotidienne, des divinités et des thèmes religieux ou des animaux. Si des chandelles sont aussi utilisées, les lampes sont la principale source d'éclairage dans la vie privée et on en place, en grand nombre, dans toutes les pièces de la maison. Pour signaler un événement heureux – naissance, mariage ou retour d'un être cher –, on éclaire portes et fenêtres et les lampes sont des cadeaux appréciés, notamment au nouvel an.

À l'extérieur, on utilise des torches et des lanternes, de bronze ou de terre cuite dans lesquelles la flamme est abritée par des fenêtres en vessie, en papyrus ou en verre à partir de l'Antiquité tardive. Même les grandes villes ne sont qu'exceptionnellement éclairées. Un esclave spécialisé, le *lanternarius*, est chargé de veiller sur les lanternes ou de les porter lors des déplacements nocturnes. Les hommes importants et les magistrats jouissent, en effet, d'une escorte, le nombre de flambeaux ou de lanternes variant avec leur qualité. Dans les *Questions romaines*, Plutarque nous apprend ainsi que le préteur avait droit à trois, et l'édile à deux torches.

Pour dénoncer l'arbitraire du signe, Stéphane Mallarmé prend l'exemple du jour et de la nuit : « À côté d'*ombre*, opaque, *ténèbres* se fonce un peu ; quelle déception, devant la perversité conférant à *jour* comme à *nuit*, contradictoirement, des timbres obscur ici, là clair[1]. » En latin, le nom *nox* restitue bien l'obscurité nocturne. Virgile l'assombrit encore lorsqu'il décrit la nuit qui s'élance « depuis l'Océan » : *Oceano nox*[2]. Victor Hugo réinvestira cette formule latine dans *Les Rayons et les Ombres*, afin de traduire la force destructrice de l'océan qui engloutit les marins dans l'oubli. La nuit est souvent fatale aux navigateurs. C'est à 23 h 40 (heure locale) que le Titanic heurta un iceberg. En l'absence de boussoles, les marins antiques étaient guidés par les étoiles. L'usage de feux de signalisation nocturne sur les côtes remonte à une haute Antiquité et il est connu dès l'époque d'Homère. De simples feux allumés sur les promontoires du littoral et à l'entrée des ports, les phares deviennent des systèmes plus complexes à l'époque hellénistique, où de hautes tours supportent le bûcher pour que l'on voie de plus loin la lumière. Les plus fameux se signalent par leur architecture, comme le phare d'Alexandrie, haut de 135 mètres et composé de trois étages, ou encore le phare romain d'Ostie à quatre étages.

L'obscurité de la nuit, faite, pour les Grecs, d'une brume d'humidité et d'un opaque brouillard, est naturellement source d'effroi. Pour décrire la crainte engendrée par la couleur sombre de la bile, Galien fait ainsi référence à l'obscurité du dehors « qui remplit la plupart des hommes de crainte, à moins qu'ils ne soient très courageux ou très avertis » (*De locis affectis*, III, 10). Cependant, cette obscurité magnifie des spectacles de toute beauté comme les constellations ou les éruptions volcaniques.

1. « Crise de vers », dans *Igitur, Divagations. Un coup de dés*, Paris, Poésie Gallimard, 1976, p. 245.

2. *Énéide*, II, 250. Voir plus loin, p. 227.

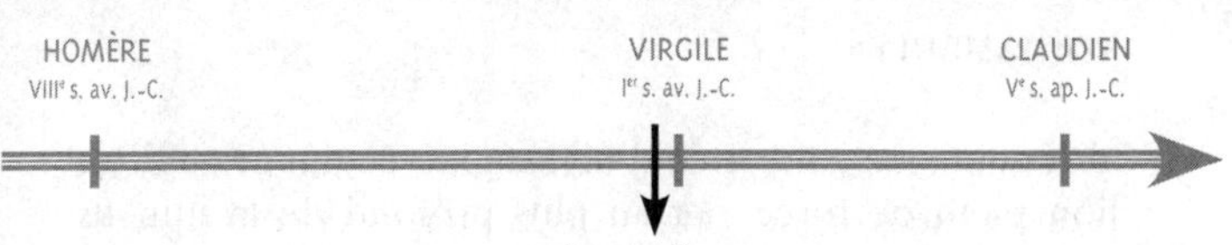

Lucrèce

Dans la Thébaïde, *Stace décrit la frayeur des premiers Arcadiens, le peuple le plus ancien de la Grèce, à la tombée de la nuit : à ce que l'on rapporte, ils voyaient avec stupeur le passage de la lumière aux ténèbres et poursuivaient le soleil qui se couchait au loin, désespérant de revoir le jour (IV, 282-4). C'est contre une telle tradition que s'inscrit Lucrèce, vraisemblablement à la suite d'Épicure : selon lui, les premiers hommes étaient accoutumés à la disparition du soleil, ils se couchaient et attendaient patiemment son lever !*

LES NUITS DES PREMIERS HOMMES

Confiants dans l'étonnante vigueur de leurs mains et de leurs jambes, ils poursuivaient dans les bois les espèces sauvages avec les pierres de leurs frondes ou de pesantes massues ; vainqueurs du plus grand nombre, ils fuyaient dans leurs retraites l'approche de quelques-unes ; et quand la nuit venait les surprendre, pareils aux sangliers couverts de soies, ils étendaient tout nus par terre leurs membres sauvages, en s'enveloppant de feuilles et de branchages.

Mais une fois le jour et le soleil disparus, ils n'allaient pas avec de longs cris lugubres les rechercher à travers les campagnes, errant pleins d'épouvante dans les ombres de la nuit ; ils attendaient silencieux et ensevelis dans le sommeil que la torche rouge du soleil répandît sa lumière dans le ciel. Accoutumés dès l'enfance à voir sans cesse les ténèbres et la lumière renaître alternativement, ils n'avaient point à s'en étonner, ni à redouter qu'une nuit éternelle s'emparât de la terre, et ne leur ravît pour jamais la lumière du soleil. Ce qui inquiétait bien autrement ces malheureux, c'étaient les attaques des fauves qui faisaient leur sommeil plein de périls. Chassés de leurs demeures, ils devaient s'enfuir de leur abri de pierre à l'arrivée d'un sanglier écumant ou d'un lion plein de force ; et au plus profond de la nuit ils cédaient, épouvantés, à ces hôtes furieux leurs couches jonchées de feuillage.

De la Nature, V, 966-89

HOMÈRE
VIIIe s. av. J.-C.

VIRGILE
Ier s. av. J.-C.

CLAUDIEN
Ve s. ap. J.-C.

Valérius Flaccus

Les Argonautes font voile vers Lemnos. La nuit tombe, laissant les hommes en proie à la peur.

OCEANO NOX

Voilà que le char d'Hypérion touche aux limites de la mer d'Ibérie, et les rênes des chevaux qui montèrent dans les hauteurs se relâchent : le ciel s'apprête à basculer. Alors l'antique Téthys leva ses bras et ouvrit son sein, et le divin Titan fendit la mer plane où il entra avec bruit. L'heure avait accru la peur des marins, quand ils voient le ciel basculer déjà et changer d'aspect, les montagnes et l'espace autour d'eux dérobés ensemble à leur vue, et partout les ténèbres épaisses. Le repos de la nature, le silence de l'univers lui-même les effraient, ainsi que les étoiles et la nuit constellée de la chevelure épandue des météores. Et comme le voyageur nocturne livré à un chemin inconnu ne repose pas son oreille, ne repose pas ses yeux, comme d'un côté et de l'autre devant lui l'espace sombre et l'ombre grandie des arbres accroissent les craintes de la nuit, de même nos héros frémissaient. Le fils d'Hagnias cependant, leur redonnant au cœur, dit : « Notre navire, je ne le pilote pas sans intervention divine, et la déesse tritonienne ne s'est pas contentée de m'apprendre notre chemin ; plus d'une fois elle a daigné de sa propre main diriger notre vaisseau. [...]

Argonautiques, II, 34-51

HOMÈRE
VIIIe s. av. J.-C.

VIRGILE
Ier s. av. J.-C.

CLAUDIEN
Ve s. ap. J.-C.

Pline l'Ancien & Ammien Marcellin

LE PHARE D'ALEXANDRIE

Pline énumère des merveilles architecturales. Après avoir vanté les pyramides, il évoque le phare d'Alexandrie, haut de 135 mètres de haut et considéré comme la septième des sept merveilles du monde antique.

L'on vante aussi une tour, ouvrage royal, élevée dans l'île de Pharos qui commande le port d'Alexandrie. Elle coûta, dit-on, huit cents talents, et, pour ne rien passer sous silence, rappelons la magnanimité du roi Ptolémée qui permit à l'architecte Sostratos de Cnide d'y inscrire son nom sur le corps même de la construction. Son utilité est de montrer aux navires, au cours de leurs navigations nocturnes, des feux qui leur signalent les bas-fonds et l'entrée du port, feux semblables à ceux qui brûlent à présent en bien des endroits, ainsi à Ostie et à Ravenne. Le risque de ces feux permanents, c'est de les prendre pour des étoiles, car, de loin, l'aspect des flammes en est tout semblable. C'est le même architecte qui, le premier, construisit une promenade suspendue, à Cnide.

Histoire naturelle, XXXVI, 18

Ammien Marcellin décrit les cinq provinces de l'Égypte et leurs villes célèbres, dont Alexandrie et son fameux phare.

Ce rivage aux abords pleins de traîtrises et d'embûches exposait autrefois les navigateurs à de multiples dangers ; aussi Cléopâtre imagina-t-elle d'élever dans le port une tour, dénommée Pharos, du lieu même où elle se trouve : la nuit, sa lumière porte assistance aux bateaux en les guidant de loin, alors qu'autrefois ceux qui venaient de la mer Parthénienne ou Libyque, ne voyant sur ces côtes aux vastes baies aucune montagne ou colline susceptibles de leur servir d'amers, s'échouaient et se brisaient sur des bancs de sable fangeux et mouvants.

Histoires, XXII, 9

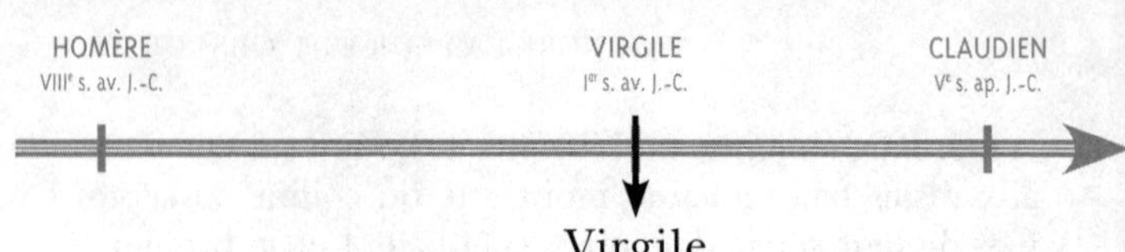

Virgile

Énée et sa flotte arrivent en Sicile et passent la nuit près de l'Etna.

PRODIGES NOCTURNES

Cependant avec le soleil le vent nous a quittés, brisés de fatigue, et ne connaissant plus notre route nous abordons au rivage des Cyclopes.

Les eaux du port à l'abri des vents sont immobiles, lui-même est démesuré. Mais tout près l'Etna fait retentir le tonnerre d'écroulements affreux, parfois il projette vers l'éther un nuage noir où tournoient des fumées de poix, des cendres ardentes, il pousse des boules de flammes et lèche les étoiles ; parfois dans un hoquet il fait monter des rochers, entrailles qu'il arrache à la montagne, il amoncelle en gémissant sous le ciel des pierres en fusion, déborde et bouillonne du fond de son abîme. On dit que le corps d'Encelade, à demi consumé par la foudre, est pressé sous cette masse ; l'énorme Etna qui pèse sur lui souffle au dehors la flamme qui fait éclater ses fournaises ; chaque fois que le géant retourne son flanc las, toute la Trinacrie tremble, gronde, couvre son ciel de fumée. Cette nuit-là, cachés dans les forêts, nous subissons de monstrueux prodiges, impuissants à voir d'où provient le fracas ; les feux célestes avaient disparu, le pôle ne brillait plus de son éclat sidéral, mais des vapeurs obscurcissaient le ciel, une nuit noire retenait la lune prisonnière dans les nuages.

Énéide, III, 568-587

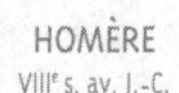

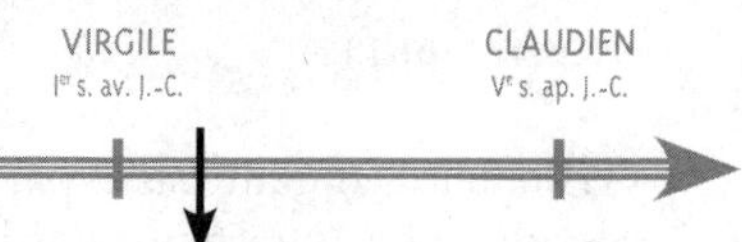

Pétrone

Le repas chez Trimalcion s'éternise. Abruti d'ivresse, ce dernier fait venir des sonneurs de cors et leur demande de jouer comme s'il était mort. Alors que ceux-ci entonnent une marche funèbre, le valet de l'entrepreneur de pompes funèbres souffle avec une telle force qu'il réveille tout le voisinage et que les veilleurs préposés à la surveillance du quartier, convaincus que la maison de Trimalcion brûle, enfoncent la porte avec leurs seaux et leurs haches. Encolpe, Giton et Ascylte profitent de l'occasion pour s'enfuir, mais ils se retrouvent dans l'obscurité la plus totale. Heureusement, Giton a été prévoyant…

UNE PRÉCAUTION SALUTAIRE

Nous n'avions pas la ressource du moindre flambeau pour guider notre marche errante, et le silence de la nuit déjà en son milieu ne nous permettait pas de compter sur la lumière des passants. Ajoutez par surcroît notre ivresse, et l'ignorance des lieux qui, même en plein jour, obscurcit le chemin. Après avoir traîné près d'une heure entière sur les graviers et les tessons dont les pointes mettaient nos pieds en sang, nous fûmes enfin tirés d'affaire par l'ingénieuse prévoyance de Giton. La veille, en effet, comme il craignait de se fourvoyer même en plein jour, il avait eu la précaution de marquer à la craie tous les pilastres et toutes les colonnes ; et les lignes tracées par lui, triomphant de la plus épaisse des nuits, nous signalèrent par leur éclatante blancheur la route que nous cherchions. Toutefois nous n'eûmes pas moins à faire une fois arrivés à notre porte. La vieille hôtesse, elle aussi, en avait tellement avalé avec ses locataires, qu'on l'eût brûlée vive sans la réveiller. Et peut-être aurions-nous passé toute la nuit sur le seuil, si un courrier de

Trimalcion n'était passé par là avec un [riche] convoi de dix chariots. Sans perdre son temps à faire du tapage, il brisa la porte de l'auberge, et nous fit entrer avec lui par la même brèche.

Le Satiricon, 79

Corippe

La Johannide *ou* De bellis Libycis *relate victoire de Jean Troglita sur les Maures en 548 après J.-C. L'épopée se déroule dans la province de Byzacène et décrit avec précision le territoire et les habitants de l'Afrique romaine tardive. Le chant II s'achève par la description d'une nuit illuminée : dans les deux camps, des soldats veillent.*

NUIT BERBÈRE

La nuit humide renvoie l'éclat des astres resplendissant au ciel et des étoiles errant au firmament : car Cynthie, dont le croissant désormais s'était évanoui, et qui n'offrait point sa lumière à la terre obscure, était plongée dans la mer : au fil du mois ses feux avaient diminué. Mais le camp des chefs ne perçut pas les ténèbres de la nuit : la lumière produite par les feux en abondance brille avec clarté parmi les plaines et, sur les hautes montagnes, les terres limitrophes resplendissent de brasiers, tandis que les forêts touffues rayonnent jusqu'aux nues. Qui eût pu distinguer le ciel de la terre, cette nuit-là, en disant ce qui était étoile brillante, ce qui était flamme ? Tout n'était que lumière. D'un côté la terre scintille de flammes, de l'autre le firmament d'étoiles. Chaque fois qu'une étincelle s'envola d'un brasier, on crut qu'il s'agissait d'un astre glissant dans la nuit. Tout homme qui vit les tentes depuis les plaines qui leur faisaient face, sans savoir ce qu'il en était, trembla en croyant voir des astres se lever au firmament de manière inhabituelle. Le matelot s'égara sur les plaines océanes, n'eut aucun moyen de reconnaître les constellations et, virant de bord, refusa de poursuivre sa course.

Johannide, II, 417-434

L'HEURE DU REPOS

La nuit est dédiée au sommeil. Le lit typique grec a un cadre de bois auquel on lace des bandes de cuir pour placer des peaux, mais les rois hellénistiques, les empereurs romains et certains hommes riches utilisent des matières plus luxueuses : des pieds d'argent ou de bronze et des châlits plaqués en bois précieux ou en ivoire massif plaqué en écailles de tortues. Plus généralement, on dort sur de simples tapis ou sur des litières de jonc ou de foin à même le sol. Le couchage révèle la fortune, mais aussi la vertu des dormeurs. Le cynique Diomède dormait sur des peaux de bêtes et Martial attribue avec ironie la vertu du stoïcien Chaeremon à sa natte et à ses punaises. Clément d'Alexandrie prescrit d'appliquer au sommeil les règles de la modestie chrétienne et condamne toute vaine magnificence : adepte du futon avant l'heure, il déconseille une plume moelleuse où le corps s'enfonce tout entier et dont la vive chaleur arrête la digestion, pour prescrire un lit ferme (*Le Divin Maître ou le pédagogue*, I, 9).

Les rythmes de sommeil sont de même un enjeu social et éthique. Dénigré comme un état de passivité, inférieur à la veille, et dont la privation signale la valeur exceptionnelle d'un individu, le sommeil est par ailleurs exalté comme un état privilégié qui permet une communication avec le divin ou l'au-delà. C'est pourquoi les médecins et les philosophes antiques s'attachent à en définir un bon usage. S'ils reconnaissent la nécessité du repos, platoniciens, épicuriens et stoïciens prescrivent d'en limiter la durée et s'efforcent d'en contrôler la qualité. Au chapitre VIII de la *Vie de Plotin*, Porphyre exalte ainsi la capacité de son maître à conserver continuellement son « attention à soi-même » et à repousser le besoin de sommeil par une stricte abstinence alimentaire. Il s'agit d'imiter la vie des dieux qui restent toujours éveillés. De même, les Chrétiens célèbrent et redoutent tout à la fois le sommeil : dans l'hymne 4, Ambroise de Milan le présente comme un don providentiel de Dieu créateur, mais il prie Dieu de ne point laisser l'âme dormir et en particulier de l'empêcher de céder au péché pendant son sommeil.

Le sommeil joue un rôle essentiel pour la bonne marche de l'organisme et pour une bonne condition psychique : c'est pendant les phases de sommeil profond que les lésions se soignent, que le système immunitaire se renforce, que les nerfs et le cerveau sont libérés des impulsions du jour. Les médecins antiques célèbrent la fonction réparatrice du sommeil et en connaissent la valeur thérapeutique, prescrivant de dormir pour soigner les grippes, les fièvres ou les maladies du rein et recommandant parfois d'étranges rituels : on guérit la hernie des enfants en les faisant mordre pendant leur sommeil par un lézard vert ; on attache ensuite l'animal à un roseau et on le suspend à la fumée ; lorsque celui-ci expire, l'enfant est guéri[3].

Les Anciens utilisent divers types de procédés pour favoriser le sommeil : du vin, des décoctions à base de plantes, de la musique, le bruit de l'eau, des lits suspendus que l'on balance. La position est primordiale, et le pseudo-Aristote consacre *Les Problèmes*, VI, 5 et VI, 7 à rechercher les raisons pour lesquelles le sommeil vient plus facilement si l'on est couché sur le côté droit. La magie est surtout employée pour empêcher un ennemi de dormir.

3. Pline, *Histoire naturelle*, 30, 42, 135.

Homère

Après avoir tué les prétendants, Ulysse vient trouver sa femme. Méfiante, celle-ci le met à l'épreuve pour s'assurer de son identité. Il doit prouver qu'il connaît le secret de leur lit conjugal : construit dans le tronc d'un olivier au centre de la maison, il symbolise l'union de la nature et de la culture que représente le mariage, tandis que l'impossibilité de le déplacer dit la stabilité de l'union d'Ulysse et de Pénélope.

LIT CONJUGAL

Pénélope. – [...] Obéis, Euryclée ! et va dans notre chambre aux solides murailles nous préparer le lit que ses mains avaient fait ; dresse les bois du cadre et mets-y le coucher, les feutres, les toisons, avec les draps moirés !

C'était là sa façon d'éprouver son époux. Mais Ulysse indigné méconnut le dessein de sa fidèle épouse :

Ulysse. – Ô femme, as-tu bien dit ce mot qui me torture ?... Qui donc a déplacé mon lit ? le plus habile n'aurait pas réussi sans le secours d'un dieu qui, rien qu'à le vouloir, l'aurait changé de place. Mais il n'est homme en vie, fût-il plein de jeunesse, qui l'eût roulé sans peine. La façon de ce lit, c'était mon grand secret ! C'est moi seul, qui l'avais fabriqué sans un aide. Au milieu de l'enceinte, un rejet d'olivier éployait son feuillage ; il était vigoureux et son gros fût avait l'épaisseur d'un pilier : je construisis, autour, en blocs appareillés, les murs de notre chambre ; je la couvris d'un toit et, quand je l'eus munie d'une porte aux panneaux de bois plein, sans fissure, c'est alors seulement que, de cet olivier coupant la frondaison, je donnai tous mes soins à équarrir le fût jusques à la racine, puis, l'ayant bien poli et dressé au cordeau, je le pris pour montant où cheviller le reste ; à ce premier montant, j'appuyai tout le lit, dont j'achevai le cadre ; quand je l'eus incrusté d'or, d'argent et d'ivoire, j'y tendis des courroies d'un cuir rouge éclatant… Voilà notre secret !… la preuve te suffit ?… Je voudrais donc savoir, femme, si notre lit est toujours en sa place ou si, pour le tirer ailleurs, on a coupé le tronc de l'olivier.

Il disait : Pénélope sentait se dérober ses genoux et son cœur ; elle avait reconnu les signes évidents que lui donnait Ulysse.

L'Odyssée, XXIII, 175-206

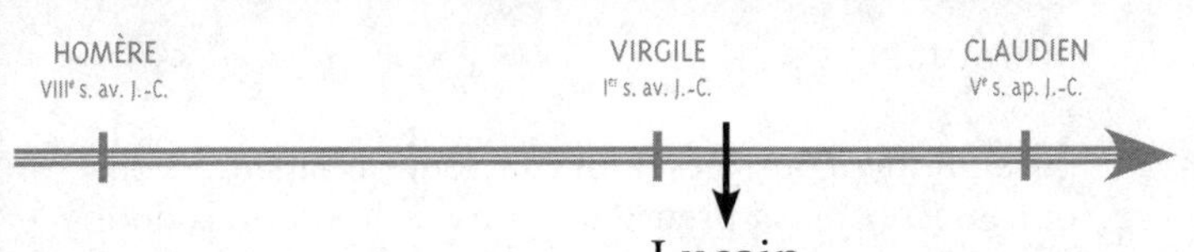

Lucain

Caton et ses troupes sont en Afrique, la chaleur est intense et le sol infesté de reptiles et de scorpions. Dans de telles conditions, les soldats n'ont même pas de lit ou de matelas, mais doivent coucher à même le sol…

À LA DURE !

Que sert au malheureux Murrus de percer un basilic avec la pointe de son javelot ? Le poison court rapidement le long du trait et vient attaquer la main ; aussitôt, tirant son épée, il la frappe, et, d'un coup, la sépare complètement du bras ; contemplant l'image déplorable de sa mort possible, il reste debout, sauvé, tandis que la vie abandonne sa main. Qui aurait cru le scorpion maître de nos destins ou capable de tuer si vite ? Menaçant par ses nœuds, terrible par le coup direct qu'il porte, il fit briller au ciel le glorieux témoignage de la défaite d'Orion. Qui craindrait, salpuga, de fouler aux pieds ta retraite ? À toi aussi pourtant les sœurs du Styx donnent des droits sur leurs fuseaux.

Ainsi ni la clarté du jour ni l'obscurité de la nuit ne leur permettaient le repos, tant les malheureux suspectaient la terre où ils reposaient. Ils n'eurent point de lit fait de feuillages amoncelés, point de matelas formé de chaume entassé ; mais ils se roulent sur le sol exposés à toutes les morts ; la chaleur de leur corps attire les bêtes malfaisantes saisies par la fraîcheur des nuits, et, ces gueules rendues longtemps inoffensives par l'engourdissement du poison, ils les réchauffent contre eux-mêmes.

La Guerre civile, IX, 828-846

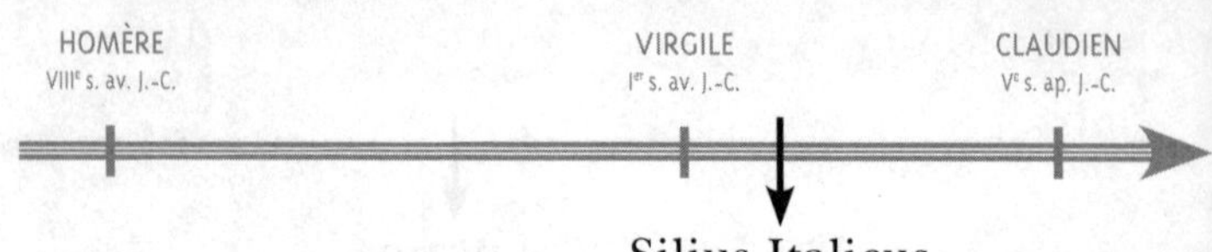

Silius Italicus

La vigueur des soldats s'éprouve notamment lors des nuits glacées de l'hiver, lorsqu'ils couchent en plein air, tout armés. Arrivés à Capoue, Hannibal et ses hommes s'amollissent.

LES DÉLICES DE CAPOUE

Mais non, cette fameuse vigueur, elle qui avait brisé les Alpes, avait porté l'attaque et s'était ouvert un chemin, puis qui, souveraine de la Trébie, de sang italien souilla les ondes méoniennes, alors n'était plus présente : moites de molles débauches et de vin, engourdis dans les séductions du sommeil, les muscles se relâchaient. Pour ces hommes à qui c'était l'habitude de supporter des nuits glacées, alourdis par la cuirasse, sous le ciel inclément, et souvent de dédaigner leur tente, quand avec la grêle de l'hiver croulaient les averses, pour eux à qui (car ils ne déposaient, même la nuit, ni bouclier ni épée, carquois ni traits) leurs armes étaient comme leurs propres membres, alors, lourd fardeau fut le casque, trop lourd parut le poids des armes et ils jetaient les lances sans les faire siffler.

La Guerre punique, XII, 15-26

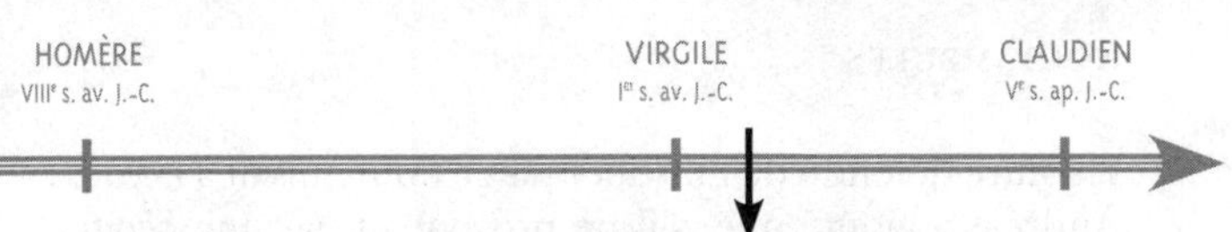

Pline l'Ancien

Pour dormir, les Anciens avaient recours aux vertus médicinales des plantes, mais les effets de certaines, comme le pavot, étaient difficiles à contrôler. C'est ainsi qu'aux dires de Galien, Antonin dut supprimer le pavot de l'antidote qu'il prenait chaque jour pour se mithridatiser car il s'endormait au beau milieu de ses activités quotidiennes.

MIEUX DORMIR GRÂCE À LA PHYTOTHÉRAPIE

Nous avons dit qu'il existe trois espèces de pavots cultivés et nous avons promis de décrire d'autres espèces, qui sont spontanées. Parmi les pavots cultivés, on pile le calice du pavot blanc et on le boit dans le vin comme soporifique ; la graine guérit l'éléphantiasis. Le pavot noir donne un soporifique par incision de la tige, quand le calice se forme, d'après Diagoras, quand passe la fleur, selon Iollas, à la troisième heure d'un jour sans nuage, c'est-à-dire quand la rosée a séché sur la plante. On recommande de l'inciser sous la tête et sous le calice, et c'est la seule espèce dont on incise la tête. Ce suc, comme celui de toute plante, est recueilli sur de la laine ou, s'il y en a peu, sur l'ongle du pouce, comme cela se fait pour les laitues, mais le suc du pavot, qui est abondant, se recueille aussi plus encore le lendemain quand, ayant séché, il s'est épaissi ; on le pétrit en petits pains et on le fait sécher à l'ombre ; il n'a pas seulement une propriété soporifique, mais, pris à trop forte dose, il cause même la mort pendant le sommeil. On l'appelle opium. C'est ainsi, nous le savons, que mourut à Bavilum, en Espagne, le père de l'ancien préteur P. Licinius Caecina, lorsqu'une maladie intolérable lui rendit la vie odieuse, et de même plusieurs autres personnes. Ainsi l'opium est-il l'objet de grands débats. Diagoras et Érasistrate l'ont absolument condamné comme un poison mortel et ont en outre défendu de l'instiller parce qu'il nuisait à la vue. Andréas a ajouté que, s'il ne provoquait pas une cécité immédiate, c'était parce qu'on le falsifiait à Alexandrie. Mais plus tard son usage ne fut pas condamné dans la célèbre préparation dite *dia codyon.* On prépare aussi avec la graine pilée des pastilles qu'on prend dans du lait pour dormir ; de même contre les maux de tête, avec de l'huile rosat ; avec cette huile, on l'instille aussi dans les oreilles en cas de douleur.

Histoire naturelle, XX, 198-201

On arrête encore la diarrhée avec l'une et l'autre espèce de *ladanum* qui croissent dans les blés ; broyées et tamisées, on les prend en boisson dans de l'eau miellée ou du bon vin. On appelle *ledon* la plante qui donne dans l'île de Chypre, l'espèce de *ladanum* qui s'attache à la barbe des chèvres. Plus renommé est celui d'Arabie. Maintenant il en vient aussi de Syrie et d'Afrique, c'est celui qu'on appelle *toxicum* [« à l'arc »] parce que, pour le recueillir, on passe sur la plante des arcs dont les cordes entourées de laine retiennent les flocons visqueux qui s'y attachent. Nous en avons plus amplement parlé à propos des parfums. Ce *ladanum* est d'une odeur forte et très dur au toucher. Il contient en effet beaucoup de terre, tandis que le plus estimé est pur, parfumé, mou, vert et résineux. Il a la propriété de ramollir, de sécher, de mûrir et de provoquer le sommeil. Il arrête la chute des cheveux avec de l'hydromel ou de l'huile rosat ; additionné de sel, il guérit les ulcères suintants ; pris avec du styrax, il calme la toux chronique ; il est, en outre, extrêmement efficace contre les éructations.

Histoire naturelle, XXVI, 47-48

HOMÈRE
VIIIe s. av. J.-C.

VIRGILE
Ier s. av. J.-C.

CLAUDIEN
Ve s. ap. J.-C.

Plutarque

Le traité sur Isis et Osiris est dédié à une certaine Cléa, supérieure des prêtresses de Dionysos et sectatrice du culte osirien. De fait, l'exégèse du traité repose sur l'identification de Dionysos à Osiris. Le traité affirme que la vérité de la religion est philosophique et que la piété consiste à connaître les dieux et à se rendre semblable aux dieux. Plutarque est particulièrement attentif à l'ascétisme et à l'hygiène des Égyptiens. C'est ainsi qu'il accorde un long développement aux fumigations quotidiennes et en particulier à l'usage du kyphi dont il décrit les effets somnifères.

FUMIGATIONS

S'il faut parler aussi, comme je l'ai promis, des fumigations quotidiennes, qu'on se dise bien, d'abord, que si les Égyptiens accordent en toutes circonstances beaucoup d'importance aux soins du corps, dans le rituel et les pratiques de purification et de jeûne, l'hygiène y a une part aussi grande que la sainteté. Ils trouvaient en effet inconvenant de célébrer avec un corps aussi bien qu'avec une âme viciés en profondeur et malades le culte de ce qui est pur, parfaitement intact, immaculé. Et comme l'air, dont nous faisons le plus grand usage et dans lequel nous vivons, n'a pas une composition et une température constantes, que, la nuit, il se condense, oppresse le corps et met l'âme, qui devient comme embrumée et pesante, dans un état de mélancolie et d'anxiété, les Égyptiens, dès le lever, font rituellement brûler de la résine, ce qui purifie l'air par la dispersion de ses éléments et, d'autre part, ranime de son engourdissement le souffle inclus dans le corps, l'odeur de l'encens ayant quelque chose de revigorant et de stimulant. [...]

Le kyphi est un mélange composé de seize ingrédients : miel, vin, raisin, souchet, résine, myrrhe aspalathos, sésélis, lentisque, bitume, jonc et patience, auxquels on ajoute des graines des deux espèces de genévrier (que les Égyptiens appellent le grand et le petit genévrier), du cardamome et du calame. Le mélange des ingrédients ne s'effectue pas au hasard, mais selon des recettes sacrées qu'on lit aux parfumeurs pendant la préparation. Quant au nombre des ingrédients, encore qu'il semble bien que, carré d'un carré et seul produit de deux facteurs égaux à avoir un périmètre égal à son aire, il mérite par là l'intérêt qu'on lui porte, on doit dire qu'il ne joue qu'un rôle minime dans la recette. Mais comme la plupart des produits qui entrent dans la composition du kyphi ont des propriétés aromatiques, il en émane une odeur agréable et des effluves bénéfiques, sous l'action desquels l'air se transforme, tandis que le corps, insensiblement et doucement ému par ces émanations, acquiert une complexion somnifère et relâche et dénoue sans le secours de l'ivresse la pénible tension des soucis de la journée. Le parfum polit et nettoie la partie imaginative de l'âme, celle qui reçoit les rêves, tout comme le faisait le toucher de la lyre, auquel les Pythagoriciens avaient recours avant de s'endormir, pour enchanter et calmer la partie émotive et irrationnelle de leur âme. En effet les odeurs qui souvent raniment les sens défaillants, souvent aussi, à l'inverse, les émoussent et les apaisent, les aspérités du corps se relâchant sous leur action lubrifiante : c'est ainsi, selon certains médecins, que le sommeil survient quand les exhalaisons des aliments s'insinuent et se glissent dans les intestins et, en les effleurant, provoquent une sorte de chatouillement. […] D'autre part, si la résine et la myrrhe naissent sous l'action du soleil, puisqu'elles sont exsudées par les plantes exposées à la chaleur, il entre dans la composition du kyphi des ingrédients auxquels la nuit convient mieux, ceux par exemple qui trouvent leur aliment naturel dans les vents froids, l'ombre, la rosée et l'humidité : car la lumière du jour est une et simple, et c'est « dans le vide de l'éther », selon l'expression de Pindare, qu'on voit le soleil, tandis que l'air nocturne est un mélange, un composé de lumières et d'influences diverses qui découlent, comme autant de semences, de tous les astres et viennent former un amalgame unique. Les Égyptiens ont donc raison de faire brûler de jour la résine et la myrrhe, qui sont des substances simples et tirent leur origine du soleil, et à la tombée de la nuit l'ensemble des composantes du kyphi, qui réunit en lui toutes sortes de propriétés différentes.

Œuvres morales, V, 2, *Isis et Osiris*, 79-80

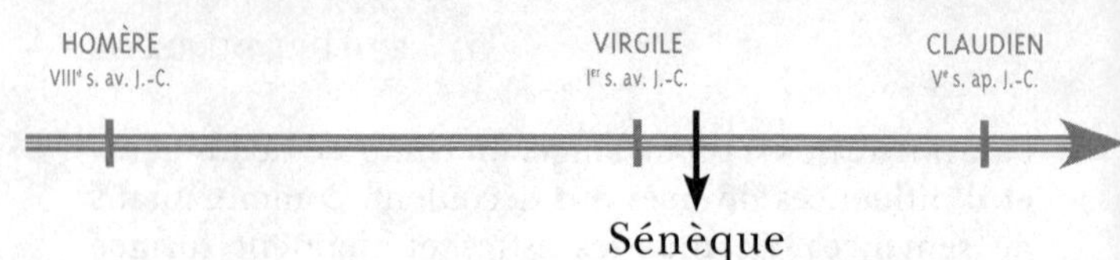

Sénèque

La nuit, les soucis et les passions se réveillent. Sénèque force son âme à se concentrer sur elle-même, sans diversion vers l'extérieur.

PAIX INTÉRIEURE

À quoi bon le silence de la contrée entière, dès lors que grondent les passions ?

« Le monde reposait dans le calme apaisant de la nuit. »

Vue fausse ! Il n'est point de calme apaisant si la raison n'y a présidé. La nuit n'enlève pas le chagrin ; elle le suspend et ne fait que changer nos soucis. Les songes du dormeur même sont aussi tumultueux que sa journée. La vraie tranquillité est celle où la sagesse de l'âme s'étend à l'aise. Considère cet homme, pour qui on cherche du sommeil moyennant le silence d'une vaste maison, dont tout le personnel d'esclaves, de crainte que quelque bruit n'effarouche son oreille, est devenu muet, tandis qu'on n'approche tant soit peu que sur la pointe du pied. Eh bien ! il se tourne et se retourne, à l'affût d'un léger somme entrecoupant ses ennuis. Rien ne bouge, et il se plaint qu'on ait bougé. Comment expliques-tu ce malaise ? C'est son âme qui lui fait du bruit. Il importe de la calmer, de réfréner sa révolte, sans la supposer en paix parce que le corps gît au repos. Par moment s'introduit dans la vie quiète l'inquiétude. Et voilà pourquoi il faut que nous soyons aiguillonnés à l'action et tout occupés du maniement des vertueux principes, chaque fois que nous travaille une paresse impatiente d'elle-même.

Lettres à Lucilius, 56, 5-8

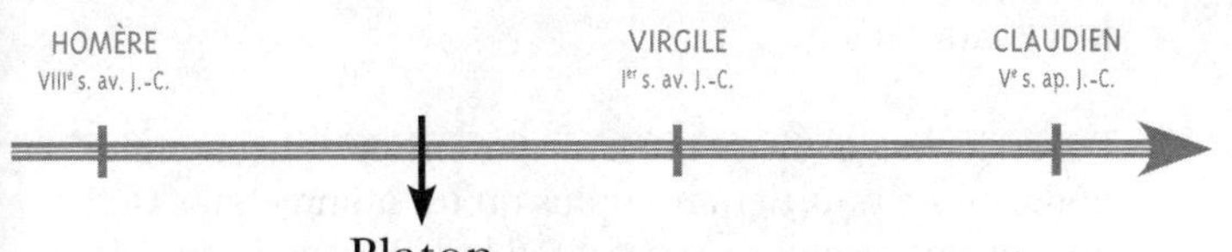

Platon

Platon inaugure une longue tradition de résistance au sommeil qui sera orchestrée notamment par les stoïciens et par les premiers chrétiens. Son argumentation sera résumée par Diogène Laërce en une formule lapidaire : « Un homme endormi ne vaut rien. »

L'AVENIR APPARTIENT À CEUX QUI SE LÈVENT TÔT

Telle étant la nature des choses, il faut qu'un règlement soit fait qui prescrive, à tous les hommes libres, l'emploi de chaque heure de leur temps, sans interruption, depuis environ l'aurore jusqu'à l'aurore et au lever de soleil suivants. Il serait malséant pour le législateur d'entrer dans une série de menus détails sur l'administration domestique ; de décréter, par exemple, combien de temps doivent veiller, chaque nuit, des hommes qui veulent assurer, de façon continue, la sécurité parfaite de la cité tout entière. Pour n'importe lequel des citoyens, en effet, passer, en n'importe quel temps, toute une nuit à dormir et ne pas se montrer à ses gens, toujours le premier éveillé et le premier debout, c'est une conduite qui doit être unanimement jugée honteuse et indigne d'un homme libre, de quelque nom qu'il faille l'appeler, coutume ou loi. Quant à la maîtresse de maison, se laisser éveiller par quelque fille de service et ne pas être la première à éveiller les autres, c'est une honte que doivent stigmatiser, entre soi, non seulement valet et servante et le petit garçon, mais, si c'était possible, toutes les pierres et poutres de la maison. S'éveiller de nuit, c'est, pour chacun, le seul moyen d'expédier de larges parts de sa besogne ou politique ou domestique, si l'on est, soit magistrat dans la cité, soit maître ou maîtresse en sa propre maison. Beaucoup de sommeil ne convient, en effet, par loi de nature, ni à nos corps ni à nos âmes ni à l'exercice des activités qui leur sont propres. Un homme endormi ne vaut rien, non plus qu'un homme sans vie ; au contraire, celui de nous qui a le plus grand souci de vivre et de penser, celui-là reste éveillé le plus longtemps possible, réserve faite seulement de ce qu'exige la santé, et c'est peu, si l'on a su s'habituer. Les chefs qui veillent la nuit dans les cités sont redoutables aux méchants quels qu'ils soient, ennemis ou citoyens ; respectés et admirés par les hommes justes et tempérés ; utiles à eux-mêmes et à la cité tout entière.

Les Lois, VII, 807e-808c

HOMÈRE
VIIIe s. av. J.-C.

VIRGILE
Ier s. av. J.-C.

CLAUDIEN
Ve s. ap. J.-C.

Virgile

Pour célébrer le réveil nocturne de Vulcain, chargé de confectionner le bouclier d'Énée, Virgile évoque le réveil de la fileuse.

LABEUR NOCTURNE

Mais déjà la nuit en fuite a fourni la moitié de sa course, déjà le corps délassé vient de rejeter le sommeil ; c'est l'heure où la femme obligée de porter le faix de la vie avec ses fuseaux, avec les fins ouvrages de Minerve, ranime la cendre et les feux assoupis, ajoutant la nuit au temps de son travail, elle fatigue ses servantes en de longs labeurs, à la lumière des lampes, afin de pouvoir conserver chaste le lit de son époux et d'élever leurs jeunes enfants. Lui aussi le maître du feu et avec un courage semblable se lève à cette heure, va de sa couche moelleuse à ses œuvres de forgeron.

Énéide, VIII, 407-415

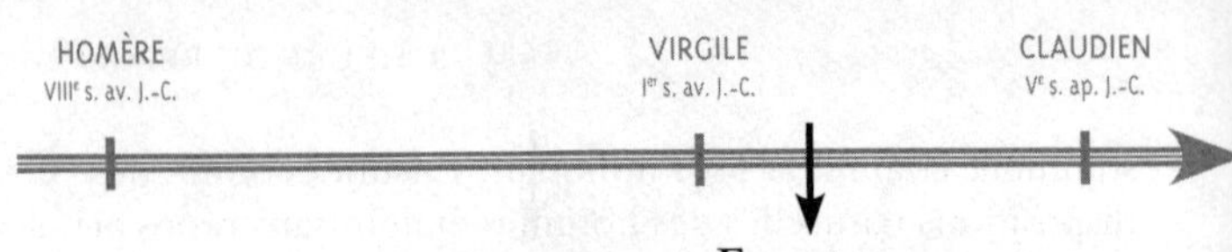

Adepte du stoïcisme, Marc-Aurèle s'inscrit dans une tradition philosophique qui prescrit de limiter le sommeil. Alors qu'il est devenu empereur et qu'en résidence à Alsium, sur la côte étrusque, il consacre tout son temps à ses charges impériales et en particulier à ses fonctions judiciaires, Fronton, son maître de rhétorique, l'exhorte à prendre du repos et en particulier à dormir la nuit. Pour le convaincre que la nuit doit être consacrée au sommeil, il lui raconte une fable mythologique.

JUPITER CONFIE LA NUIT AU SOMMEIL

Mais toi, de grâce, permets-moi de te convaincre, de manière plaisante ou sérieuse, de ne pas te priver de sommeil et de respecter les bornes du jour et de la nuit. Suppose que des dieux distingués et nobles, le Soir et le Matin, mènent avec cupidité et violence un procès sur leurs frontières. Chacun des deux présente une description de sa limite propre. Le Sommeil prétend participer à leur enquête, car, dit-il, lui aussi est impliqué dans cette affaire et subit des dommages. Je voudrais cependant avoir autant de vigueur et d'application que j'avais lorsque jadis j'écrivis cette petite bagatelle qu'était l'*Éloge de la fumée et de la poussière*. Que n'ai-je, dans la force de mon talent, écrit un éloge du Sommeil ! Maintenant aussi, si cela te plaît d'entendre une courte fable, écoute :

On rapporte que Jupiter Pater, lorsque au commencement du monde il fonda le genre humain, sépara la durée de la vie, frappée d'un seul coup en son milieu, en deux parties en tout point égales, habilla l'une de lumière, l'autre de ténèbres et les nomma le jour et la nuit ; puis, il confia le repos à la nuit, le travail au jour. Le sommeil n'était pas encore né et tous les hommes passaient leur vie sans dormir : pour les hommes éveillés, la nuit était dévolue au repos nocturne, au lieu du sommeil, comme la loi l'indiquait. Ensuite, comme les dispositions naturelles des hommes étaient sans repos et plus enclines à s'agiter et à semer le désordre, ils s'adonnèrent peu à peu au travail jour et nuit, ne consacrant pas une heure au repos. Alors, Jupiter, dit-on, quand il s'aperçut que les contestations et les citations à comparaître étaient désormais nocturnes et que l'on ajournait aussi les comparutions nocturnes, résolut en son cœur de choisir l'un de ses frères naturels pour s'occuper de la nuit et du repos des hommes. Neptune prétexta les soins nombreux et accablants qu'exigeait la mer pour que les flots n'emportassent toutes les terres avec les monts, que les vents se levant alors ne renversassent tout de fond en comble, qu'ils n'arrachassent les forêts et les moissons jusqu'à la racine. Dis Pater prétexta aussi qu'à grande peine étaient contenues les régions infernales, grâce à des efforts et des soins multiples, qu'avec peine il avait renforcé l'Achéron par des fleuves, des marais et des eaux stagnantes du Styx, qu'enfin il avait disposé un chien de garde pour terrifier les ombres qui désiraient s'enfuir vers le monde des hommes, et qu'il avait en plus donné à ce chien trois gorges aboyantes, trois gueules béantes et trois terreurs dentues. Alors Jupiter, après avoir interrogé les autres dieux, constata que les agréments fournis par l'état de veille étaient fort prisés : Junon faisait naître la plupart des enfants la nuit, Minerve, maître des arts et des artisans, souhaitait que l'on veillât beaucoup, Mars plaçait à dessein les sorties impétueuses et les embuscades pendant la nuit, à coup sûr Vénus et Liber étaient de loin les plus favorables aux oiseaux de nuit. Alors Jupiter prend la résolution de créer le Sommeil et l'admet parmi les dieux, lui confie le soin de la nuit et du repos et lui transmet les clefs des yeux.

Correspondance, « Sur les vacances à Alsium », 3, 8-10

NUITS ÉROTIQUES

L'obscurité nocturne est propice aux amours, qu'ils soient légitimes ou adultères. Les chants d'hyménée célèbrent la nuit de noce dont la fertilité est parfois favorisée par la présence du *pais amphitaleis*, un jeune enfant qui dort avec le couple la nuit même ou la nuit précédant les noces. Les poètes chantent la volupté de leurs nuits d'amour qu'ils voudraient prolonger comme le fit Athéna pour les retrouvailles d'Ulysse et de Pénélope ou Jupiter lorsqu'il s'unit à Alcmène.

La lampe, spectatrice des ébats, devient complice des amants, mais elle peut s'avérer fatale : une goutte d'huile réveille ainsi Cupidon endormi et révèle la trahison de Psyché qui a enfreint l'ordre de ne pas chercher à voir son époux.

La nuit est aussi le témoin des insomnies nocturnes de Médée et de Didon, tourmentées par la passion, ou encore des vaines attentes des amants éplorés devant la porte de leur maîtresse, dont les plaintes donnent naissance à un genre littéraire, le *paraclausithuron*, déploration prononcée « devant la porte close » de l'être aimé.

Elle sert de cadre au drame du nageur nocturne, raconté notamment par Musée le grammairien, au début du VIe siècle : Héro et Léandre sont séparés par l'Hellespont. Elle est prêtresse d'Aphrodite à Sestos ; il vit à Abydos sur les rives asiatiques. Chaque nuit Léandre traverse le détroit pour rejoindre son aimée, guidé par la petite lampe à huile qu'elle a allumée en haut de la tour où elle vit. Par un soir de tempête, la lumière s'éteint. Le nageur ne peut trouver la côte et se noie. Héro découvre le corps de son amant rejeté par les flots et se jette à la mer pour rejoindre son amant dans la mort. La nuit favorise de même le quiproquo fatal à Pyrame et à Thisbé, qui inspira à Shakespeare le drame de *Roméo et Juliette.*

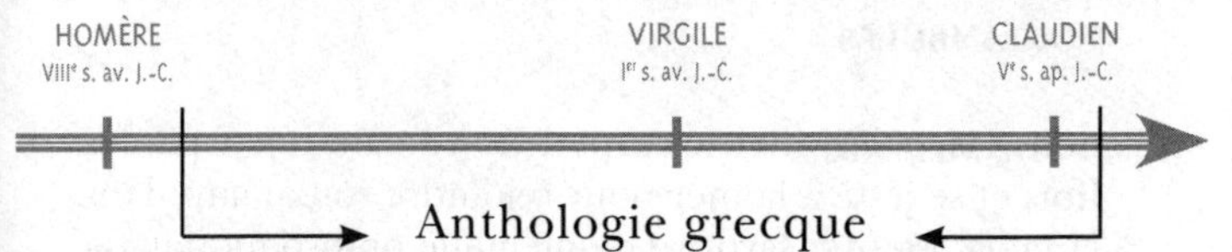

ANTHOLOGIE GRECQUE

L'écriture épigrammatique est régie par un principe d'imitation et de variation. Parmi les motifs favoris du genre « érotique » figurent les invocations à la lampe, témoin muet des amours nocturnes.

LAMPES COMPLICES

De Statyllius Flaccus

Je suis la lampe d'argent que pour fidèle confidente de leurs amours nocturnes Flaccus a donnée à l'infidèle Napê ; maintenant, près du lit de cette fille parjure, je me consume à voir ses hontes de toute sorte, tandis que toi, Flaccus, de cruels soucis t'ôtent le sommeil et te rongent ; mais tous les deux, loin l'un de l'autre, nous brûlons.

Épigrammes amoureuses, V, 5

D'Asclépiade

Lampe, c'est par toi que, lorsqu'elle était devant moi, Héracleia m'a trois fois juré qu'elle viendrait, et elle n'est pas venue. Lampe, c'est à toi, si tu es une divinité, de châtier la perfide : quand elle aura chez elle un amant et qu'elle prendra ses ébats, éteins-toi, refuse-lui ta lumière.

Épigrammes amoureuses, V, 7

De Méléagre

Nuit sacrée et toi, lampe, nous n'avons pas pris d'autres témoins de nos serments, c'est devant vous que nous avons juré tous les deux, lui de m'aimer toujours, moi de ne jamais le quitter ; c'est vous qui avez reçu notre mutuel engagement. Mais maintenant, il prétend que des serments comme ceux-là sont écrits sur l'eau ; et toi, lampe, tu le vois dans les bras d'autres femmes.

Épigrammes amoureuses, V, 8

HOMÈRE
VIIIe s. av. J.-C.

VIRGILE
Ier s. av. J.-C.

CLAUDIEN
Ve s. ap. J.-C.

Catulle

La nuit de noces est la première expérience érotique des jeunes épouses. Catulle leur recommande de se soumettre aux requêtes de leurs époux sous peine de les voir partir en demander ailleurs.

NUIT DE NOCES

Sors, nouvelle épouse, si tu veux bien, et écoute mes paroles. Vois comme les flambeaux secouent leurs chevelures d'or ; sors, nouvelle épouse.

Jamais ton époux ne sera assez volage pour s'abandonner à des adultères coupables et pour poursuivre de honteuses débauches, jamais il ne voudra reposer loin de tes seins délicats,

Mais comme la vigne flexible enlace les arbres voisins, tu l'enlaceras de tes bras. Mais le jour fuit ; sors nouvelle épouse.

Ô couche nuptiale [...] quelles joies se préparent pour ton maître, que de joies il va goûter pendant la nuit rapide, que d'autres au milieu du jour ! Mais le jour fuit ; sors, nouvelle épouse.

Enfants, levez vos flambeaux ; je vois venir le voile couleur de flamme. Allez, chantez tous en mesure : « Io, Hymen Hyménée Io ! Io Hymen Hyménée. » [...]

Tu faisais fi des fermières, mignon, hier, aujourd'hui encore ; maintenant le friseur va te tondre. Malheureux, ah ! malheureux mignon, donne des noix.

On dit que tu as de la peine, époux parfumé, à renoncer à tes glabres amis ; mais il faut y renoncer. Io Hymen Hyménée Io ! Io Hymen Hyménée !

Nous savons bien que les plaisirs permis te furent seuls connus ; mais à un mari ils ne sont plus permis comme auparavant. Io Hymen Hyménée Io ! Io Hymen Hyménée !

Et toi, jeune épouse, quand ton époux te demandera tes faveurs, garde-toi de les lui refuser, si tu ne veux pas qu'il aille en demander ailleurs. Io Hymen Hyménée Io ! Io Hymen Hyménée !

Poésies, 61, 91-155

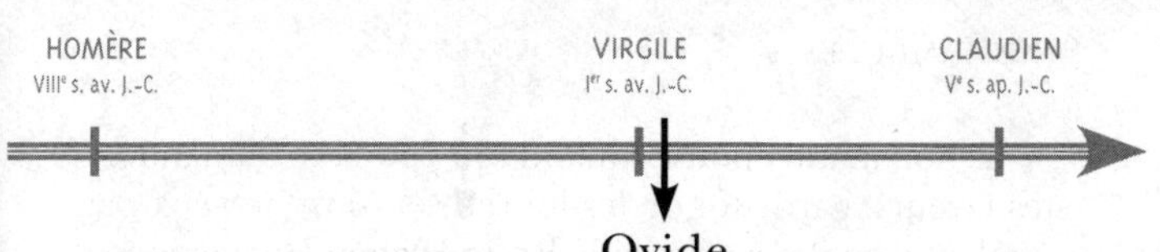

Ovide

Ovide, dépité de voir paraître l'Aurore, lui reproche de fuir son vieil amant Tithon et de la frustrer de son plaisir.

ENCORE…

Je passerais sur tout le reste ; mais que les belles se lèvent le matin, comment l'admettre, à moins que l'on n'ait soi-même aucune belle ? Que de fois j'ai souhaité que la Nuit ne voulût pas te céder la place, que les astres chassés ne se dérobent pas si vite à tes regards ! que de fois j'ai souhaité que le vent brisât ton char, ou que l'un de tes chevaux se prît les pattes dans quelque nuage épais et s'abattît ! Jalouse, où cours-tu ? si ton fils était noir, c'est que le cœur de sa mère était de cette couleur.

Je voudrais qu'il fût permis à Tithon de parler de toi ; jamais au ciel femme n'aurait plus à rougir. Tu fuis ton époux, parce que trop âgé ; voilà pourquoi, dès le matin, tu abandonnes ce vieillard pour ton char odieux. Mais si celui que tu préfères, Céphale, était enlacé dans tes bras, tu crierais : « Courez lentement, chevaux de la Nuit ! » Pourquoi, moi, mon amour doit-il souffrir, parce que ton époux est glacé par les années ? Est-ce par mon entremise que tu as épousé ce vieillard ? Songe aux heures de sommeil accordées par la lune au jeune homme qu'elle aimait ! Or sa beauté vaut bien la tienne. Le père des dieux lui-même, ne voulant pas te voir si souvent, réunit deux nuits afin de satisfaire son amour.

J'avais terminé ces reproches ; on aurait cru que l'Aurore m'avait entendu ; elle rougissait, et pourtant le jour ne se leva pas plus tard que d'habitude.

Les Amours, I, 13, 26-48

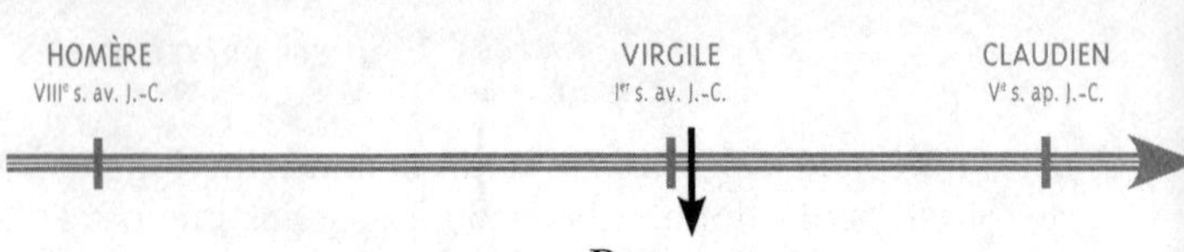

Properce

Pour le poète élégiaque, il n'est pas de félicité plus pure qu'une sensuelle nuit d'amour.

TENDER IS THE NIGHT…

Ô mon bonheur ! Ô nuit pour moi brillante ! Et toi, ô petit lit heureux de mes plaisirs ! Combien de paroles avons-nous dites sous la lampe, et quelle bataille ce fut, la lumière enlevée ! Car tantôt elle luttait avec moi les seins nus, tantôt de sa tunique fermée elle créait un retard. Elle me fit ouvrir de sa bouche des yeux qui vacillaient de sommeil et dit : « Est-ce ainsi, paresseux, que tu restes inerte ? » Avec quelle variété d'embrassements nous bougeâmes nos bras ! combien mes baisers s'attardaient sur tes lèvres ! Il me déplaît de perdre l'amour en mouvements aveugles : si tu ne le sais pas, les yeux sont des guides en amour. On dit que Pâris périt d'amour pour la Laconienne un jour qu'elle sortit nue du lit de Ménélas. On dit qu'Endymion était nu quand il conquit la sœur de Phébus et que, nu, il fit l'amour avec elle. Si tu t'entêtes à coucher vêtue, ton vêtement déchiré, tu sentiras mes mains ; bien plus, si la colère m'entraîne plus loin, tu montreras à ta mère des bras meurtris. Tu n'as pas encore des mamelles pendantes pour te priver des jeux de l'amour ; c'est bon pour celle qui aura honte d'avoir déjà enfanté. Tant que les destins le permettent, rassasions nos yeux d'amour. Voici que vient la longue nuit et le jour ne reviendra pas. Et puisses-tu vouloir nous lier, attachés l'un à l'autre, d'une chaîne si bien qu'aucun jour ne la romprait jamais ! Prends exemple sur les colombes, jointes l'une à l'autre en amour, où mâle et femelle ne sont qu'union. Il se trompe celui qui cherche les limites d'un amour fou : le véritable amour ne sait avoir de mesure. […] Si elle voulait m'accorder quelquefois de telles nuits, une seule année serait comme une longue vie. Si elle m'en donnait beaucoup, je serais immortel dans ces nuits : par une seule nuit n'importe qui peut devenir un dieu.

Élégies, II, 15, 1-40

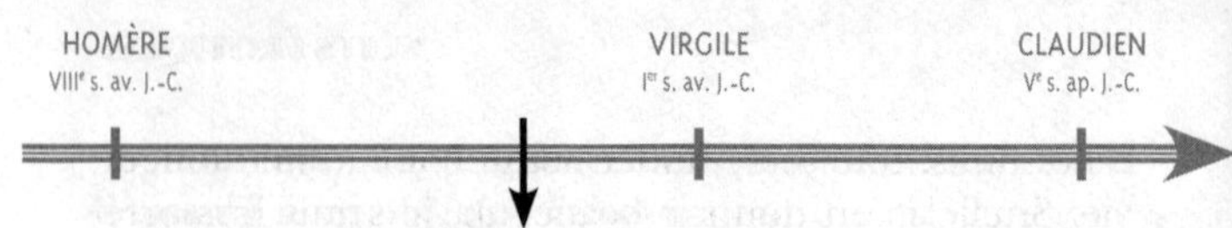

Apollonios de Rhodes

Les Argonautes ont abordé en Colchide où se trouve la toison d'or. Pour éviter de s'en séparer, le roi Aiétès impose à Jason des épreuves impossibles : mettre sous le joug deux taureaux soufflant du feu et semer dans la jachère d'Arès les dents d'un dragon d'où pousseront des guerriers qu'il devra tuer tous. Sa fille Médée, la magicienne, que Cupidon a rendue amoureuse de Jason, ne trouve pas le sommeil. Trahira-t-elle son père en préparant pour Jason un onguent qui le rendra plus fort et insensible au feu des taureaux ?

INSOMNIE AMOUREUSE

Mais Médée, une fois seule, fut prise de nouveau par la pudeur et une crainte terrible, à la pensée des machinations qu'elle tramait au mépris de son père à cause d'un homme.

Bientôt la nuit amenait ses ombres sur la terre ; en mer, les matelots sur leur navire avaient fixé leur regard sur Héliké et les étoiles d'Orion ; déjà, le voyageur et le gardien des portes aspiraient au sommeil ; même la mère qui avait perdu ses enfants sombrait dans une profonde torpeur ; plus d'abois de chiens à travers la ville, plus de rumeur sonore ; le silence régnait sur les ténèbres toujours plus noires. Mais le doux sommeil n'envahit pas Médée ; car les soucis en foule, dans sa passion pour l'Aisonide, la tenaient en éveil : elle craignait la brutale fureur des taureaux qui devaient le faire périr d'une mort pitoyable dans la jachère d'Arès. À coups répétés, son cœur battait follement dans sa poitrine. Ainsi, à l'intérieur d'une maison, danse un rayon de soleil, réfléchi par l'eau qu'on vient de verser dans un chaudron ou dans une jatte ; secoué par le rapide tournoiement du liquide, il bondit en tout sens : de même, dans sa poitrine, un vertige emportait le cœur de la jeune fille.

De ses yeux coulaient des larmes de pitié ; une douleur intérieure la torturait sans cesse d'un feu qui glissait à travers son corps, le long des moindres fibres de son être, et remontait jusqu'au bas de l'occiput : c'est là que la souffrance pénètre le plus cruellement, quand les Amours jamais lassés dardent leurs peines dans une âme. Elle se disait tantôt qu'elle lui donnerait les charmes contre les taureaux, tantôt qu'elle ne le ferait point et périrait comme lui ; l'instant d'après, elle ne voulait plus ni mourir elle-même ni donner les drogues, mais rester là, à ne rien faire, résignée à son malheur.

Argonautiques, III, 741-769

HOMÈRE
VIIIe s. av. J.-C.

VIRGILE
Ier s. av. J.-C.

CLAUDIEN
Ve s. ap. J.-C.

Ovide

Ancêtres de Roméo et Juliette, Pyrame et Thisbé s'aiment contre le gré de leurs pères. Ils habitent deux maisons contiguës et se disent leur amour par une légère fente du mur qui les sépare. Ils décident de s'enfuir à la faveur de la nuit et conviennent d'un rendez-vous nocturne.

QUIPROQUO TRAGIQUE

Alors, après de longues plaintes murmurées à voix basse, ils décident qu'à la faveur du silence de la nuit ils essaieront de tromper leurs gardiens et de franchir leurs portes ; une fois hors de leurs demeures, ils s'échapperont même de la ville ; pour ne point s'égarer au loin dans leur course à travers la campagne, ils se réuniront auprès du tombeau de Ninus et se cacheront sous l'arbre qui l'ombrage. Cet arbre était un mûrier, chargé de fruits blancs comme la neige, qui se dressait au bord d'une fraîche fontaine. D'un commun accord, ils s'arrêtent à ce plan ; le jour, qui leur a semblé fuir trop lentement, se plonge dans les flots et de ces flots monte la nuit.

Adroitement, au milieu des ténèbres, Thisbé fait tourner la porte sur ses gonds ; elle sort, trompant la surveillance de sa famille ; le visage caché par un voile, elle parvient au tombeau et s'assied sous l'arbre désigné ; l'amour lui donnait de l'audace. Voilà qu'une lionne, sa gueule écumante encore teinte du sang des bœufs qu'elle a récemment égorgés, vient étancher sa soif dans l'onde de la fontaine voisine. De loin, aux rayons de la lune, Thisbé, la vierge de Babylone, l'a aperçue ; d'un pas tremblant elle fuit dans un antre obscur et en fuyant elle laisse tomber le voile qui couvrait ses épaules. Quand la lionne farouche s'est désaltérée à longs traits dans la source et tandis qu'elle retourne vers les forêts, elle trouve par hasard ce voile léger abandonné par la jeune fille et le déchire de sa gueule ensanglantée. Sorti plus tard, Pyrame voit sur la poussière épaisse les traces certaines de la bête et la pâleur couvre son visage ; mais, lorsqu'il trouve aussi le voile teint de sang : « La même nuit, dit-il, verra périr deux amants ; de nous deux c'était elle qui était la plus digne d'une longue vie ; c'est moi qui suis le coupable : c'est moi qui t'ai perdue, infortunée, moi qui t'ai fait venir, la nuit, dans ces lieux où tout inspire l'effroi ; et je n'y suis pas venu le premier. Mettez mon corps en lambeaux, punissez-moi de mon forfait en déchirant mes entrailles par vos féroces morsures, ô lions qui habitez ces rochers ! Mais le lâche seul se borne à appeler la mort de ses vœux. » Il prend le voile de Thisbé et l'emporte avec lui sous l'ombrage de l'arbre convenu ; il couvre de ses larmes ce vêtement bien connu, il le couvre de ses baisers : « Reçois aussi, s'écrie-t-il, mon sang, que ma main va répandre. » Et, tirant le fer qu'il portait à la ceinture, il le plonge dans son sein ; aussitôt après, déjà mourant, il l'arrache de la plaie brûlante ; de son corps tombé à la renverse le sang jaillit à une grande hauteur ; ainsi le tube de plomb, quand il a subi un dommage, se fend et lance en sifflant par une étroite ouverture de longs jets d'eau, dont la violence déchire l'air. Les fruits de l'arbre, sous cette rosée de mort, prennent un sombre aspect et sa racine, baignée de sang, donne la couleur de la pourpre aux mûres qui pendent à ses rameaux.

Voilà que, tremblante encore, mais ne voulant pas faire attendre son amant, Thisbé revient ; ses yeux et son cœur cherchent le jeune homme ; elle brûle de lui raconter les dangers auxquels elle a échappé ; elle reconnaît le lieu, elle reconnaît la forme de l'arbre, mais la couleur de ses fruits la fait hésiter ; elle se demande si c'est bien le même. Tandis qu'elle hésite, elle voit avec terreur le corps qui palpite sur la terre ensanglantée ; elle recule, plus pâle que le buis, et frémit comme la mer, quand sa surface frissonne, ridée par une brise légère. Mais, au bout d'un instant, elle a reconnu celui qu'elle aime ; alors elle frappe de coups retentissants ses bras innocents, elle s'arrache les cheveux, enlace ce corps chéri, pleure sur sa blessure, mêle un flot de larmes à son sang et, imprimant des baisers sur son visage glacé : « Pyrame, s'écrie-t-elle, quel cruel hasard t'a ravi à moi ? Pyrame, réponds ; c'est ta bien-aimée, Thisbé, qui t'appelle ; entends-moi et redresse ta tête défaillante. » À ce nom de Thisbé Pyrame lève ses yeux déjà appesantis par la mort, il la voit et les referme. Alors elle reconnaît le voile et aperçoit le fourreau d'ivoire, vide de son épée : « C'est ta propre main, dit-elle, et ton amour qui t'ont porté le coup fatal, malheureux ! Moi aussi, j'ai une main assez vigoureuse, au moins pour un tel dessein, et j'ai au cœur un amour qui me donnera assez de force pour me frapper. Je te suivrai au-delà de cette vie ; on dira que j'ai été la cause déplorable et la compagne de ton trépas ; la mort seule, hélas ! pouvait t'arracher à moi ; tu ne pourras plus m'être arraché, même par la mort. Cependant nous vous adressons tous deux cette prière, ô mon malheureux père, et toi, malheureux père de mon ami : Que ceux qu'un amour fidèle et leur dernière heure ont unis l'un à l'autre reposent dans le même tombeau ; ne leur refusez pas cette grâce. Et toi, arbre, dont les rameaux n'abritent maintenant qu'un seul corps et bientôt en abriteront deux, garde les marques de notre trépas, porte à jamais des fruits sombres en signe de deuil, pour attester que deux amants t'arrosèrent de leur sang. » Elle dit et, ayant fixé la pointe de l'épée au-dessous de sa poitrine, elle se laisse tomber sur le fer encore tiède du sang de Pyrame. Cependant sa prière toucha les dieux, elle toucha les deux pères ; car le fruit, parvenu à sa maturité, prend une couleur noirâtre et ce qui reste de leurs bûchers repose dans la même urne.

Les Métamorphoses, IV, 84-166

Apulée

Psyché rejoint tous les soirs un bel amant inconnu qu'il lui est interdit de contempler. Ses sœurs, jalouses, suggèrent qu'elle passe ses nuits avec un monstrueux reptile. Elles lui conseillent d'attendre qu'il soit endormi auprès d'elle pour l'observer à la lueur d'une lampe et le tuer à l'aide d'un rasoir.

RÉVÉLATION NOCTURNE

Voilà la nuit venue ; l'époux est arrivé, et après les premières passes d'armes de l'amour, il est tombé dans un profond sommeil. Alors Psyché, débile par nature et de corps et d'âme, mais soutenue par la cruelle volonté du destin, raffermit ses forces, va chercher la lampe, saisit le rasoir : la faiblesse de son sexe se mue en audace.

Mais sitôt que la lumière eut éclairé le secret du lit, elle vit de toutes les bêtes sauvages le monstre le plus aimable et le plus doux, Cupidon en personne, le dieu gracieux, qui gracieusement reposait. À cette vue, la flamme même de la lampe s'aviva joyeusement et le rasoir maudit son tranchant sacrilège. Quant à Psyché, un tel spectacle l'avait anéantie et ravie à elle-même. Les traits livides, décomposés, défaillante et tremblante, elle se laisse choir sur ses jarrets et cherche à cacher le fer, mais dans son propre sein ; et elle l'eût fait à n'en pas douter, si l'arme, par crainte d'un tel attentat, n'avait glissé de ses mains téméraires et ne lui avait échappé. Mais bientôt, tout épuisée, tout expirante qu'elle est, à force de contempler la beauté du divin visage, elle reprend ses esprits. Elle voit une tête dorée, une noble chevelure inondée d'ambroisie ; sur un cou de neige et des joues purpurines errent des boucles harmonieusement entremêlées, qui retombent les unes en avant, les autres en arrière, et si vif était l'éclat dont elles rayonnaient qu'il faisait vaciller la lumière même de la lampe. Aux épaules du dieu ailé, des plumes étincelaient de blancheur, telles des fleurs humides de rosée, et sur les bords de ses ailes, bien qu'elles fussent au repos, un tendre et délicat duvet se jouait, agité sans trêve d'un frémissement capricieux. Le reste de son corps était brillant et lisse et tel que Vénus n'avait pas à regretter de l'avoir mis au monde. Aux pieds du lit reposaient l'arc, le carquois et les flèches, traits propices du puissant dieu.

Psyché ne peut pas se rassasier, dans sa curiosité, d'examiner, de manier. Elle admire les armes de son mari, tire une flèche du carquois, en essaie la pointe sur son pouce, d'un doigt qui tremble encore appuie un peu plus fort, se pique assez avant pour qu'à la surface de la peau perlent quelques gouttelettes d'un sang rosé. C'est ainsi que, sans le savoir, Psyché se prend elle-même à l'amour de l'Amour. Le désir brûle en elle, de plus en plus ardent, de l'Auteur des désirs : elle se penche sur lui, haletante d'envie, le dévore avidement de larges baisers passionnés, tout en craignant d'abréger son sommeil. Mais, tandis que, le cœur défaillant, elle s'abandonne, irrésolue, à cet émoi plein de délice, la lampe, soit basse perfidie et malice jalouse, soit impatience, elle aussi, de toucher et comme de baiser ce beau corps, laissa tomber de sa mèche lumineuse une goutte d'huile bouillante sur l'épaule droite du dieu. Ah ! lampe audacieuse et téméraire, servante infidèle de l'amour ! Brûler le maître même du feu, quand c'est un amant, souviens-t'en, qui, pour posséder plus longtemps et jusque dans la nuit l'objet de ses désirs, t'a inventée le premier. Le dieu, sous la brûlure, bondit, et quand il vit sa foi trahie et souillée, il s'arrache aux baisers et aux embrassements de sa malheureuse épouse et s'envola sans mot dire.

Les Métamorphoses, V, 21-23

PAS DE RÉPIT POUR LES HÉROS !

La nuit est le temps des trêves et du repos, cependant de nombreux hommes veillent. Le camp est confié à des vigiles qui se relaient durant quatre veilles (*vigiliae*), la seconde veille s'achevant toujours à minuit. Ceux qui manquent à leur fonction sont sévèrement punis. Frontin rapporte qu'Iphicratès, à l'exemple d'Épaminondas, transperça de la pointe de son glaive un veilleur qui s'était endormi à son poste. L'anecdote est l'occasion d'un mot spirituel : « Tel je l'ai trouvé, tel je l'ai laissé. »

Un bon chef réduit son sommeil au minimum : dans l'*Iliade*, Agamemnon veille, soucieux de la suite des combats troyens. De même, César profite de la nuit pour construire les camps ou en changer, pour se ravitailler en eau, pour effectuer des travaux stratégiques, par exemple achever un pont défait.

S'ils sont rares, les épisodes nocturnes n'en sont que plus spectaculaires. Les héros particulièrement valeureux tentent des sorties dans le camp adverse à la faveur de la nuit, ainsi Ulysse et Diomède lors de l'épisode fameux de la Dolonie qui occupe le chant X de l'*Iliade* et constitue le sujet du *Rhésos* d'Euripide, tragédie nocturne s'il en est au point que l'on s'est demandé si la représentation commençait de nuit ou si celle-ci était suggérée par le seul chant. Le motif est repris par Virgile dans l'épisode de Nisus et Euryale et par Stace qui consacre le chant X de la *Thébaïde* à l'attaque nocturne du camp thébain. De même, les assaillants profitent souvent de l'obscurité et du sommeil des troupes et des populations pour attaquer les villes assiégées. C'est la ruse nocturne du cheval de Troie qui met fin aux dix années de conflit. En revanche, en 309 avant J.-C., l'assaut nocturne du Capitole par les Gaulois est déjoué par la vigilance des oies sacrées !

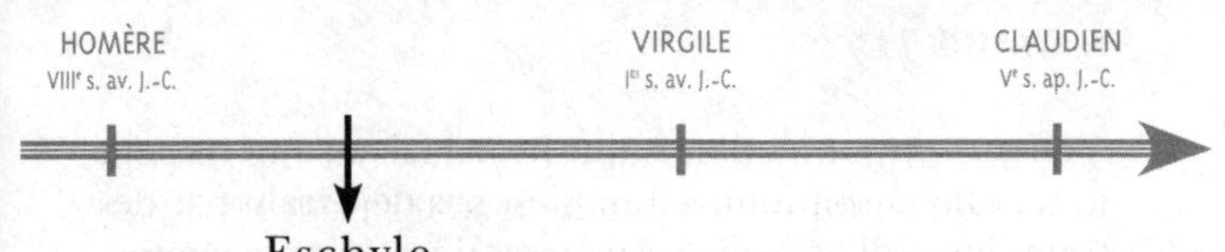

Eschyle

Après avoir vainement assiégé Troie pendant dix ans, les Grecs l'emportent par la ruse. Un cheval de bois, dans lequel se cachent des soldats menés par Ulysse, est introduit dans l'enceinte de la cité ; à la faveur de la nuit, les Grecs sortent du cheval et massacrent les Troyens endormis. C'est à Zeus et à la Nuit amie que le chœur attribue la victoire.

LA PRISE DE TROIE

Clytemnestre. – À cette heure, les Grecs tiennent Troie. Je m'imagine entendre la cité retentir de deux clameurs qui jamais ne se fondent. Verse vinaigre et huile dans un même vase : ils s'écartent l'un de l'autre ; tu dirais de deux ennemis. Ainsi vaincus et vainqueurs ne confondent pas plus leurs voix que leurs destins. Les uns, tombés à terre, étreignent des cadavres de frères, ou, enfants, de vieillards jadis heureux pères, et, du fond d'une gorge désormais esclave, gémissent sur la mort de tout ce qu'ils aimaient. Les autres, le vagabondage épuisant du combat nocturne les rassemble affamés autour de ce que la ville peut fournir à leur repas matinal. Mais point de signe de ralliement pour les grouper : c'est d'après le sort tiré par chacun dans l'urne du hasard qu'ils s'installent déjà dans les maisons conquises des Troyens, enfin délivrés des gelées et des rosées du bivouac – et avec quel bonheur ils vont dormir la nuit entière sans avoir à se garder ! Que leur piété respecte seulement les dieux nationaux du pays vaincu et leurs sanctuaires, et ils n'auront pas à craindre la défaite après la victoire. Mais qu'un désir coupable ne s'abatte pas d'abord sur nos guerriers ; qu'ils ne se livrent pas, vaincus par l'amour du gain, à de sacrilèges pillages ! Ils ont encore à revenir sans dommage à leurs foyers, à courir en sens inverse la piste déjà courue… Et l'armée partirait-elle même pure d'offense envers les dieux, que le mal fait aux morts peut se réveiller à son tour, s'il ne s'est pas déjà trahi par des coups immédiats. Voilà les pensées d'une simple femme. Mais puisse le bonheur l'emporter sans conteste ! Nos succès sont grands : je ne demande plus que le droit d'en jouir.

LE CORYPHÉE. – Tu parles avec sens, femme, autant qu'homme sage. J'en crois tes sûrs indices et m'apprête à glorifier les dieux : une joie digne de nos peines enfin nous est donnée.

Clytemnestre rentre dans le palais.

Mélodrame.

Ô Zeus Roi, ô Nuit amie qui nous as conquis de telles splendeurs !

Vous avez jeté sur les murs de Troie un filet enveloppant, et ni enfant ni homme fait n'a pu s'évader du vaste réseau d'esclavage où le Malheur les a tous faits prisonniers.

Oui, c'est Zeus Hospitalier, dieu redoutable, que j'adore : seul, il a tout fait et n'a si longtemps gardé l'arc tendu contre Alexandre que pour épargner à son trait, tombant en deçà du but ou lancé au-delà des astres, un vol inutile à travers l'espace.

Agamemnon, v. 320-365

En 480, la flotte grecque menée par Eurybiade et Thémistocle l'emporta, malgré son infériorité numérique, sur la flotte perse de Xerxès Ier dans la rade de Salamine. Comme l'avait prévu Thémistocle, l'étroitesse de la passe empêcha les navires perses de se déployer et les livra à l'abordage des solides trières grecques. La victoire fut favorisée par une ruse de Thémistocle qui, la veille de la bataille, fit parvenir à Xerxès un message lui faisant croire qu'une partie des généraux grecs avaient prévu de s'enfuir durant la nuit par la passe occidentale de la baie d'Éleusis, message qui incita la flotte grecque à encercler dans la nuit l'île de Salamine. Pour rendre plus pitoyable la défaite des Perses, Eschyle la présente du point de vue des Perses : un messager vient raconter l'affrontement à Atossa, la mère de Xerxès.

LEURRE NOCTURNE

Le Messager. – Ce qui commença, maîtresse, toute notre infortune, ce fut un génie vengeur, un dieu méchant, surgi je ne sais d'où. Un Grec vint en effet de l'armée athénienne dire à ton fils Xerxès que, sitôt tombées les ténèbres de la sombre nuit, les Grecs n'attendraient pas davantage et, se précipitant sur les bancs de leurs nefs, chercheraient leur salut, chacun de son côté, dans une fuite furtive. À peine l'eut-il entendu, que, sans soupçonner là une ruse de Grec ni la jalousie des dieux, Xerxès à tous ses chefs d'escadre déclare ceci : quand le soleil aura cessé d'échauffer la terre de ses rayons et que l'ombre aura pris possession de l'éther sacré, ils disposeront le gros de leurs navires sur trois rangs, pour garder les issues et les passes grondantes, tandis que d'autres, l'enveloppant, bloqueront l'île d'Ajax ; car, si les Grecs échappent à la male mort et trouvent sur la mer une voie d'évasion furtive, tous auront la tête tranchée : ainsi en ordonne le Roi. Un cœur trop confiant lui dictait tous ces mots : il ignorait l'avenir que lui ménageaient les dieux ! Eux, sans désordre, l'âme docile, préparent leur repas ; chaque marin lie sa rame au tolet qui la soutiendra ; et, à l'heure où s'est éteinte la clarté du jour et où se lève la nuit, tous les maîtres de rame montent dans leurs vaisseaux, ainsi que tous les hommes d'armes. D'un banc à l'autre, on s'encourage sur chaque vaisseau long. Chacun vogue à son rang, et, la nuit entière, les chefs de la flotte font croiser toute l'armée navale. La nuit se passe, sans que la flotte grecque tente de sortie furtive. Mais, quand le jour aux blancs coursiers épand sa clarté sur la terre, voici que, sonore, une clameur s'élève du côté des Grecs, modulée comme un hymne, cependant que l'écho des rochers de l'île se répète l'éclat. Et la terreur alors saisit tous les barbares, déçus dans leur attente ; car ce n'était pas pour fuir que les Grecs entonnaient ce péan solennel, mais bien pour marcher au combat, pleins de valeureuse assurance ; et les appels de la trompette embrasaient toute leur ligne.

Les Perses, 357-395

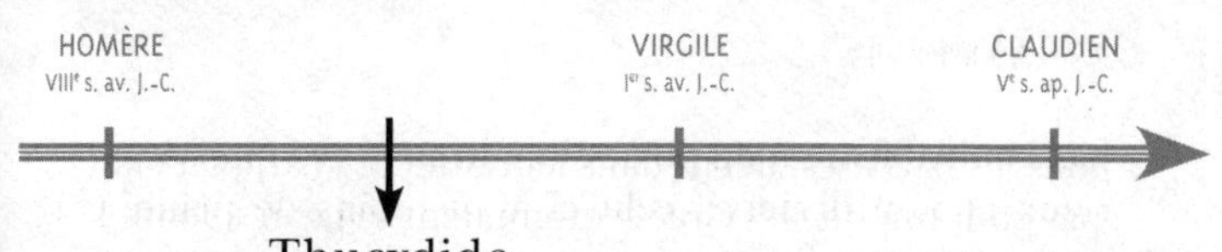

Thucydide

Thucydide raconte le seul combat nocturne qui mit aux prises de grandes armées durant la guerre du Péloponnèse et fit de la nuit la source de toutes les confusions.

CONFUSION NOCTURNE

Il faisait, il est vrai, clair de lune ; mais, si on se voyait, c'était comme il est normal à la lumière de la lune : on a bien devant soi la vision d'une personne, on ne se fie pas à reconnaître ce qui la distingue. Des hoplites des deux partis allaient et venaient nombreux sur un terrain resserré. Parmi les Athéniens, les uns avaient déjà le dessous, les autres, encore à la victoire de leur première attaque, poursuivaient leur avance. En grand nombre, d'autre part, le reste de leurs troupes, ou bien venait tout juste de prendre pied sur le plateau, ou bien gravissait encore les pentes et ne savait par suite de quel côté il lui fallait se porter. Déjà, en effet, leur déroute une fois commencée, les éléments qui avaient été de l'avant se trouvaient en plein désarroi et on avait peine dans le tumulte des voix à les distinguer du reste. D'un côté, chez les Syracusains et leurs alliés, qui se sentaient victorieux, c'était à grand renfort de cris qu'on s'encourageait – car il n'y avait dans la nuit aucun autre moyen de donner des consignes – et qu'en même temps on recevait les assaillants ; de l'autre côté, les Athéniens, non seulement se cherchaient entre eux, mais voyaient des ennemis dans tout ce qui venait en sens inverse, fût-ce un parti ami, déjà en fuite et rebroussant : à force de se demander le mot de passe – vu qu'ils n'avaient que ce moyen de se reconnaître – ils jetaient un grand désordre dans leurs propres rangs, en se questionnant tous à la fois ; ils finirent même par donner ainsi connaissance de leur mot à l'ennemi ; cependant, eux-mêmes n'étaient pas semblablement en possession du sien – vu que, victorieux et non dispersé, celui-ci avait moins de peine à se reconnaître. Par suite, s'ils rencontraient un groupe ennemi sur lequel ils eussent l'avantage, l'ennemi échappait grâce à sa connaissance du mot, tandis qu'eux, s'il leur arrivait de ne pas répondre, ils étaient perdus. Rien, néanmoins, ne leur causa, et de beaucoup, plus de préjudice que le chant du péan. Semblable ou presque dans les deux camps, il désorientait : quand les gens d'Argos ou de Corcyre et tout ce qu'il y avait d'éléments doriens dans l'armée athénienne l'entonnaient, ceux d'Athènes prenaient peur tout comme lorsque c'était l'ennemi. D'où résultait finalement que sur de nombreux points de l'armée, les rangs une fois rompus, tombant pêle-mêle les uns sur les autres, amis contre amis, citoyens contre citoyens, ils n'en étaient plus seulement à s'effrayer entre eux, ils en venaient aux mains et ne se dégageaient qu'à grand'peine.

La Guerre du Péloponnèse, VII, 44, 2-7

Tite-Live

En 390 avant Jésus-Christ, les Gaulois, menés par Brennus, envahissent l'Étrurie. Après avoir écrasé les troupes romaines sur les bords de la rivière Allia, ils s'emparent de Rome, massacrent la population et incendient les temples. Quelques Romains, réfugiés dans le Capitole, résistent à l'invasion gauloise. Une nuit, alors que les assaillants tentent d'escalader les murs de la citadelle, les oies sacrées du Capitole réveillent les Romains et leur permettent de repousser l'assaut nocturne. En mémoire de l'épisode, les Romains organisaient chaque année une procession durant laquelle une oie sacrée était transportée en litière, tandis que l'on sacrifiait des chiens vivants pour les punir de ne pas avoir aboyé lorsque le Capitole était menacé.

LES OIES DU CAPITOLE

Tandis que cela se passait à Véies, la citadelle de Rome et le Capitole coururent un grand danger. Les Gaulois avaient sans doute relevé des traces de pas humains à l'endroit où le messager de Véies était passé, ou peut-être avaient-ils remarqué d'eux-mêmes que vers le temple de Carmentis la roche était accessible ; par une nuit peu claire, ils commencèrent par envoyer en avant un homme sans armes pour tâter le terrain ; puis, se passant l'un à l'autre leurs armes dans les passages difficiles, se faisant la courte échelle et se poussant et se tirant à tour de rôle les uns les autres suivant la nature du terrain, ils parvinrent au sommet dans un tel silence qu'ils trompèrent les sentinelles et ne réveillèrent même pas les chiens, ces animaux si attentifs aux bruits nocturnes. Mais les oies, elles, ne se laissèrent pas surprendre : elles étaient consacrées à Junon et, malgré la rigueur de la disette, on les épargnait. C'est ce qui sauva la situation : car leurs cris, leurs battements d'ailes éveillèrent Marcus Manlius, consul deux ans auparavant et guerrier d'élite. Il s'arme en toute hâte, et, tout en criant : « Aux armes ! », il s'élance ; pendant que tout le monde s'agite, il frappe d'un coup de bouclier un Gaulois qui avait déjà pris pied sur le sommet et le renverse. Le Gaulois tombe, entraînant dans sa chute ceux qui le suivent ; d'autres prennent peur, lâchent leurs armes pour s'accrocher aux rochers avec leurs mains, et Manlius les tue. D'autres Romains aussi, maintenant rassemblés, de leurs armes et à coups de pierres, bousculent les ennemis, et leur chute, entraînant toute la troupe la précipite dans le vide. Après quoi le tumulte s'apaisa, et le reste de la nuit, autant que le permettait le trouble des esprits, qui, même une fois le danger passé, restaient sur le qui-vive, fut consacré au repos.

Histoire romaine, V, 47

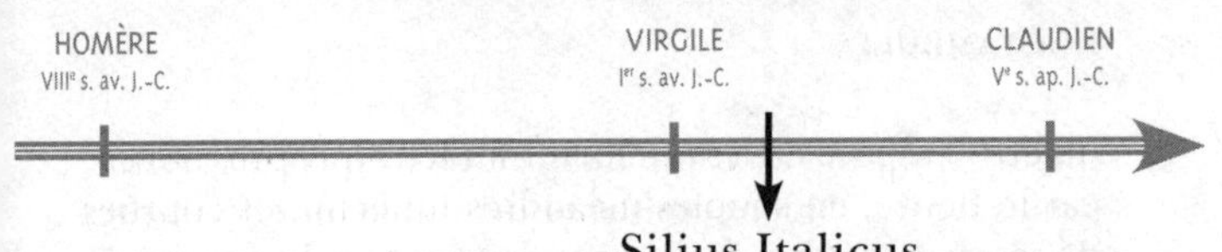

Silius Italicus

Une des batailles fameuses de la deuxième guerre punique fut la bataille du Métaure, du nom d'un fleuve du Nord de l'Italie, qui opposa en 207 avant J.-C. l'armée du général punique Hasdrubal, frère d'Hannibal, à celles des consuls romains Claudius Néron et Livius Salinator. Pour tromper Hasdrubal, la jonction des armées romaines a lieu durant la nuit dans le camp d'origine de Livius Salinator. Réveillé par l'agitation, Hasdrubal prend la fuite, mais en vain.

HASDRUBAL ÉGARÉ

Mais Hasdrubal ne fut pas dupe des ruses de cette armée nouvelle, bien que la Nuit, de ses ténèbres, en eût protégé l'adresse. Les traces de poussière qu'il voyait sur les boucliers l'inquiétaient, et, signe d'une marche forcée, les corps amaigris des chevaux et des hommes. La trompette, en répétant sa sonnerie éclatante, montrait en outre que les troupes réunies étaient menées par un double commandement. Mais enfin, si son frère vivait encore, comment avait-il laissé les consuls opérer la jonction de leurs forces ? Alors, en attendant que la vérité paraisse, la seule habileté qui reste est de temporiser et de différer l'engagement de Mars. Et, sans se laisser engourdir par la peur, il ne reporte pas sa décision de fuir.

La Nuit, mère du Sommeil, avait de tout souci lavé le cœur des mortels, et les ténèbres nourrissaient de terribles silences : Hasdrubal se glisse hors du camp sur la pointe des pieds, il ordonne aux troupes de s'échapper sans un mot et sans aucun bruit de pas. Trouvant une nuit sans lune, dans le silence des campagnes, ils redoublent de vitesse en évitant tout bruit. Mais la Terre, qu'ébranle tant de mouvement, ne peut être trompée. Elle embrouille leur marche qui s'égare dans le noir, et avec la complicité de l'ombre, elle les fait tourner dans un étroit espace en les ramenant sur leurs propres traces ; car le fleuve, en souples méandres infléchit les courbes de ses rives, coule à contresens dans ce terrain accidenté, et revient sur lui-même ; c'est par là que, poursuivant en vain leur effort, ils décrivent un cercle étroit, et que leur marche est abusée ; alors, une fois leur route perdue, l'avantage de l'obscurité leur est enlevé.

La Guerre punique, XV, 601-625

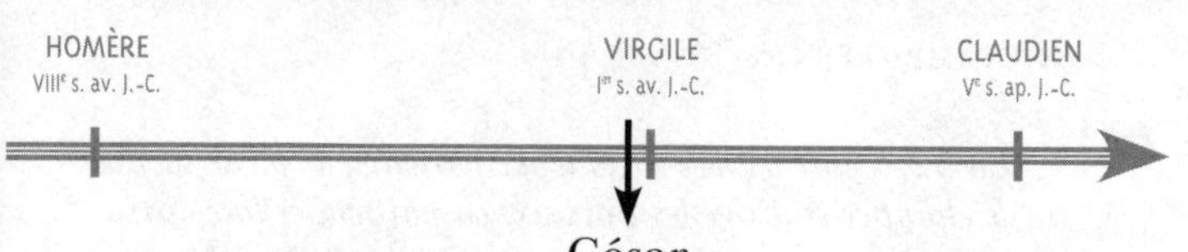

César

Durant les sièges, la nuit est une période d'intense activité. En 54, en Gaule belgique, Ambiorix et ses alliés se révoltent contre les légions romaines. Les Nerviens et les peuples voisins attaquent le camp de Cicéron qui emploie toutes ses nuits à des travaux de fortification.

TRAVAUX NOCTURNES

Cicéron écrit aussitôt à César en promettant aux courriers de grandes récompenses s'ils font parvenir sa lettre ; mais l'ennemi tient toutes les routes, ils sont arrêtés en chemin. Pendant la nuit, avec le bois qu'on avait rapporté pour la fortification, on n'élève pas moins de cent vingt tours, par un prodige de rapidité ; ce que les ouvrages de défense présentaient d'incomplet, on l'achève. Le jour suivant, l'ennemi, dont les forces s'étaient considérablement accrues, donne l'assaut, comble le fossé. Les nôtres résistent dans les mêmes conditions que la veille. Même chose les jours suivants. Pendant la nuit, on travaille sans relâche ; pour les malades, pour les blessés, pas de repos. Tout ce qu'il faut pour soutenir l'assaut du lendemain, on le prépare la nuit : on aiguise et durcit au feu un grand nombre d'épieux, on fabrique beaucoup de javelots de siège ; on garnit les tours de plate-formes, on munit le rempart de créneaux et d'un parapet en clayonnage. Cicéron lui-même, bien qu'il fût de santé très délicate, ne s'accordait même pas le repos de la nuit : ce fut au point qu'on vit les soldats se presser autour de lui et le forcer par leurs instances à se ménager.

Guerre des Gaules, V, 40

En 52, César assiège la ville d'Avaricum. Il passe la nuit sur le chantier et dirige les travaux, en particulier la construction de terrasses sur rouleaux portant les tours de siège. L'ennemi résiste et incendie les ouvrages en construction.

AU FEU !

[…] les soldats étaient, en outre, retardés dans leurs travaux par un froid opiniâtre et des pluies continuelles ; ils surent néanmoins, en travaillant sans relâche, venir à bout de toutes ces difficultés, et en vingt-cinq jours ils construisirent une terrasse qui avait trois cent trente pieds de large et quatre-vingts pieds de haut. Elle touchait presque le rempart ennemi, et César, qui selon son habitude passait la nuit sur le chantier, exhortait ses soldats à ne pas perdre un instant, quand peu avant la troisième veille on remarqua qu'une fumée s'élevait de la terrasse ; l'ennemi y avait mis le feu par une mine. Au même moment, tout le long du rempart une clameur s'élevait, et les ennemis faisaient une sortie par deux portes, de chaque côté des tours. D'autres jetaient du haut du mur sur la terrasse des torches et du bois sec, ils versaient de la poix et tout ce qui était de nature à activer l'incendie : il était difficile, dans ces conditions, de régler la défense, de décider où il fallait d'abord se porter et à quel danger il fallait parer. Pourtant, comme César avait établi que deux légions devaient toujours veiller devant le camp, et d'autres troupes, en plus grand nombre, travailler au chantier en se relayant, la défense s'organisa vite : les uns tenaient tête aux ennemis qui débouchaient des portes, les autres ramenaient les tours en arrière et faisaient une tranchée dans le terrassement, tandis que toute la masse des soldats du camp accourait pour éteindre le feu.

Le reste de la nuit s'était écoulé et on combattait encore sur tous les points ; l'espoir de vaincre se ranimait sans cesse chez l'ennemi, d'autant plus qu'il voyait les mantelets des tours consumés par le feu et qu'il se rendait compte de la difficulté qu'éprouvaient les nôtres pour venir, à découvert, au secours de leurs camarades ; toujours des troupes fraîches remplaçaient les troupes fatiguées ; tout le sort de la Gaule leur paraissait dépendre de cet instant. Il se produisit alors à nos regards quelque chose qui nous parut digne de mémoire, et que nous n'avons pas cru devoir passer sous silence. Il y avait devant une porte un Gaulois qui jetait vers la tour en feu des boules de suif et de poix qu'on lui passait de main en main ; un trait parti d'un scorpion[1] lui perça le flanc droit et il tomba sans connaissance. Un de ses voisins, enjambant son corps, le remplaça dans sa besogne ; il tomba de même, frappé à son tour par le scorpion ; un troisième lui succéda, et au troisième un quatrième ; et le poste ne cessa d'être occupé par des combattants jusqu'au moment où, l'incendie ayant été éteint et les ennemis repoussés sur tout le front de bataille, le combat prit fin.

Guerre des Gaules, VII, 24-25

1. Le scorpion était une variété de catapulte.

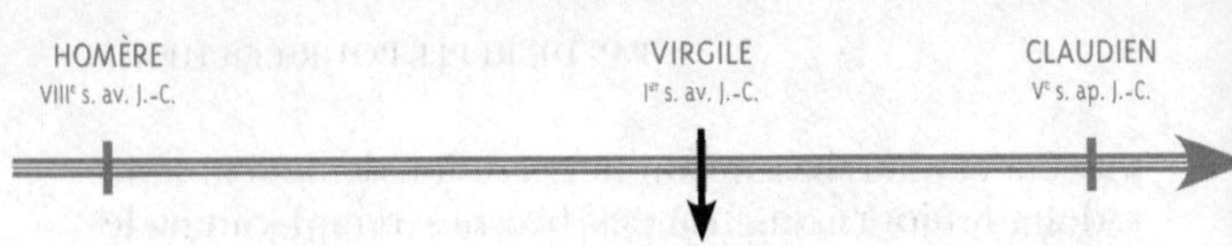

Virgile

Après leur périple en mer, les Troyens doivent affronter en Italie la résistance des autochtones menés par Turnus, roi des Rutules. Alors qu'Énée est parti chercher des alliés, les Rutules assiègent le camp troyen. Deux jeunes gens, Nisus et Euryale, décident d'aller avertir Énée. Quittant discrètement leur camp, ils traversent celui des Rutules endormis et massacrent un grand nombre d'entre eux. Alors qu'ils repartent, l'éclat du casque d'Euryale, brillant dans la nuit, révèle leur présence à l'ennemi.

TRAHIS PAR UN CASQUE

Déjà, ils approchaient du camp et atteignaient le mur, quand ils voient de loin les deux hommes se détournant par un sentier à leur gauche. Dans la demi-obscurité de la nuit, le casque qu'il portait trahit Euryale qui n'y pensait plus et renvoya vers l'ennemi l'éclat d'un rai lumineux. Cette lueur ne passa pas inaperçue. Du milieu de sa troupe, Volcens crie : « Arrêtez-vous, là-bas ! Que faites-vous dehors ? Qui êtes-vous avec ces armes ? Où allez-vous ? » Eux ne songent guère à attaquer, mais il pressent leur fuite dans les forêts et se confient à la nuit. Les cavaliers se déploient, vont se poster à des carrefours qu'ils connaissent et ferment toutes les issues par un cordon de surveillance.

Il y avait sur une vaste étendue une forêt hérissée de buissons et d'yeuses noires, pleine de ronces serrées qui l'envahissaient de partout ; par endroits un peu de sentier s'éclairait parmi les pistes douteuses. Euryale marche avec peine sous l'obscurité des branches et son pesant butin ; son inquiétude le trompe sur la direction des chemins. Nisus s'éloigne ; déjà, ne pensant qu'à fuir, il avait échappé aux ennemis et dépassé ces lieux qui plus tard, du nom d'Albe, furent appelés Albains, – le roi Latinus y tenait alors ses hautes étables. Dès qu'il s'arrêta et chercha en vain derrière lui son ami absent : « Malheureux Euryale, où t'ai-je laissé ? où te rejoindre ? » Reprenant dans l'autre sens tout l'écheveau des sentiers de la forêt traîtresse, il relève et suit ses traces, va et vient dans les fourrés silencieux ; il entend les chevaux, les bruits, les appels de ceux qui les poursuivent.

Et long temps ne se passe qu'une clameur ne vienne à ses oreilles et il voit Euryale que déjà tout un détachement a réduit à l'impuissance, avec la complicité des lieux et de la nuit, dans le saisissement d'un tumulte soudain, et qu'il entraîne, se débattant vainement de toutes ses forces. Que faire ? Par quel effort, avec quelles armes tenter de leur arracher son compagnon ? Ou va-t-il, pour mourir, se jeter au milieu des ennemis, hâter en combattant une mort glorieuse ? Vite, ramenant son bras en arrière, il brandit un trait ; les yeux levés vers le Lune haute, il l'implore ainsi : « Toi, déesse, assiste-nous, viens soutenir l'effort de notre peine, honneur des astres, fille de Latone, gardienne des forêts. Si jamais mon père Hyrtacus a porté pour moi des présents sur tes autels, si j'y ai moi-même ajouté du produit de mes chasses, suspendant ces offrandes à la voûte de ton temple ou les fixant au fronton sacré, permets-moi de disperser cette troupe, et dans les airs conduis mes traits. »

Nisus tue deux hommes, déclenchant la fureur de Volcens qui marche sur Euryale. Nisus jette un cri et demande aux Rutules de tourner plutôt leur fer contre lui, seul responsable.

Telles étaient ses paroles, mais l'épée poussée avec force traverse les côtes et rompt la blanche poitrine. Euryale roule dans la mort, sur son corps si beau le sang coule, sa nuque défaillante retombe sur ses épaules ; comme une fleur de pourpre tranchée par la charrue languit mourante ; comme les pavots, leur cou lassé, ont incliné leur tête quand la pluie les appesantit. Mais Nisus s'élance au milieu de leur troupe ; entre tous il ne cherche que Volcens ; c'est au seul Volcens qu'il s'attache. Serrés autour de leur chef, les ennemis, de toutes parts, au corps à corps, l'assaillent. Il ne s'acharne pas moins ; il fait tournoyer son épée qui lance des éclairs, à tant que, parvenu bien en face, il l'a plongée dans la bouche hurlante du Rutule et, mourant, a ôté l'âme à l'ennemi. Alors, sur son ami inanimé, il se jeta percé de coups et là enfin, grâce à la mort qui tout apaise, trouva le repos. Bénis des dieux l'un et l'autre ! Si mes chants ont quelque pouvoir, aucun jour ne vous fera sortir de la mémoire des âges, tant que la maison d'Énée s'appuiera sur le roc immobile du Capitole et que le maître romain conservera l'empire.

Enéide, IX, 371-409 et 431-449

FÊTES ET VEILLÉES

Dédiée au repos et à la détente, la nuit est le temps des repas et des fêtes. Les Grecs font trois repas par jour, le plus important est le *deipnon* qui a généralement lieu à la nuit tombée. Malgré les invitations à la frugalité, les mets deviennent de plus en plus raffinés. À Rome, le Sénat met en place des lois somptuaires à partir du IIe siècle avant J.-C., mais elles n'empêchent nullement les excès, comme en témoigne le fameux festin de Trimalcion décrit par Pétrone dans *Le Satiricon.*

La nuit est aussi le temps des récits, tels les contes que Shéhérazade raconte au sultan dans les *Mille et Une Nuits.* C'est lors d'une veillée nocturne qu'Ulysse relate ses aventures aux Phéaciens ou qu'Énée raconte son périple à Didon. En Grèce, le banquet, qui associe la parole nocturne à l'ivresse, est devenu un véritable genre littéraire illustré par Platon, Xénophon ou Plutarque. À Rome, les lectures et récitations lettrées ou musicales faites par un comédien engagé pour la soirée sont particulièrement prisées, mais on introduit aussi des saltimbanques, des joueuses de harpes, des acrobates et des danseuses ; on se déguise, on organise des loteries, des concours de vers amoureux. Parmi les attractions onéreuses figurent les *moriones*, bouffons nains au physique ingrat qui dansent au son du crotale. « La nuit tous les chats sont gris. » L'obscurité nocturne favorise l'anonymat et les perversités. Suétone décrit ainsi les frasques nocturnes de Néron qui s'encanaille dans des bouges variés.

De nombreux philosophes, considérant le sommeil comme du temps perdu, consacrent une grande partie de leurs nuits à lire et à écrire. Aulu-Gelle intitule son recueil *Nuits attiques* parce qu'il l'a rédigé pendant les longues nuits d'hiver. On connaît l'anecdote de Diogène Laërce selon laquelle Aristote avait pour habitude de travailler en tenant dans la main une boule de bronze au-dessus d'un bassin. Quand il s'assoupissait, et que la boule y tombait, il était aussitôt réveillé. Sénèque n'a pas recours à un système aussi perfectionné, mais il signale à plusieurs reprises qu'il dort le moins possible et réduit le sommeil à une brève interruption réparatrice dont il n'a parfois même pas conscience. La question de l'étude nocturne est cependant objet de débat : Quintilien célèbre le silence nocturne, propice à la concentration, mais prescrit tout de même de respecter autant que possible les rythmes imposés par la nature qui veut que l'on travaille le jour et que l'on dorme la nuit.

Pour ces travaux nocturnes, le latin possède un terme spécifique : *lucubrationes*, ou « activités qui s'exercent à la lueur des lampes à huile ». C'est de là que vient le mot « élucubrations » qui a peu à peu a pris un sens péjoratif et ironique, indice du triomphe de la rationalité diurne.

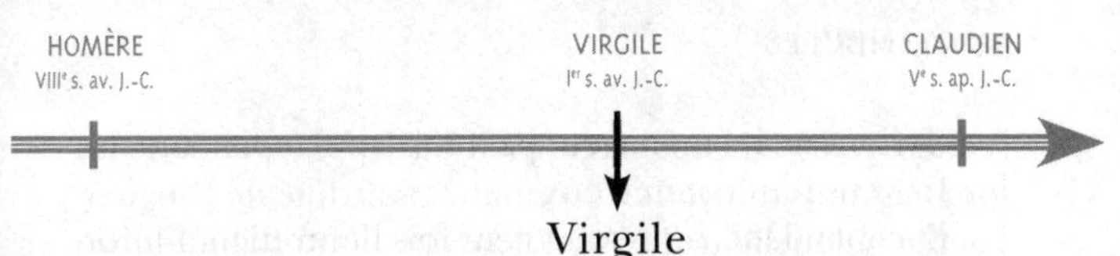

Virgile

Énée se trouve à Carthage auprès de la reine Didon qui a organisé un banquet en son honneur. Souhaitant prolonger les récits, elle lui demande de raconter les malheurs des Troyens.

LE TEMPS DES RÉCITS

Après une première pause dans le banquet, après les tables desservies, on apporte les grands cratères, on pose des couronnes sur les vins. Le palais s'emplit de bruit, les voix roulent à travers les vastes salles, des lampes allumées pendent aux lambris d'or, la flamme des flambeaux triomphe de la nuit. Ici la reine demanda, elle remplit de vin une coupe lourde de gemmes et d'or, celle dont Bélus et après Bélus tous les rois nés de lui s'étaient toujours servis ; alors dans le palais le silence se fit : « Jupiter, car c'est toi, nous dit-on, qui nous donnes les lois de l'hospitalité, veuille que cette journée soit heureuse pour les Tyriens et pour ceux qui nous viennent de Troie ; puissent nos descendants en garder la mémoire. Que nous assistent Bacchus, qui donne la joie, et la bonne Junon ; et vous, Tyriens, célébrez avec faveur cette fête qui nous réunit. » Elle dit et fit tomber sur la table les gouttes de la libation ; et, la première, cette libation faite, elle effleura la coupe de ses lèvres puis la donna à Bitias en l'invitant vivement à boire ; lui, sans se faire prier, plongea dans la coupe écumante et, comme le vaisseau d'or était plein, s'abreuva largement ; après lui, les autres chefs. Iopas aux longs cheveux fait sonner la cithare d'or ; le grand Atlas a été son maître. Il chante la lune errante et les épreuves du soleil, l'origine des hommes et des bêtes, celle de la pluie et du feu, l'Arcture, les Hyades pluvieuses, les deux Chariots ; il dit pourquoi les soleils de l'hiver ont tant de hâte à plonger dans l'Océan ou, quand les nuits tardent à venir, l'obstacle qui les alentit.

Les Tyriens ne lui ménagent pas leurs applaudissements ; les Troyens font comme eux.

Et cependant, reprenant cent fois l'entretien, l'infortunée Didon faisait durer la nuit, buvait un long amour, interrogeant de Priam, d'Hector sans se lasser, puis en quelles armes avait paru le fils de l'Aurore, puis les chevaux de Diomède, puis Achille et son poids dans la bataille. « Mais plutôt, va, notre hôte, dit-elle, racontenous dès leurs premières origines les embûches des Danaens et les malheurs des tiens et tes courses errantes ; car c'est maintenant la septième année qui t'emporte, errant sur toutes les terres, sur toutes les eaux. »

Énéide, 723-756

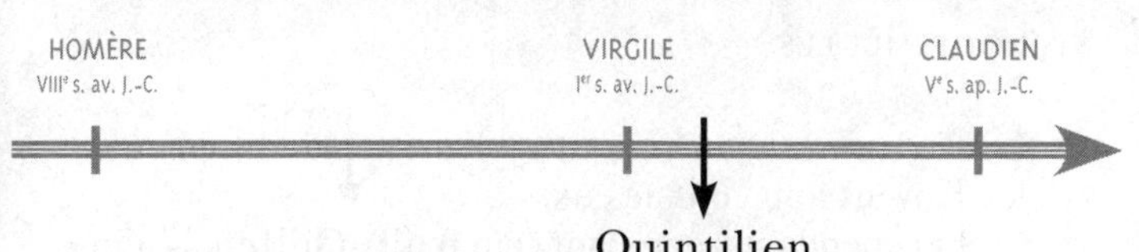

Quintilien

L'isolement et le silence sont les meilleures conditions pour écrire, cependant il vaut mieux éviter d'écrire dans la nature car l'agrément du spectacle détourne l'attention. La concentration la plus intense s'obtiendra dans une chambre close et dans le silence de la nuit.

NUITS STUDIEUSES

Démosthène était plus sage, lui, qui s'enfermait dans un lieu d'où il ne pût rien entendre ni regarder, de peur que ses yeux ne le contraignent à penser à autre chose. Donc, si nous veillons, que ce soit de préférence le silence de la nuit, et une chambre bien close, avec une lampe solitaire qui nous fassent comme un abri. Mais dans tout genre d'études et surtout pour le travail nocturne, ce qui est nécessaire en premier lieu, c'est une bonne santé, et son facteur essentiel, la frugalité, puisque les moments qui sont destinés par la nature à nous reposer et à nous refaire, nous les consacrons au travail le plus intense. Cependant < pour le donner au travail > il ne faut prélever sur le sommeil que ce qui est superflu ou non nécessaire. En effet, la fatigue aussi empêche de s'appliquer à écrire, et quand on a du loisir, la durée de la journée est largement suffisante ; seuls, les gens occupés sont forcés d'empiéter sur la nuit. Toutefois, la veillée, lorsque nous l'abordons frais et reposés, est la meilleure sorte d'isolement.

Institution oratoire, X, 3, 25-27

HOMÈRE
VIIIe s. av. J.-C.

VIRGILE
Ier s. av. J.-C.

CLAUDIEN
Ve s. ap. J.-C.

Aulu-Gelle

Les Nuits attiques *se présentent comme une succession de courts développements consacrés à des sujets divers : les plus nombreux abordent des questions de grammaire ou de langue latine, il s'agit par exemple d'expliquer un mot rare ou un usage ancien, mais les questions traitées portent aussi sur la littérature, l'histoire, le droit, la philosophie et les sciences naturelles. Comme l'explique Aulu-Gelle dans la préface, le titre de son ouvrage a été inspiré par les conditions de sa rédaction, pendant les longues nuits d'hiver, sachant que le jour se terminait avec le coucher du soleil.*

LES *NUITS ATTIQUES*

On a donc conservé dans les présents essais la variété qu'il y avait dans les notes primitives que nous savions rédigées brièvement, sans ordre, sans composition, de lectures et de savoirs divers. Mais puisque c'est, comme je l'ai dit, pendant les longues nuits d'hiver sur le territoire du pays attique que j'ai commencé de m'amuser à rédiger ces essais, je leur ai donné le titre de *Nuits Attiques*, sans chercher à rivaliser avec l'agrément des titres que beaucoup d'autres auteurs dans les deux langues ont donnés à des livres de ce genre. Ils avaient rassemblé une science variée, mélangée et presque hétéroclite, ils donnèrent de même dans cet esprit des titres très recherchés. Les uns appelèrent leur ouvrages les *Muses*, d'autres les *Silves*, celui-là le *Manteau*, celui-ci la *Corne d'abondance*, un autre *Rayons de miel*, certains les *Prairies*, quelques-uns *En lisant*, un autre *Lectures antiques*, celui-ci *Florilège*, un autre encore *Trouvailles*. Il y en a aussi qui donnèrent le titre de *Lampes*, d'autres de *Tapis*, certains même d'*Encyclopédie*, *Hélicon*, *Problèmes*, *Poignard*, et *Couteau à main*. Il y en a eu pour donner le titre de *Mémoires*, de *Réalités*, *Hors-d'œuvre*, *Leçons* ; ou d'*Histoire Naturelle* ; d'*Histoire universelle* ; il y en eut aussi qui appelèrent leur ouvrage *Le Pré*, un autre *Le Verger*, et aussi *Lieux communs.* Beaucoup usèrent de *Conjectures* ; il y en eut aussi qui mirent en titre *Lettres morales*, *Questions épistolaires* ou *Questions mélangées*, et certains autres titres brillants à l'excès, qui sentent la recherche précieuse. Nous au contraire, selon les capacités de notre nature, avec une simplicité directe et même presque un peu rustique, nous inspirant du moment et du lieu de veillées d'hiver, nous avons inscrit en tête *Nuits Attiques*, le cédant autant aux autres dans la beauté du titre, que nous l'avions cédé dans la recherche et le raffinement de la rédaction.

Les Nuits attiques, préface, 3-10

HOMÈRE
VIIIe s. av. J.-C.

VIRGILE
Ier s. av. J.-C.

CLAUDIEN
Ve s. ap. J.-C.

Cicéron

La vieillesse doit éviter les festins immodérés, mais elle peut néanmoins goûter le charme de repas modérés. S'il faut faire quelques concessions au plaisir, Cicéron avoue apprécier tout particulièrement les longs repas entre amis.

PLAISIR D'UNE NUIT ENTRE AMIS

Moi qui aime la conversation, j'aime aussi les longs repas, non seulement avec des hommes de mon âge, dont il reste très peu maintenant, mais encore avec ceux du vôtre et surtout avec vous, et je suis très reconnaissant à la vieillesse de m'avoir accru la passion de converser en m'enlevant celle de boire et de manger. Et, si même on goûte ces jouissances – car je ne veux pas donner l'impression que j'ai tout à fait déclaré la guerre au plaisir, dont une juste mesure est peut-être conforme à la nature –, je ne vois pas que ces plaisirs mêmes laissent la vieillesse insensible. Pour ma part, j'aime les présidences de table, instituées par nos ancêtres, et les paroles prononcées la coupe en main, selon la coutume ancestrale, à partir du haut bout[1], et les coupes qui, comme dans le *Banquet* de Xénophon, « toutes menues, distillent des gouttes de rosée », et la fraîcheur en été et inversement le soleil ou le feu en hiver ; je maintiens constamment ces usages même en Sabine : chaque jour, je garnis ma table de voisins et nous prolongeons le repas dans la nuit, le plus avant possible, par des conversations variées.

Caton l'ancien. De la vieillesse, 44-46

1. Le *triclinium* comportait trois lits, de trois places chacun, appelés *summus, medius* et *imus.*

HOMÈRE
VIIIe s. av. J.-C.

VIRGILE
Ier s. av. J.-C.

CLAUDIEN
Ve s. ap. J.-C.

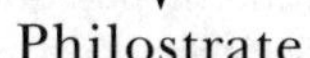

Philostrate

Logeant à Naples, chez un hôte fortuné qui possède une galerie de tableaux, le rhéteur, à la demande du fils de la maison, explique les scènes représentées. Le recueil d'images ou eikones *contient ainsi soixante-cinq descriptions de tableaux, vraisemblablement fictifs pour une grande part, qui eurent une influence considérable sur la peinture occidentale. Le second tableau décrit représente un génie nocturne, Cômos, qui personnifie des festivités, avec chants et jeux d'instruments, en l'honneur de dieux, notamment Dionysos, mais aussi dans un cadre privé, en particulier lors des mariages.*

CÔMOS

Cômos, ce génie qui préside aux promenades nocturnes des joyeux convives, se tient sur le seuil d'une chambre aux portes dorées ; dorées elles me semblent en effet, bien que l'œil soit lent à les discerner dans l'ombre de la nuit. La nuit n'est point personnifiée, mais elle se reconnaît à ses effets. Le vestibule, digne d'un temple, atteste l'opulence des jeunes mariés, qui reposent sur la couche nuptiale. Cômos est venu, dieu jeune, vers des jeunes gens ; il a encore toutes les grâces tendres de l'enfance ; les fumées du vin ont coloré son visage ; debout, il cède cependant au sommeil de l'ivresse ; oui, il dort la tête penchée sur la poitrine ; la main gauche posée sur un épieu qu'elle croit tenir se détend et s'abandonne, comme il arrive quand les premières caresses du sommeil engourdissent notre mémoire et notre esprit ; le flambeau que tient la main droite semble aussi échapper, par l'effet de la même cause, à ses doigts alanguis. Craignant que le feu n'approche de sa jambe, Cômos porte la cuisse gauche sur la droite et son flambeau du côté gauche, de manière à écarter la main et la flamme du genou qui fait saillie. Les peintres doivent traiter avec soin la figure des personnages qui ont toute la vivacité de la jeunesse, s'ils ne veulent pas que leurs peintures soient mornes, comme le visage d'un aveugle ; mais pour Cômos, dont la tête penchée projette une ombre sur les traits, la figure a peu d'importance. L'artiste, j'imagine, recommande ainsi à ceux qui ont l'âge de Cômos, de ne pas fêter le dieu sans prendre le masque. Le reste du corps atteste une observation minutieuse de tous les détails, et le flambeau qui enveloppe le dieu de sa lumière fait ressortir toutes ses perfections.

La Galerie de tableaux, I, 2, 1-3

Suétone

Tacite et Suétone ont insisté avec complaisance sur les débauches variées de l'empereur Néron et en particulier sur ses folies nocturnes.

LES DÉBAUCHES NOCTURNES DE NÉRON

Son libertinage, sa lubricité, sa profusion, sa cupidité et sa cruauté se manifestèrent d'abord graduellement et d'une façon clandestine, comme dans l'égarement de sa jeunesse, et pourtant, même alors, personne ne put douter que ces vices n'appartinssent à son caractère plutôt qu'à son âge. Après la tombée de la nuit, ayant saisi un bonnet ou une casquette, il pénétrait dans les cabarets, vagabondait dans les divers quartiers, faisant des folies, qui d'ailleurs n'étaient pas inoffensives, car elles consistaient d'ordinaire à frapper les gens qui revenaient d'un dîner, à les blesser, à les jeter dans les égouts, s'ils résistaient, et même à briser les portes des boutiques et à les piller ; il installa dans son palais une cantine, où l'on dissipait le produit du butin, qu'il dispersait aux enchères. Souvent, dans des rixes de ce genre, il risqua de perdre les yeux ou même la vie, et certain (chevalier) de l'ordre sénatorial, dont il avait pris la femme entre ses bras, faillit le faire mourir de coups. Aussi, depuis cette aventure, il ne se hasarda plus en ville à pareille heure, sans être discrètement suivi de loin par des tribuns. De même, pendant le jour, il se transportait secrètement au théâtre en litière et, du sommet de l'avant-scène, il assistait aux disputes qui s'élevaient autour des pantomimes, et même en donnait le signal ; un jour qu'on en était venu aux mains et qu'on se battait à coups de pierres et de banquettes brisées, il jeta lui aussi force projectiles sur le peuple et blessa même grièvement un préteur à la tête.

Vies des douze Césars, Néron, 26

L'HEURE SCÉLÉRATE

Nox placet sceleri ; prorsus adulteri tempus
La nuit convient au crime ;
c'est le moment privilégié de l'adultère
(Sénèque le père, *Controverses*, VII, 5, 2).

L'obscurité et le sommeil général profitent aux voleurs et aux criminels en tous genres. La nuit favorise les adultères, mais aussi les vols, les agressions, les assassinats et les conjurations. Pour Rome, le *Digeste* témoigne du nombre d'assassins et de cambrioleurs voués à la vindicte du préfet des vigiles. Celui-ci est placé sous l'autorité des édiles qui sont les magistrats responsables de la paix civile. Il est responsable de la police nocturne qui organise une surveillance fixe dans des postes-vigies (*stationes*) ainsi que des rondes et patrouilles. Les bureaux du préfet, de son état-major et le tribunal se trouvent à la caserne de la première cohorte, dans la partie méridionale du Champ de Mars. Le préfet y part toutes les nuits pour effectuer les rondes règlementaires. Le corps des vigiles et des vigiles du feu est organisé en décuries, centuries, manipules sur le modèle de la légion romaine. Sept cohortes se voient confier deux régions chacune. En temps de trouble, outre les rondes, on disperse les attroupements et on procède à des arrestations. La nuit, des mesures préventives sont prises contre l'incendie et il faut surveiller les statues pour éviter qu'on les mutile ou qu'on dérobe des ornements d'or, d'argent ou d'ivoire. Des vigiles de nuit sont postés près des plus belles d'entre elles ; sous Constantin, un *curator statuarum* est créé et sous Constance II, un fonctionnaire spécial est chargé du service de gardiennage, le *tribunus rerum nitentium*.

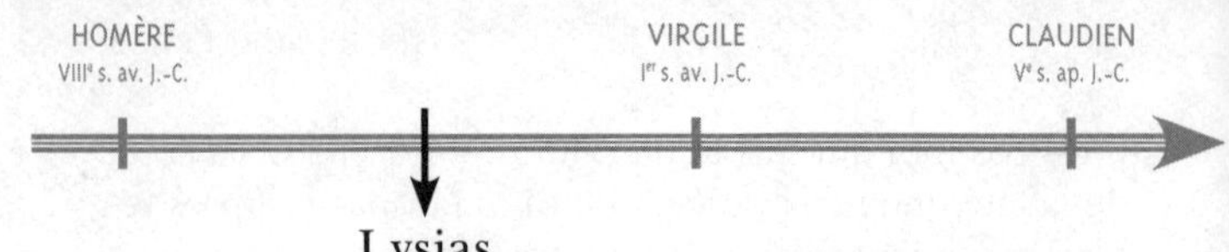

Lysias

Ératosthène a séduit la femme d'Euphilétos avec la complicité d'une petite esclave. Le mari trompé en a été informé. Un soir que l'amant a pénétré sans défense dans la maison, Euphilétos sort discrètement, court à travers la ville pour rassembler des témoins, fait irruption dans la chambre où il surprend les ébats et tue le séducteur. Pour sa défense, il s'appuie sur une loi de Dracon qui permet au mari outragé de tuer le coupable pris en flagrant délit.

CRIME OU CHÂTIMENT ?

J'ai un ami intime qui s'appelle Sostrate. Après le coucher du soleil, je le rencontre qui revenait de la campagne. Sachant qu'à pareille heure il ne trouverait plus rien chez lui, je l'invite à venir souper avec moi. Nous arrivons à la maison, nous montons au premier et nous voilà à table. Il partit quand il eut bien dîné, et moi, je me mets au lit. Ératosthène entre ; la servante me réveille aussitôt : « Il est là », me dit-elle. Je la charge de veiller sur la porte, je descends sans bruit, je sors et je vais chez différents amis. J'en trouverai quelques-uns chez eux ; les autres n'étaient pas à Athènes. J'emmenai avec moi le plus grand nombre possible de ceux qui étaient là et me voilà en route. Nous prenons des torches à la boutique la plus proche et nous entrons (la porte de la rue était ouverte et la servante à son poste). Ayant poussé la porte de la chambre, les premiers entrés et moi, nous eûmes le temps de voir l'homme couché près de ma femme ; les derniers le trouvèrent debout, tout nu, sur le lit. Alors, juges, je le frappe, je le renverse, je lui ramène les deux mains derrière le dos, je les lui attache, et lui demande pourquoi il a pénétré dans ma demeure pour m'outrager. Lui reconnaissait son crime. Il me priait, me suppliait de ne pas le tuer et de n'exiger de lui que de l'argent. « Ce n'est pas moi qui vais te tuer, lui répondis-je, mais la loi de la cité que tu as violée, que tu as fait passer après tes plaisirs, aimant mieux commettre une faute aussi grave envers ma femme et mes enfants que d'obéir aux lois et de rester honnête. »

Ainsi, juges, cet homme a reçu le châtiment que les lois prescrivent pour de tels actes. Et qu'on ne dise pas, comme mes accusateurs, qu'il avait été traîné de force de la rue dans la maison, ni qu'il s'était réfugié à mon foyer. Est-ce possible, puisque, frappé dans la chambre même, il tomba sur le coup, que je lui liai les mains derrière le dos, et qu'il y avait là tant de monde qu'il ne pouvait fuir, n'ayant d'ailleurs pas une arme, pas un morceau de bois, rien pour se défendre contre ceux qui étaient entrés ? Mais vous le savez, n'est-ce pas, juges, les gens qui n'ont pas le bon droit pour eux ne veulent pas reconnaître que leurs ennemis disent la vérité. En revanche, ils recourent, eux, aux mensonges et aux artifices de ce genre pour susciter la colère de l'auditoire contre ceux qui ont pour eux le droit. Lis donc d'abord la loi.

Sur le meurtre d'Ératosthène, 22-28

HOMÈRE
VIIIe s. av. J.-C.

VIRGILE
Ier s. av. J.-C.

CLAUDIEN
Ve s. ap. J.-C.

Juvénal

Le vieil Umbricius veut fuir Rome, devenue inhabitable : il est impossible d'y dormir, la cohue des passants y est insupportable et les nuits sont particulièrement dangereuses. La circulation devait être intense car les chariots ne pouvaient pénétrer dans la ville que la nuit.

LES DANGERS DE LA NUIT

Considère maintenant les périls d'une autre sorte auxquels on est exposé la nuit, le vaste espace qui sépare du sol les toits juchés en l'air d'où un tesson vient vous frapper le crâne, combien de fois des vases fêlés et ébréchés tombent des fenêtres, et de quelle trace profonde ils marquent et entament le pavé. C'est s'exposer au reproche de négligence et ne pas prévoir les accidents subits, que de s'en aller souper sans avoir fait son testament. Tant il est vrai que le passant a autant de chances de mort qu'il rencontre la nuit de fenêtres ouvertes où l'on ne dort pas. Ne souhaitez qu'une chose, et puisse ce vœu modeste s'accomplir pour vous, c'est qu'on se contente de vous inonder du contenu de larges bassins !

Qu'un ivrogne d'humeur belliqueuse n'ait par hasard encore rompu les os à personne, le voilà en proie aux remords ; il passe une nuit aussi lugubre que celle du fils de Pélée pleurant son ami. Il se couche sur le nez puis sur le dos. Mais non ! il n'aura de sommeil qu'à ce prix : il y a des gens qu'une bonne querelle fait dormir. Malgré l'effronterie de sa jeunesse qu'échauffe encore le vin, il ne se frotte pas au passant que lui conseillent d'éviter un manteau écarlate, une nombreuse escorte, quantité de flambeaux et une lampe d'airain. Moi qui n'ai d'ordinaire pour me reconduire à la maison que la lune, ou la lueur chétive d'une chandelle dont je règle avec économie la mèche, je ne lui fais pas peur. Écoute comment s'engage la fâcheuse querelle – si querelle il y a quand c'est l'autre qui assène les coups tandis que, moi, je me contente de les encaisser ! Il se plante devant moi : « Halte-là ! » Il faut bien obéir ; le moyen de faire autrement quand on a affaire à un forcené qui, en outre, est plus fort que vous ? « D'où viens-tu ? hurle-t-il, chez qui es-tu allé te gorger de piquette et de fèves ? Quel savetier t'a fait partager sa ciboulette et son museau de mouton bouilli ?... Tu ne réponds pas ? Parle, ou bien... un coup de talon ! Où as-tu ton poste (de mendiant) ? Dans quelle synagogue faut-il te chercher ? » Essayer de répondre, faire retraite sans mot dire, c'est tout un. Ils n'en tapent pas moins dans les deux cas, ces furieux-là, et encore vous assignent-ils en justice ! Il ne reste au pauvre hère qu'une issue d'ouverte : bousculé, meurtri de coups de poings, il sollicite, il implore d'eux la faveur de s'en tirer avec quelques dents intactes.

Bien d'autres mésaventures sont à redouter. Il ne manquera pas de gens pour vous dépouiller, une fois les maisons closes, quand partout les boutiques font silence, volets fixés, chaînes de sûreté en place. Il arrive aussi que surgisse à l'improviste un bandit, qui joue du couteau. Tandis que des patrouilles armées font régner la sécurité dans les marais Pontins et la forêt Gallinaria, les brigands s'abattent de là-bas sur Rome comme sur une proie.

Satires, III, 267-309

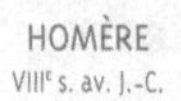
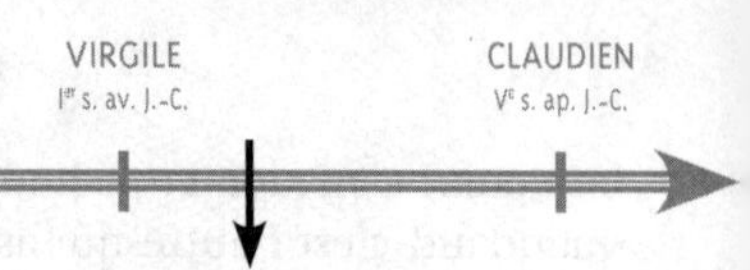

Tacite

La nuit est le moment privilégié des conspirations et des séditions. C'est ainsi qu'en apprenant la mort d'Auguste et les débuts de Tibère, un certain Percennius provoque la sédition des soldats de Pannonie en les ébranlant peu à peu dans des entretiens nocturnes ou bien, au crépuscule, après la dispersion des meilleurs. Tibère a envoyé son fils Drusus pour temporiser, mais son discours a attisé la colère des soldats. La nuit, alors que la violence est à son paroxysme, une éclipse de lune vient mettre fin à la révolte.

UNE ÉCLIPSE DÉJOUE UNE SÉDITION

La nuit était menaçante et allait faire éclater le crime ; mais le hasard servit de calmant. On vit dans un ciel serein la lune soudain prête à s'évanouir. Ce phénomène dont il ignorait la raison fut pour le soldat un présage relatif à sa situation présente ; il assimilait l'éclipse de cet astre à sa misère, et se figurait que ce qu'il poursuivait aurait un heureux succès, si la déesse reprenait son brillant éclat. Donc ils font retentir le son du bronze, les accents des trompettes et des cors, tour à tour joyeux ou affligés, selon qu'elle leur paraît plus brillante ou plus terne ; puis, quand des nuages en s'élevant, l'eurent cachée à leur vue, ils la crurent ensevelie dans les ténèbres, et, comme on passe aisément à la superstition quand on a une fois l'esprit frappé, ils se lamentent et s'écrient que c'est pour eux le présage d'une éternelle misère et que les dieux se détournent de leurs forfaits. Drusus, pensant qu'il fallait profiter de ce mouvement et tourner en sagesse ce qu'offrait le hasard, ordonna de parcourir les tentes ; on fait venir le centurion Clemens et ceux à qui leurs qualités avaient valu une popularité de bon aloi. Ceux-ci se mêlent aux gardes de nuit, aux sentinelles, aux postes qui veillent aux portes, leur mettent devant les yeux l'espérance, font appel à la peur. « Jusques à quand assiégerons-nous le fils de notre empereur ? quel sera le terme de nos débats ? Est-ce à un Percennius, à un Vibulénus que nous allons prêter serment ? Est-ce Percennius et Vibulénus qui distribueront la paie aux soldats, des terres aux retraités ? En fin de compte on les verra, au lieu et place des Nérons et des Drusus, prendre en mains le pouvoir sur le peuple romain ? Ah : plutôt, si nous avons été les derniers à la faute, soyons les premiers au repentir ! On obtient tard ce qu'on réclame en commun ; une grâce particulière est-elle méritée, on la reçoit sans délai. » Ces propos ébranlèrent les esprits et firent naître des défiances entre les soldats, grâce à quoi ils détachent les jeunes soldats des vétérans, une légion d'une autre. Alors l'amour de la discipline rentre peu à peu en eux, ils quittent la garde des portes ; les enseignes, groupées ensemble au début de la mutinerie, sont reportées chacune à sa place.

Annales, I, 28

En 58, alors que Néron se livre ouvertement à sa liaison adultère avec Poppée, les relations entre l'ambitieuse Agrippine et son empereur de fils, en mal d'indépendance, se tendent. En 59, Néron excédé se résout au matricide qu'il lui faut maquiller en mort accidentelle. Il conçoit un plan diabolique : provoquer un accident nocturne en utilisant un bateau piégé qui s'ouvrira et se refermera en pleine mer.

LA NUIT DU MATRICIDE

La nuit était étoilée, resplendissante et paisible sur une mer calme ; il semblait que, par cette faveur, les dieux voulussent faire la preuve du crime. Le navire avait à peine pris la mer, et deux personnages de sa cour accompagnaient Agrippine ; l'un, Crépéréius Gallus, se tenait non loin du gouvernail ; l'autre, Acerronia, appuyée sur les pieds du lit où reposait sa maîtresse, rappelait avec joie le repentir de Néron, le retour en crédit de sa mère, quand, à un signal donné, le plafond de la chambre, chargé de plomb, s'écroule et écrase Crépéréius qui expire aussitôt ; Agrippine et Acerronia furent protégées par les côtés du lit qui s'élevaient au-dessus d'elles et qui se trouvaient assez solides pour ne pas céder sous la charge. De plus le vaisseau ne s'entr'ouvrait pas immédiatement, car le trouble était général et ceux qui n'étaient pas au courant gênaient les artisans du complot. On crut bon alors, du côté des rameurs, de se pencher d'un seul côté et de submerger ainsi le vaisseau ; mais ils ne s'étaient pas mis assez promptement d'accord en vue de cette manœuvre soudaine, et, comme les autres faisaient effort en sens contraire, le naufrage fut moins brutal. Mais Acerronia commit l'imprudence de crier qu'elle était Agrippine et qu'on eût à secourir la mère de l'empereur : aussitôt on l'assomme à coups de gaffes, de rames et de tous les agrès qui tombaient sous la main. Agrippine, qui gardait le silence et par conséquent ne se faisait pas reconnaître, reçut cependant une blessure à l'épaule, mais à la nage d'abord puis, grâce à des pêcheurs dont elle rencontra les barques, elle gagna le lac Lucrin, d'où elle se fit porter à sa maison de plaisance.

Agrippine, feignant d'ignorer que son fils a commandité son assassinat, lui dépêche l'affranchi Agermus pour lui dire qu'elle a heureusement échappé à un accident. Néron lui jette une épée entre les jambes et il le fait garroter afin de pouvoir feindre que sa mère a voulu attenter à ses jours. Pendant ce temps, Anicétus se rend auprès d'Agrippine pour consommer le crime.

Cependant le danger d'Agrippine, que l'on feignait d'attribuer à un accident, était connu partout et à mesure qu'on en apprenait la nouvelle, on accourait au rivage. Ceux-ci montent sur les jetées, ceux-là dans les barques qui sont à leur portée, d'autres s'avancent dans la mer aussi loin qu'ils ont pied ; quelques-uns tendent les bras ; tout le rivage retentit de plaintes, de vœux, de cris confus où se mêlent questions diverses et réponses incertaines. Une foule immense accourt avec des lumières ; et quand on sut qu'elle était hors de danger, on s'apprêtait à la féliciter, lorsque la vue d'une troupe armée et menaçante dispersa le rassemblement. Anicétus investit la maison, enfonce la porte, se saisit des esclaves qu'il rencontre et arrive enfin à la porte de la chambre. Il s'y trouvait peu de monde, le reste ayant fui, épouvanté par l'irruption des soldats. Dans la chambre il n'y avait qu'une faible lumière, une seule esclave et Agrippine, de plus en plus inquiète, car personne ne venait de la part de son fils, pas même Agermus, et elle se disait que, « si les choses avaient pris bonne tournure, on le verrait par d'autres signes ; pour le moment, c'était le désert, des bruits soudains, rien que des présages du malheur suprême ». La servante elle-même s'éloignait. « Et toi aussi, tu m'abandonnes », lui dit-elle. À l'instant elle se retourne et voit Anicétus accompagné du triérarque Herculéius et d'Obaritus, centurion d'infanterie de marine. Elle lui dit que « s'il venait lui rendre visite, il pouvait annoncer qu'elle était remise ; que, s'il devait commettre un crime, elle n'en pouvait croire son fils capable : il n'avait pas commandé un parricide ». Les meurtriers entourent le lit et, le premier, Herculéius lui asséna un coup de bâton sur la tête. Le centurion dégainait pour lui donner le coup fatal ; alors, lui montrant son ventre : « Frappe ici », s'écria-t-elle, et elle expira, percée de coups.

Annales, XIV, 5 et 8

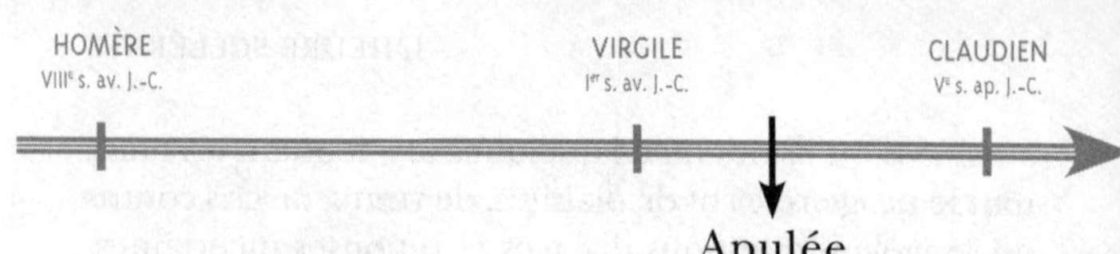

Apulée

En voyage à Hypata, Lucius séjourne chez son hôte Milon. Alors qu'en pleine nuit il rentre chez son hôte, passablement ivre, il subit l'attaque de trois brigands. Il s'agit en réalité d'une mystification : il est la victime des réjouissances périodiques qu'au retour de chaque année la cité d'Hypata célèbre en l'honneur du dieu Rire.

NUIT FANTASTIQUE

Mais dans la première rue où nous nous engageons, un brusque coup de vent ayant éteint la lumière sur laquelle nous comptions, c'est à grand'peine que, nous tirant de la soudaine épaisseur de la nuit, nous rentrons chez mon hôte, épuisés de fatigue et les orteils meurtris contre les pierres. Nous approchions déjà, marchant de compagnie, quand trois gaillards alertes et de puissante carrure se jettent de toute leur force contre notre porte, si peu intimidés par notre présence qu'ils multiplient, au contraire, leurs assauts et rivalisent de violence. Nous jugeâmes, moi surtout, non sans quelque raison, que c'étaient des brigands, et des plus enragés. Aussitôt je tire de mon sein l'épée que j'avais emportée sous mon vêtement pour des cas de ce genre ; l'arme en main, je me précipite sans hésiter au milieu des brigands et la plonge profondément, au hasard de la rencontre, dans le corps de qui me résiste, jusqu'à ce qu'enfin, criblés de blessures béantes, ils aient exhalé leur souffle à mes pieds. Le tumulte du combat avait réveillé Photis : trouvant la porte ouverte, je me glisse à l'intérieur, baigné de sueur et hors d'haleine. Mon combat contre trois brigands m'avait fatigué comme eût fait le massacre de Géryon : je me jetai sur mon lit et m'endormis dans le même instant.

Lucius est arrêté et conduit dans un théâtre où se déroulera son procès. Dans son réquisitoire, l'accusateur le présente comme un dangereux criminel.

Et pour en venir au fait, je vais vous exposer fidèlement ce qui s'est passé la nuit dernière. C'était environ la troisième veille ; je faisais ma ronde par la ville et inspectais tout de porte en porte avec une scrupuleuse exactitude, quand j'aperçois ce jeune homme sanguinaire, qui, le fer à la main, répandait partout le carnage. Déjà sa cruauté avait fait trois victimes, qui, gisant à ses pieds et respirant encore, palpitaient dans des flots de sang. Lui-même, d'ailleurs, conscient de l'énormité de son forfait et justement troublé, a pris aussitôt la fuite et s'est glissé, à la faveur des ténèbres, dans une maison où il est resté caché toute la nuit. Mais la providence divine ne permet pas que le crime demeure impuni. Avant qu'il ait pu s'échapper par des voies dérobées, de bon matin je l'ai guetté et l'ai fait comparaître devant la majesté redoutable de votre tribunal. Ainsi, vous avez devant vous un accusé souillé de plusieurs meurtres, un accusé pris sur le fait, un accusé étranger à ce pays. Condamnez donc sans faiblesse, pour un crime dont vous puniriez sévèrement même l'un de vos concitoyens, cet homme qui ne vous est rien.

Lucius raconte à son tour l'affrontement et explique qu'il a combattu les brigands pour défendre la maison de son hôte Milon. Les larmes qu'il verse après son plaidoyer sont accueillies par un fou rire général. Sur ce, l'on fait entrer la veuve et l'orphelin d'un des brigands. Le tribunal appelle à un châtiment sévère : on apporte selon la coutume grecque le feu, la roue, ainsi que toutes les sortes de fouets. La veuve demande alors que l'on montre les cadavres au coupable.

Cependant, la vieille, dont les pleurs avaient causé tant d'émotion, parla ainsi : « Avant d'attacher à la croix, honorables citoyens, le brigand qui a ravi ces infortunés à ma tendresse maternelle, souffrez que l'on découvre les corps des défunts, afin que la contemplation de leur beauté et de leur jeunesse, avivant à nouveau votre juste indignation, vous inspire une rigueur proportionnée au forfait. »

On applaudit à ce discours, et, sans désemparer, le magistrat m'ordonne de découvrir moi-même les cadavres déposés sur le lit. Je résiste, et refuse obstinément de renouveler par cette exhibition la scène tragique de la veille. Sur l'ordre des magistrats, les licteurs me pressent avec insistance ; enfin, s'emparant de ma main qui pendait le long de mon corps, de force ils l'étendent, pour sa perte, jusque sur les cadavres. Vaincu, enfin, par la nécessité, je me rends, et, bien à contrecœur, je retire le manteau qui les recouvre. Dieux bons, que vois-je apparaître ? Quel prodige ? Quel brusque changement dans ma fortune ? Je comptais déjà parmi le trésor de Proserpine et la famille d'Orcus : soudain tout prend une face nouvelle, qui me laisse immobile et frappé de stupeur. Quels mots trouver, capables d'exprimer l'imprévu d'un tel spectacle ? Les cadavres de nos égorgés, c'étaient trois outres gonflées, avec des entailles çà et là, et les plaies béantes, à en juger par mes souvenirs du combat de la veille, correspondaient aux blessures que j'avais faites aux brigands.

Les Métamorphoses, II, 32 ; III, 3 et III, 9

III

LE ROYAUME DE L'OMBRE

FANTAISIES MYTHOLOGIQUES

Les Anciens avaient coutume de figurer les abstractions et de les personnifier. Sur les céramiques grecques, Nuit (Nyx), voilée et ailée ou drapée dans un manteau, est représentée à plusieurs reprises à une échelle réduite et isolée dans le champ des vases. La miniaturisation et la disparité d'échelle traduit l'abstraction et signale alors qu'il s'agit d'un indice spatio-temporel. Nuit intervient par ailleurs dans des épisodes mythologiques ou dans des récits allégoriques. Au chant XIV de l'*Iliade*, Héra fait appel au Sommeil (Hypnos) pour endormir Zeus et l'éloigner des combats. Sommeil redoute d'intervenir car il a déjà endormi Zeus sur l'ordre d'Héra et cette action a failli lui valoir d'être jeté du haut de l'éther et de disparaître au fond de la mer. C'est Nuit qui l'a sauvé, « Nuit qui dompte les dieux aussi bien que les hommes ». Zeus a cessé de le poursuivre, craignant de déplaire à la « Nuit rapide ». Nonnos de Panopolis imite l'épisode au chant XXXI des *Dionysiaques* et innove en faisant revêtir à Iris, la messagère des dieux, l'apparence de la sombre Nuit.

De la lignée maléfique dont Nuit est la mère dans la *Théogonie* d'Hésiode, les poètes et les artistes postérieurs retiendront surtout Sommeil (Hypnos) et Trépas (Thanatos). Nuit est ainsi représentée comme la nourrice de Sommeil et de Trépas sur le coffre de Kypselos que décrit Pausanias au livre V de sa *Description de la Grèce.* Dans l'*Orestie,* Eschyle exploite la polarité entre les puissances nocturnes et primitives de la vengeance que sont les Érynies et l'ordre nouveau qu'incarne le solaire Apollon. C'est au contraire une Nuit bienveillante, dispensatrice du sommeil qu'invoque Électre au début de l'*Oreste* d'Euripide.

Lorsqu'ils personnifient la nuit, les poètes lui confèrent un certain nombre d'attributs : Eschyle rappelle qu'elle dérobe la lumière « sous son manteau d'étoiles » (*Prométhée enchainé*, 24) ; d'autres, comme Euripide, évoquent le char de la nuit, attribut fréquent des astres et des planètes en raison des mouvements célestes ; Ovide mentionne sa tête couronnée d'étoiles ou son front couronné de pavots. Dans l'iconographie romaine, Nuit est souvent représentée avec pour seul attribut un voile gonflé de vent, parfois avec une torche qui symbolise la lumière des astres nocturnes ; son visage est souvent mélancolique ou sévère, et les couleurs qu'on lui attribue sont le vert sombre, le bleu foncé et le noir[1].

Les Anciens inventent aussi des allégories de l'activité onirique. Au chant XIX de l'*Odyssée*, Pénélope distingue les rêves qui viennent par la porte d'ivoire et ne sauraient se réaliser de ceux qui viennent par la porte de corne et se vérifient en se réalisant. Virgile reprend le motif au chant VI de l'*Énéide*, pour décrire la sortie des enfers : par la porte de corne passent les ombres véritables, tandis que les « songes vains » – déjà mentionnés à l'entrée des enfers, sous les feuilles innombrables d'un orme immense – sortent par la porte d'ivoire. Or, Énée sort par la porte d'ivoire, ce qui étonne encore de nombreux savants. Dans *Les Métamorphoses*, Ovide associe de même les rêves à la mort et décrit longuement l'antre du Sommeil dont il fait le père de Morphée. Lucien enfin invente une île des Songes dans les *Histoires véritables* : la forme insulaire, propre à l'utopie, traduit la singularité du monde onirique, séparé de la réalité diurne.

1. Voir R. Rebuffat, « Images pompéiennes de la Nuit et de l'Aurore », *Mélanges d'archéologie et d'histoire de l'École française de Rome*, 76, 1964, p. 91-104.

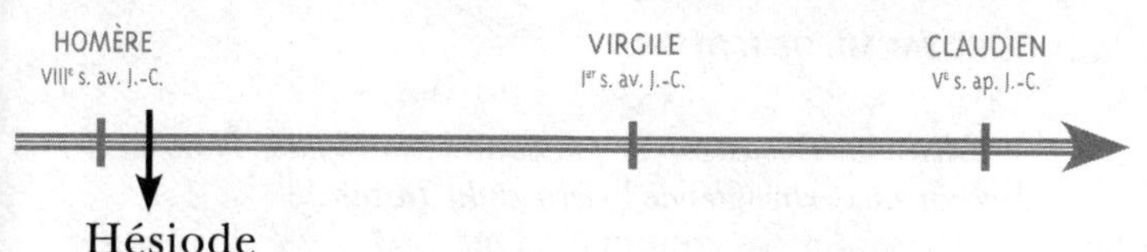

Hésiode

Associée au Sommeil et à la Mort, la Nuit est conçue comme une puissance maléfique qui enfante tous les fléaux des hommes mortels.

LES ENFANTS DE LA NUIT

Nuit enfanta l'odieuse Mort, et la noire Kère, et Trépas. Elle enfanta Sommeil et, avec lui, toute la race des Songes – et elle les enfanta seule, sans dormir avec personne, Nuit la ténébreuse. Puis elle enfanta Sarcasme, et Détresse la douloureuse, et les Hespérides, qui, au-delà de l'illustre Océan, ont soin des belles pommes d'or et des arbres qui portent tel fruit. Elle mit au monde aussi les Parques et les Kères, implacables vengeresses, qui poursuivent toutes fautes contre les dieux ou les hommes, déesses dont le redoutable courroux jamais ne s'arrête avant d'avoir au coupable, quel qu'il soit, infligé un cruel affront. Et elle enfantait encore Némésis, fléau des hommes mortels, Nuit la pernicieuse – et, après Némésis, Tromperie et Tendresse –, et Vieillesse maudite, et Lutte au cœur violent.

Et l'odieuse Lutte, elle, enfanta Peine la douloureuse, – Oubli, Faim, Douleurs larmoyantes, – Mêlées, Combats, Meurtres, tueries, – Querelles, Mots menteurs, Disputes, – Anarchie et Désastre, qui vont de compagnie, – Serment enfin, le pire des fléaux pour tout mortel d'ici-bas qui, de propos délibéré, aura commis un parjure.

Théogonie, 211-232

Mère du Trépas et des puissances maléfiques, Nuit a sa demeure aux extrémités de la terre et du Tartare.

LA DEMEURE INFERNALE DE LA NUIT

Là sont, côte à côte, les sources, les extrémités de tout, de la terre noire et du Tartare brumeux, de la mer inféconde et du ciel étoilé, lieux affreux et moisis, qui font horreur aux dieux, abîme immense dont on n'atteindrait pas le fond, une année entière se fût-elle écoulée depuis qu'on en aurait passé les portes : bourrasque sur bourrasque vous emporterait, cruelle, tantôt ici, tantôt là, prodige effrayant, même pour les dieux immortels. Là se dresse l'effrayante demeure de l'infernale Nuit, qu'enveloppent de sombres nuées.

Devant cette demeure, le fils de Japet, debout, soutient le vaste ciel de sa tête et de ses bras infatigables, sans faiblir. C'est là que Nuit et Lumière du Jour se rencontrent et se saluent, en franchissant le vaste seuil d'airain. L'une va descendre et rentrer à l'heure même où l'autre sort, et jamais la demeure ne les enferme toutes deux à la fois ; mais toujours l'une est au dehors, parcourant la terre, tandis que, gardant la maison à son tour, l'autre attend que vienne pour elle l'heure du départ. L'une tient en mains pour les hommes la lumière qui luit à d'innombrables yeux ; l'autre porte en ses bras Sommeil, frère de Trépas : c'est la pernicieuse Nuit, enveloppée d'un nuage de brume.

Là ont leur séjour les enfants de la Nuit obscure, Sommeil et Trépas, dieux terribles. Jamais Soleil aux rayons ardents n'a pour eux un regard, qu'il monte au ciel ou du ciel redescende. L'un va parcourant la terre et le vaste dos de la mer, tranquille et doux pour les hommes. L'autre a un cœur de fer, une âme d'airain, implacable, dans sa poitrine ; il tient à jamais l'homme qu'il a pris ; il est en haine même aux dieux immortels.

Théogonie, 743-66

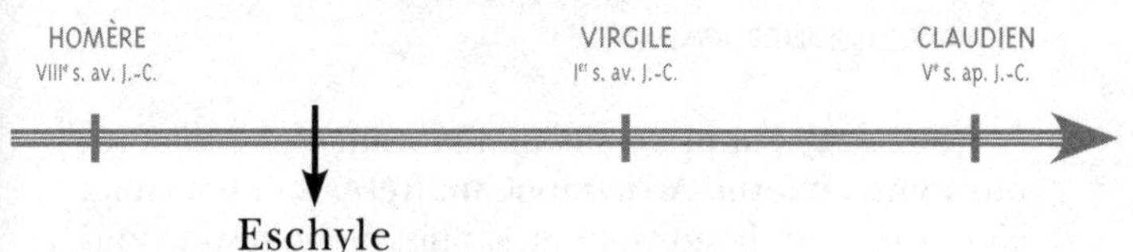

Eschyle

Oreste a tué sa mère, réveillant les déesses de la vengeance. Celui-ci a invoqué la protection d'Apollon, mais les Érinyes réclament leur proie et invoquent leur mère Nuit.

VENGEANCE

LE CHŒUR. Ô ma mère, mère Nuit, toi qui m'as enfantée pour châtier également ceux qui voient la lumière et ceux qui l'ont perdue, entends ma voix ! Le fils de Létô veut m'humilier, en m'arrachant ce lièvre[1], seule offrande qui puisse expier l'assassinat d'une mère.

(*Fiévreux.*) Mais, pour notre victime, voici le chant délire, vertige où se perd la raison, voici l'hymne des Érinyes enchaîneur d'âmes, chant sans lyre, qui sèche les mortels d'effroi.

Large.

Le sort, à notre naissance, nous attribua ce lot : nul Immortel n'y doit porter la main. Aussi n'en voit-on point prendre part à nos banquets. Mais les voiles blancs en revanche me sont refusés, interdits…

(*Fiévreux.*) J'ai pris pour moi la ruine des demeures où, admis au foyer, Arès frappe un frère. À sa poursuite alors, oh : nous bondissons et, si puissant qu'il soit, nous l'anéantissons sous sa souillure fraîche.

Nous sommes là, empressés à épargner à d'autres ce souci : nous voulons, par nos soins, en décharger les dieux, et qu'ils n'aient pas besoin d'instruire tels procès. Zeus écarte de son audience l'engeance exécrable de tous ceux qu'a tachés le sang.

1. Elles montrent Oreste, « tapi » aux pieds de la statue.

(*Fiévreux.*) J'ai pris pour moi la ruine des demeures où, admis au foyer, Arès frappe un frère. À sa poursuite alors, oh : nous bondissons et, si puissant qu'il soit, nous l'anéantissons sous sa souillure fraîche.

Les gloires humaines les plus augustes sous les cieux fondent et se perdent humiliées dans la terre sous l'assaut de nos voiles noires et les maléfices de nos pas dansants.

(*Fiévreux.*) D'un pied puissant au plus haut, je bondis, pour retomber d'un poids plus lourd – et fugitifs de chanceler sous le faix pesant du malheur.

Il tombe et ne s'en doute pas, dans le délire qui le perd : telle est la nuit que sa souillure, volant autour de lui, étend sur ses yeux – cependant qu'une nuée sombre s'abat sur sa maison, ainsi que le proclame une douloureuse rumeur.

(*Fiévreux.*) D'un pied puissant au plus haut, je bondis, pour retomber d'un poids plus lourd – et fugitifs de chanceler sous le faix pesant du malheur.

Plus vif.

Mon lot reste immuable : adresse et ténacité, mémoire fidèle des crimes et cœur insensible aux pleurs des humains, tout cela a été donné aux Redoutables pour leur permettre de poursuivre la tâche humble et méprisée, qui les tient éloignées du ciel, dans le bourbier ténébreux, aussi cruel aux pas des morts que des vivants.

Quel mortel peut donc entendre sans respect ni tremblement la loi que m'a fixée la Parque et qu'ont ratifiée les dieux ? À moi est réservé un antique apanage, et je ne suis pas dépourvue d'honneurs, pour avoir ma place sous terre, dans une nuit close au soleil.

Les Euménides, 322-396

HOMÈRE
VIIIe s. av. J.-C.

VIRGILE
Ier s. av. J.-C.

CLAUDIEN
Ve s. ap. J.-C.

Euripide

Après avoir tué sa mère, Oreste est devenu la proie des Érinyes : cela fait six jours qu'il est terrassé par de terribles accès de folie, il ne mange plus et ne reprend que rarement conscience. À son chevet, Électre tente de lui venir en aide. Elle demande au chœur, composé de quinze Argiennes, ses amies, de ne pas le réveiller.

ÉLECTRE INVOQUE LA NUIT

LE CHŒUR. – Silence ! silence ! que la pointe de votre chaussure se pose légère, sans bruit.

ÉLECTRE. – Écartez-vous ! plus loin : écartez-vous de la couche.

LE CHŒUR. – Vois, j'obéis.

ÉLECTRE. – Ah : Ah ! tel un souffle dans la tige du roseau léger telle soit, amie, la parole.

LE CHŒUR. – Vois, j'adoucis ma voix trop haute, comme à l'intérieur du logis.

ÉLECTRE. – Oui ; c'est cela. Plus bas ! plus bas ! avance doucement, doucement avance ; dis-moi donc l'objet de votre visite ; voici longtemps qu'il n'avait pas reposé sur sa couche.

LE CHŒUR. – Comment va-t-il ? dis-le moi, mon amie. À quelle infortune m'attendre ?

ÉLECTRE. – À un reste de souffle, il mêle de faibles gémissements.

LE CHŒUR. – Que dis-tu ? le malheureux !

ÉLECTRE. – Tu le tueras si tu fais bouger sa paupière, quand du sommeil il goûte le plaisir délicieux.

LE CHŒUR. – L'infortuné ! quel odieux traitement il a reçu du ciel, le malheureux !

ÉLECTRE. – Las ! quelles douleurs ! Injuste fut Loxias, injuste son oracle, le jour où, sur le trépied de Thémis, son arrêt ordonna un meurtre sans nom, celui de ma mère.

Le Chœur. – Vois-tu ? il vient de bouger sous ses couvertures.

Électre. – C'est toi, malheureux, dont le vacarme a dissipé son sommeil.

Le Chœur. – Mais non ; je crois qu'il dort.

Électre. – Loin de nous, loin de la demeure ne vas-tu pas retirer tes pas et cesser tout ce tapage ?

Le Chœur. – Il sommeille.

Électre. – C'est juste. Ô Nuit, auguste Nuit, qui donnes le sommeil aux mortels dans la peine, viens du fond de l'Érèbe, accours soutenue par tes ailes sur la demeure d'Agamemnon. Car les soucis, car l'infortune font notre perte, notre perte… Encore du bruit ! Silence ! silence ! éloigne du lit le babillement de tes lèvres ; procure-lui, amie, le tranquille plaisir du sommeil.

Le Chœur. – Dis-moi, quelle est la fin réservée à ses maux ?

Électre. – La mort, la mort ; en est-il d'autre ? il n'a même pas envie de nourriture.

Le Chœur. – Trop clair alors est ton destin !

Électre. – Phoibos nous a pris pour victimes, quand il permit ce meurtre triste et sans nom d'une mère tueuse d'un père.

Le Chœur. – Meurtre juste.

Électre. – Mais affreux. Tu donnas la mort, tu reçus la mort, ô mère qui me mis au monde ; tu as perdu un père et ses enfants nés de ton sang. C'en est fait, nous sommes des ombres, c'en est fait ; (à Oreste) car tu es déjà chez les morts et ma vie à moi s'en est allée tout entière dans les gémissements, les sanglots et les larmes nocturnes. Vois : sans époux, sans enfants, la déplorable existence que je traîne éternellement.

Oreste, 140-206

À la demande de son beau-père Xouthos, Ion fait construire une tente. Pour former le toit, il utilise un tissu ayant appartenu aux Amazones.

LE CHAR DE LA NUIT

Sur la toiture, il fit déployer tout d'abord un vaste pan d'étoffe, autrefois consacré au dieu par Héraclès, fils de Zeus, prélevé par ce héros sur le butin des Amazones. Et dans la trame étaient dessinées ces figures : Ouranos assemblant les astres dans le cercle de l'éther ; Hélios dirigeant ses chevaux vers les derniers rayons de la flamme du jour, et traînant après soi l'éclatant Hespéros ; la Nuit au noir péplos poussant son char privé de coursiers de volée ; un cortège d'étoiles le suivant ; la Pléiade, au milieu de l'Éther s'avançant, avec elle Orion porte-glaive, puis l'Ourse, qui plus haut, vers le pôle doré, tournait sa queue ; le disque de la pleine Lune qui divise les Mois, rayonnant par-dessus ; les Hyades, ce signe au nautonier si sûr ; et le flambeau du jour, l'Aurore, devant elle, chassant les astres.

Ion, 1147-1158

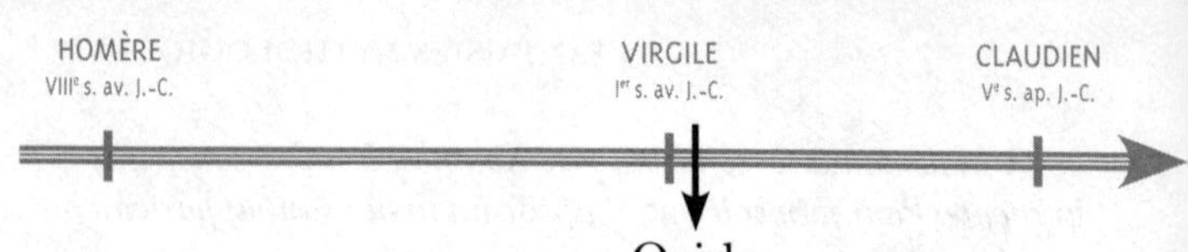

Ovide

Céyx, parti consulter l'oracle de Claros, est surpris par une tempête et se noie. Prise de pitié pour son épouse Alcyone, qui lui adresse des prières pour le retour de son mari, Junon envoie Iris, sa messagère, trouver le dieu du sommeil et lui demander d'envoyer à Alcyone un rêve qui lui annonce la mort de son époux.

LA MAISON DU SOMMEIL

Il est près du pays des Cimmériens une caverne profondément enfoncée dans les flancs d'une montagne ; c'est le mystérieux domicile du Sommeil paresseux ; jamais Phébus, ni à son lever, ni au milieu de sa course, ni à son coucher, n'y peut faire pénétrer ses rayons ; de sombres brouillards s'y dégagent de la terre ; il y règne une lumière douteuse comme celle du crépuscule. Là l'oiseau vigilant, couronné d'une crête, n'appelle point l'aurore par ses chants : le silence n'est jamais rompu par la voix des chiens attentifs ni par celle de l'oie, dont l'oreille est plus subtile encore ; on n'entend ni bêtes sauvages, ni troupeaux, ni rameaux agités par les vents, ni voix humaines : aucun son bruyant ; c'est le séjour du repos muet ; seulement du pied de la roche sort un ruisseau de l'eau du Léthé, qui, coulant sur un lit de cailloux crépitants, invite au sommeil par son murmure. Devant l'entrée de la grotte fleurissent des pavots féconds et des plantes innombrables, dont les sucs servent à la Nuit pour composer le charme soporifique qu'elle répand avec son humidité sur la terre obscure ; point de porte qui grince en tournant sur ses gonds ; il n'y en a pas une seule dans toute la demeure ; sur le seuil, point de gardien. Au milieu de l'antre s'élève un lit d'ébène, garni de coussins de plumes, tous de la même couleur et recouverts d'un voile sombre ; c'est là que le dieu lui-même repose ses membres alanguis.

Les Métamorphoses, XI, 592-615

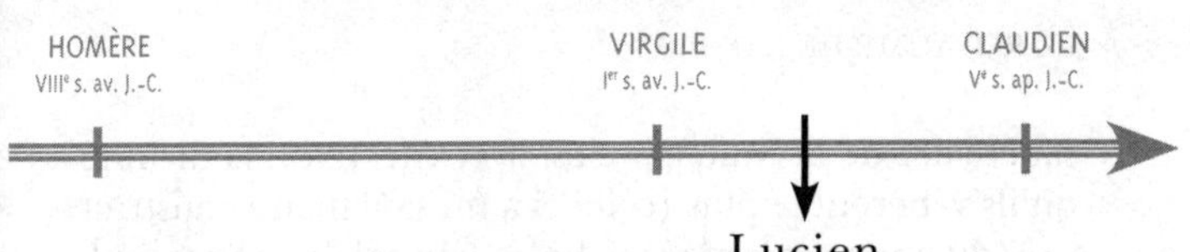

Lucien

Après une navigation aérienne qui les a conduits dans la lune et un séjour à l'intérieur d'une baleine qui les avait avalés, Lucien et ses compagnons font escale dans différentes îles et notamment dans l'île des Songes où tout est allégorie.

L'ÎLE DES SONGES

Peu après, apparut l'île des Songes, toute proche, obscurcie et difficile à voir ; elle se présentait elle-même un peu comme les songes, car quand nous approchions elle se dérobait, s'enfuyait, reculait plus loin. Nous l'atteignîmes enfin et notre vaisseau pénétra dans le port dit du Sommeil, auprès de la porte d'Ivoire, là où se trouve le sanctuaire d'Alectryon ; puis nous débarquions vers le crépuscule. Nous entrâmes dans la cité où nous vîmes beaucoup de songes variés. Mais je veux d'abord parler de la ville, car aucun autre écrivain n'en a traité et Homère, qui est bien le seul à la mentionner, n'est pas très exact dans son récit.

Tout autour d'elle une forêt se dresse, dont les arbres sont de grands pavots et des mandragores qui portent une foule de chauves-souris (car c'est le seul volatile de l'île). Dans le voisinage coulent un fleuve qu'on appelle Nyctiporos [qui coule la nuit] et deux sources qui sont auprès des portes et qui ont nom Négrétos [sans réveil] et Pannychia [toute la nuit]. Le mur d'enceinte de la ville est haut et bariolé, il ressemble beaucoup par sa coloration à un arc-en-ciel. Il présente non pas deux portes, comme l'a dit Homère, mais quatre. Deux donnent sur la plaine de Mollesse, la porte de Fer et la porte d'Argile : on dit que par elles sortent les songes redoutables, sanglants et cruels. Deux sur le port et la mer, celle de Corne et celle d'Ivoire, par laquelle nous étions arrivés. Quand on entre dans la ville on a sur la droite le sanctuaire de la Nuit, car c'est avec Alectryon la divinité qu'ils vénèrent le plus (celui-ci a un sanctuaire construit près du port) ; et sur la gauche on a le palais de Sommeil. C'est lui qui commande à ce pays avec deux satrapes ou hyparques qu'il a nommés, Taraxion [troublant] fils de Mataiogénès [enfant de vanité] et Ploutoclès [glorieux de richesse] fils de Phantasion [visionnaire]. Au milieu de l'agora il y a une source qu'on appelle Careôtis [celle qui engourdit] ; et à côté, deux temples, ceux de Tromperie et de Vérité ; là se trouvent leur adyton et leur oracle, auquel présidait comme prophète Antiphon l'interprète des songes, qui tenait cette charge honorifique de Sommeil.

Opuscules, Histoires vraies, B, 32-33

Nonnos de Panopolis

Dionysos est en guerre contre les Indiens. Héra leur est favorable. Elle est intervenue une première fois en faveur de leur souverain Dériade, mais elle a échoué grâce à la vigilance de Zeus qui a dépêché Athéna auprès de Dionysos. Lorsque Dionysos remporte une victoire qui provoque la débâcle des Indiens, elle décide d'intervenir à nouveau en leur faveur et pour cela d'endormir Zeus et de mettre Dionysos hors de combat. Elle envoie donc Iris, sa messagère, trouver Hypnos pour le convaincre d'endormir le roi des dieux. Pour donner plus de force à son message, elle prescrit à Iris de revêtir l'apparence de Nuit, mère d'Hypnos.

IRIS PREND L'APPARENCE DE NUIT

« Allons ! change d'aspect : de la déesse à la noire ceinture, de Nuit, la mère de Sommeil, revêts la hideuse apparence, fais-toi sombre et prends un faux nom : moi aussi, je contrefais mon corps, quand la nécessité l'exige, et je me transforme en Thémis, en Cythérée, en Arémis. Promets-lui qu'il épousera Pasithéa : il la désire pour sa beauté et satisfera ma requête ; je ne t'apprendrai pas qu'un amoureux fou fait n'importe quoi quand il espère. »

À peine a-t-elle parlé qu'Iris, la déesse aux ailes d'or, a déjà pris son vol et inspecte l'air : vers Paphos, vers la terre de Chypre, elle tourne un regard infaillible ; mais c'est surtout au-dessus de Byblos qu'elle scrute l'onde nuptiale de l'assyrien Adonis en quête des traces fugitives du vagabond Sommeil. Elle le découvre près de la colline de la nuptiale Orchomène : c'est toujours là qu'il reste à rôder, l'esprit égaré, en assiégeant la porte bien-aimée de Pasithéa.

Et, travestissant son aspect, à l'insu des regards, Iris revêt, pour n'être point reconnue, l'apparence de la sombre Nuit. Elle s'approche de Sommeil, ourdissant sa ruse, puis, sous les traits de sa mère, lui tient d'aimables propos fallacieux d'une voix empruntée :

« Mon enfant, jusques à quand le Cronide va-t-il me manquer d'égards ? N'est-ce pas assez que Phaéthon me maltraite, que l'Aube elle-même me frappe de ses traits et que le Jour me chasse ? Zeus a engendré un fils, un bâtard, pour humilier mon Sommeil chéri, Lui, un mortel, me couvre de honte, moi et mon fils ; car, toute la nuit, en allumant sa torche lumineuse aux mystiques étincelles, Bacchos me fait défaillir et ses veillées t'offensent. Sommeil, pourquoi t'appelle-t-on Dominateur de l'univers ? Tu n'ensorcelles plus les hommes éveillés, puisque le terrestre Lyaios a triomphé de mes fêtes avec sa clarté factice : l'éclat trop vif de ses flambeaux voile le feu de mes constellations. Lui, un mortel, me couvre de honte, ce porteur de lumière qui masque les rayons, si puissants soient-ils, de ma chère Lune. J'ai peur que le Jour ne se rie de l'Ombre, depuis que je suis emplie d'une nocturne clarté d'emprunt ; car ce soleil artificiel qui m'est étranger me donne à moi, la Nuit, l'apparence du Jour. – Allons, cher enfant, par amour pour moi, fais montre d'un double courroux, contre les Satyres dévots des mystères et contre Dionysos qui ignore le sommeil. Accorde une faveur à ta mère affligée, accorde une faveur à Héra : ensorcelle les yeux rebelles aux sortilèges de Zeus le Très-Haut, pour un seul jour, afin qu'elle puisse venir en aide aux Indiens que pressent les Satyres et que Bacchos ne cesse d'accabler.

Les Dionysiaques, XXXI, 132-57

LA NUIT DE L'IGNORANCE

Les philosophes exploitent la polarité du jour et de la nuit selon une conception qui discrédite les ténèbres nocturnes. La façon dont Hésiode oppose le jour et la nuit permet à Héraclite de définir le discours vrai qui distingue les contraires, mais au sein de l'unité. Dans le fragment 1 de son *Poème*, Parménide met en scène la fiction d'un voyage en char vers la Déesse qui lui enseigne la vérité totale. Ce trajet de l'obscurité de l'ignorance vers la lumière du savoir le conduit à la porte symbolique « des chemins du jour et de la nuit ». L'image sera reprise par de nombreux philosophes, en particulier par Platon et par les néo-platoniciens qui opposent la nuit de l'erreur et de l'illusion à la clarté de l'Intelligible et décrivent la conversion philosophique comme une illumination. De même, les Pères de l'Église font du phare un des symboles du Christ : tel un phare dans la nuit, le ressuscité conduit le monde par sa lumière, guidant la barque de l'Église.

HOMÈRE
VIIIe s. av. J.-C.

VIRGILE
Ier s. av. J.-C.

CLAUDIEN
Ve s. ap. J.-C.

Héraclite

*Hésiode méconnaît l'unité du jour et de la nuit. Il a certes vu que nuit et jour étaient des contraires successifs qu'il fait se rencontrer devant la « demeure de la Nuit » (*Théogonie, *750), cependant il ne voit pas que l'on ne sait ce qu'est le jour qu'en sachant ce qu'est la nuit et inversement. Lui qui unit toutes choses par l'accouplement ou par la génération, il lui manque la véritable pensée du lien qui conçoit les contraires au sein de l'unité qu'ils forment.*

NUIT ET JOUR SONT UN

Le maître des plus nombreux, Hésiode. Celui-ci, ils croient fermement qu'il sait le plus de choses, lui qui ne connaissait pas le jour et la nuit : car ils sont un.

Fragments, 25

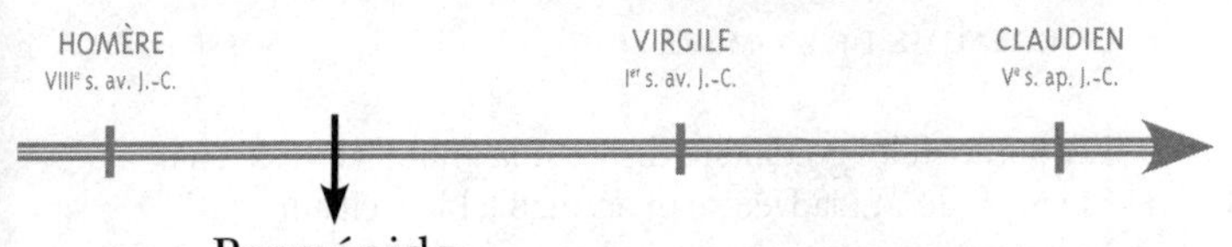

Parménide

*Dans son ascension vers la Déesse qui doit lui révéler le savoir universel, le poète passe par la porte des chemins du jour et de la nuit. Chez Hésiode, Nuit et Jour ont un séjour commun où l'une rentre quand l'autre sort (*Théogonie*, 750). Parménide souligne l'avancée du philosophe vers la lumière de la révélation et de la connaissance.*

LA PORTE DES CHEMINS DU JOUR ET DE LA NUIT

Les cavales qui m'emportent m'ont conduit aussi loin
Que mon désir puisse aller, lorsque, m'amenant, elles me mirent
Sur la voie aux nombreux signes de la divinité, voie qui,
À l'égard de tout < ce qu'il y a >, mène à celle-ci l'homme mortel
En le rendant savant. Par là j'étais porté,
Car, par là, les très prudentes cavales m'emportaient,
Tirant le char, tandis que des jeunes filles montraient la voie.
L'essieu, brûlant dans les moyeux, émettait le son aigu
De la flûte (car il était activé, des deux côtés, par les deux
Roues tournoyant), quand les Filles du Soleil, ayant quitté
Les demeures de la nuit, se hâtaient de me conduire
Vers la lumière, ayant, des mains, enlevé les voiles de leurs têtes.
Là se dresse la porte des chemins de la nuit et du jour :
Un linteau en haut, en bas un seuil de pierre la maintiennent.
Elle-même, éthérée, est remplie par de grands battants,
Dont la Justice, qui châtie fortement, détient la clef adaptée.
La charmant par de douces paroles, les jeunes filles,
Habilement, la persuadèrent de vite repousser, pour elles,
De la porte, le pêne du verrou. La porte en s'envolant
Produisit, des battants, l'ouverture béante, faisant tourner,
L'un après l'autre, dans les crapaudines, les axes bien cuivrés,
Munis de clous et de pointes. Par là franchissant la porte,

Les jeunes filles guidaient, droit sur la grand'route, le char
Et les cavales. Et la Déesse m'accueillit, bienveillante,
Prit dans sa main ma main droite, parla ainsi et m'adressa ainsi
La parole : Jeune homme, compagnon de cochers immortels,
Toi qui, grâce aux cavales qui t'emportent, atteins notre demeure,
Réjouis-toi, puisque ce ne fut pas un destin funeste qui t'envoya
Parcourir cette voie – car, certes, elle est à l'écart des hommes,
En dehors du sentier battu –, mais le droit et la justice.
Il faut que tu sois instruit de tout : à la fois du cœur
Sans variation de la vérité droitement persuasive, et
Des opinions des mortels où ne se trouve pas de conviction vraie.
Tu n'en apprendras pas moins encore ceci : comment il était
Inévitable que les semblances aient semblance d'être,
Traversant tout depuis toujours.

Le Poème, fragment 1

Platon

Pour représenter la nature humaine selon qu'elle est ou non éclairée par l'éducation, Platon a recours à une allégorie : il faut se figurer les hommes prisonniers dans une caverne ; depuis l'enfance, ils regardent des ombres défiler sur la paroi du fond de la grotte, éclairée par un feu qui brille derrière eux. Les ombres proviennent de passants circulant derrière un petit mur, entre le feu et l'entrée de la grotte. Ces captifs qui confondent à leur insu la réalité avec des simulacres de réalité sont à notre image. À l'ombre de l'opinion, Platon oppose le soleil qui éclaire les objets intelligibles. Le prisonnier ne pourra le contempler qu'au terme d'une conversion et d'une ascension progressive qui lui permettra de vaincre l'éblouissement initial. La contemplation des astres dans la nuit est une étape de cette quête de la vérité.

LA NUIT DE LA CAVERNE

Et si on le forçait à regarder la lumière même, ne crois-tu pas que les yeux lui feraient mal et qu'il se déroberait et retournerait aux choses qu'il peut regarder, et qu'il les croirait réellement plus distinctes que celles qu'on lui montre ?

Je le crois, fit-il.

Et si, repris-je, on le tirait de là par force, qu'on lui fît gravir la montée rude et escarpée, et qu'on ne le lâchât pas avant de l'avoir traîné dehors à la lumière du soleil, ne penses-tu pas qu'il souffrirait et se révolterait d'être ainsi traîné, et qu'une fois arrivé à la lumière, il aurait les yeux éblouis de son éclat, et ne pourrait voir aucun des objets que nous appelons à présent véritables ?

Il ne le pourrait pas, dit-il, du moins tout d'abord.

Il devrait en effet, repris-je, s'y habituer, s'il voulait voir le monde supérieur. Tout d'abord ce qu'il regarderait le plus facilement, ce sont les ombres, puis les images des hommes et des autres objets reflétés dans les eaux, puis les objets eux-mêmes ; puis élevant ses regards vers la lumière des astres et de la lune, il contemplerait pendant la nuit les constellations et le firmament lui-même plus facilement qu'il ne ferait pendant le jour le soleil et l'éclat du soleil.

Sans doute.

À la fin, je pense, ce serait le soleil, non dans les eaux, ni ses images reflétées sur quelque autre point, mais le soleil lui-même dans son propre séjour qu'il pourrait regarder et contempler tel qu'il est.

Nécessairement, dit-il.

Après cela, il en viendrait à conclure au sujet du soleil, que c'est lui qui produit les saisons et les années, qu'il gouverne tout dans le monde visible et qu'il est en quelque manière la cause de toutes ces choses que lui et ses compagnons voyaient dans la caverne.

La République, VII, 515e-516c

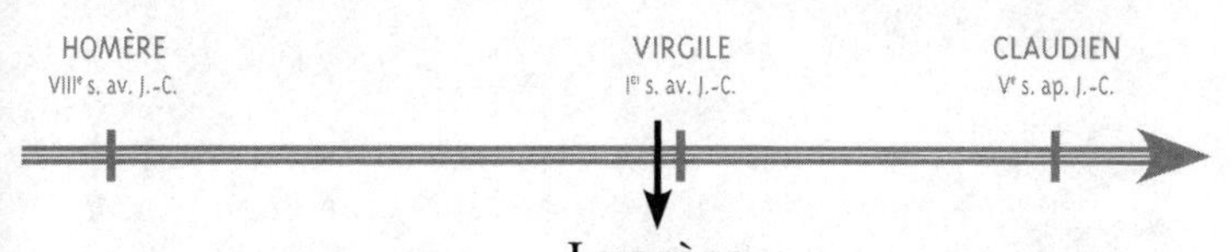

Lucrèce

Lucrèce emprunte à son tour la métaphore de l'ombre et de la lumière : le mouvement des atomes, quoique invisible, se révèle dans les rayons du soleil perçant l'obscurité (II, 114-120). De même, la vue de la nature et son explication dissipent la terreur et les ténèbres de l'âme, entretenues par l'obscurantisme de la religion. Au terme du livre I, Lucrèce encourage son ami Memmius : grâce à la connaissance des lois de l'univers, il parviendra à la lumière de la vérité.

DISSIPER LA NUIT DE L'ERREUR

Ainsi guidé pas à pas, tu apprendras sans grande peine à pénétrer toutes ces vérités, car la clarté se répandra de l'une à l'autre et, sans que l'aveugle nuit te dérobe le chemin, tu perceras jusqu'au dernier secret de la nature, tant les faits sur les faits allumeront la lumière.

De la Nature, I, 1114-1117

Boèce

C'est dans la prison où il fut enfermé par Théodoric que Boèce rédigea La Consolation de philosophie. *L'ouvrage s'ouvre par un poème de déploration, interrompu par l'apparition de Philosophie. Celle-ci congédie les Muses de la poésie et applique au malade un premier remède qui lui rend la vue. L'illumination du prisonnier rappelle tout particulièrement l'allégorie platonicienne de la caverne.*

ALORS LA NUIT SE DÉCHIRA…

« Mais c'est le moment de soigner », dit-elle, « plutôt que de gémir. » Alors, fixant sur moi l'éclat de ses yeux : « Es-tu bien », dit-elle, « celui qui autrefois s'est nourri de mon lait, que j'ai éduqué et fait grandir, puis parvenir à la vigueur d'un esprit viril ? Nous avions bien, pourtant, préparé des armes telles que, si du moins tu ne commençais pas par les rejeter, elles devaient t'assurer une sécurité invincible. Me reconnais-tu ? Pourquoi ce silence ? Est-ce de la retenue, ou de l'abattement ? De la retenue, je préférerais ; mais je vois bien que c'est l'abattement qui t'écrase. » Voyant que je n'étais pas seulement muet, elle approcha doucement sa main de ma poitrine, et : « Le malade n'est pas en danger », dit-elle ; « c'est de la léthargie, maladie commune des esprits qui sont dans l'illusion. Il a, un bref instant, oublié qui il est ; cela lui reviendra facilement, à condition qu'il me reconnaisse d'abord. Pour qu'il en soit capable, nettoyons un instant ses yeux, brouillés par les choses mortelles. » Ayant dit, elle froissa un pan de son vêtement et en fit un tampon dont elle sécha mes yeux inondés de larmes.

Alors la nuit se déchira, les ténèbres se dissipèrent
Et mes yeux retrouvèrent leur première vigueur,
Comme, lorsque se rassemblant les astres sous le Corus impétueux
Et que les nuages de pluie figent le sommet du monde,
Le soleil se cache, les astres n'arrivent plus dans le ciel,
Et la nuit se déverse d'en haut sur la terre ;
Mais que Borée s'échappe de la caverne thrace
Et vienne la frapper, qu'il libère le jour de sa prison,
Le rayonnement éclate et, étincelant d'une soudaine lumière, Phébus
Frappe de ses rayons nos yeux émerveillés.

La Consolation de philosophie, I, pr. 2, m. 3

LES FORCES DU MAL

Dans la *Théogonie*, Nuit est mère d'une lignée maléfique incarnant la mort, la destruction et la vengeance. Les Anciens l'associent à l'ignorance et à l'erreur, mais aussi au crime et au péché. La cécité d'Œdipe est ainsi une nuit intérieure ; châtiment de son crime et symbole de son aveuglement antérieur, elle témoigne de la malédiction dont il est victime. Pour les chrétiens, les ténèbres nocturnes sont le symbole d'un monde sans dieu ; ils redoutent tout particulièrement la nuit qui livre les hommes aux péchés et au démon et ils protègent leur sommeil par des prières.

Cette négativité peut cependant s'inverser et l'épreuve de la nuit joue dans la réalisation héroïque le rôle de la descente aux enfers : il s'agit de vaincre, mais aussi d'apprivoiser la mort, la peur et de s'assurer de la puissance chthonienne tout en la maîtrisant. C'est ainsi que la première épreuve que dut affronter le tout jeune Hercule a lieu de nuit. Au moment où tout le monde dort, Héra envoie deux monstrueux serpents pour le tuer. La victoire nocturne est une victoire sur la mort. Au chant VI de l'*Énéide*, une fois arrivé en Italie, le héros troyen Énée commence par aller trouver son père aux enfers, ce parcours nocturne lui permet de vaincre ses angoisses et remplit une fonction cathartique et initiatique. Fort des révélations d'Anchise, il est à même d'affronter les combats qui lui permettront de s'installer dans le Latium. Au début du chant VII, lorsqu'il comprend qu'il a atteint la terre promise, il invoque à la fois les divinités locales, Nuit, Jupiter et ses parents : toutes ses puissances concourent également au projet héroïque.

L'exemple de Tirésias manifeste bien l'ambivalence de la symbolique nocturne. Il n'est pas né aveugle et devin : sa cécité comme son don de prophétie résultent d'un châtiment divin. Plusieurs versions coexistent : selon *Les Métamorphoses* d'Ovide, il fut transformé en femme pour avoir troublé de son bâton l'accouplement de deux serpents et, rencontrant ces mêmes serpents huit années plus tard, il usa de ce procédé pour redevenir un homme. Pour avoir été à la fois homme et femme, il fut chargé de trancher le différend qui opposait Jupiter et Junon, le premier prétendant que la femme ressentait un plaisir sexuel supérieur à l'homme, ce que son épouse récusait. Tirésias se rangea à l'avis de Jupiter, ce qui lui valut d'être condamné par Junon à une nuit éternelle. Pour compenser cette cécité, Jupiter lui accorda le don de divination. C'est donc à sa nuit intérieure qu'il doit sa clairvoyance.

Virgile

Anchise avait confié à son fils qu'il s'établirait là où la faim le contraindrait à consommer ses tables. Arrivés en Italie, ils apprêtent un repas et disposent sous leurs mets des galettes de blé. Après avoir dévoré les fruits champêtres, ils mangent aussi les galettes. Lorsque Iule s'exclame par plaisanterie : « Nous mangeons même nos tables », Énée se souvient des paroles de son père. Ses prières vont au Génie du lieu, puis à la Nuit, comme s'il fallait aussi se concilier les forces chthoniennes et nocturnes.

LE CÔTÉ OBSCUR DE LA FORCE…

« C'était donc là cette faim si redoutée ; voilà ce qui nous attendait à l'heure suprême, pour mettre un terme à nos détresses. Aussi, courage ! et joyeux, dès les premiers feux du soleil, allons reconnaître quelle est cette terre, quels peuples l'habitent, où sont les murs de la cité ; partant du port, explorons le pays en tous sens. Maintenant offrez à Jupiter la libation de vos coupes, invoquez dans vos prières Anchise, mon père, et rapportez le vin sur les tables. »

Ayant ainsi parlé, il entoure son front d'un rameau feuillu, il adresse ses prières au Génie du lieu et d'abord parmi les dieux à la Terre, puis aux Nymphes, aux Fleuves encore inconnus ; ensuite il invoque la Nuit et les signes qui se lèvent la nuit, Jupiter idéen et la Mère phrygienne selon l'ordre, les auteurs de ses jours, l'une présente au ciel, l'autre dans l'Érèbe : alors le Père tout-puissant, du haut d'un ciel serein, fit éclater trois fois son tonnerre et, l'ébranlant lui-même de sa main, fit paraître au fond de l'éther une nuée ardente d'or et de rais de lumière.

Énéide, VII, 128-143

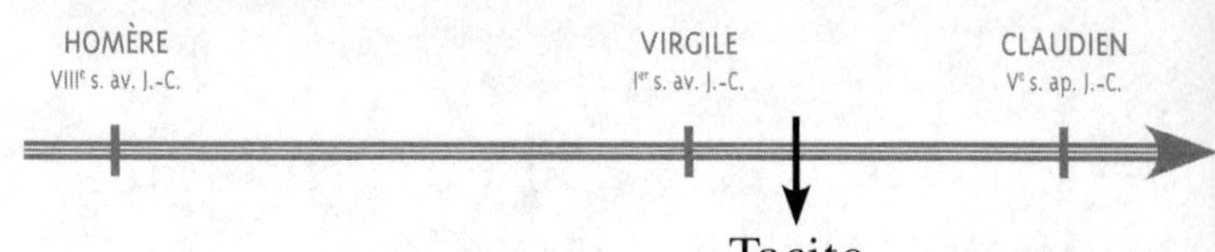

Tacite

Après avoir décrit les coutumes et institutions des Germains, Tacite évoque les différentes tribus germaniques et, parmi eux, les épouvantables guerriers Haries, véritable armée des esprits nocturnes.

LES SOLDATS DE LA NUIT

Quant aux Haries, en plus d'une puissance par laquelle ils dépassent les peuples que je viens d'énumérer, leur âme farouche enchérit encore sur leur sauvage nature en empruntant les secours de l'art et du moment : boucliers noirs, corps peints ; pour combattre, ils choisissent des nuits noires ; l'horreur seule et l'ombre qui accompagnent cette armée de lémures suffisent à porter l'épouvante, aucun ennemi, ne soutenant cette vue étonnante et comme infernale, car en toute bataille les premiers vaincus sont les yeux.

La Germanie, XLIII

HOMÈRE
VIIIe s. av. J.-C.

VIRGILE
Ier s. av. J.-C.

CLAUDIEN
Ve s. ap. J.-C.

Théocrite

Héraclès est le fils d'Alcmène et de Zeus qui, pour séduire cette femme fidèle, a revêtu l'apparence d'Amphitryon, son mari. Cette tromperie de Zeus est à l'origine de la colère d'Héra qui poursuivra sans cesse Hercule de sa vengeance et lui imposera notamment les Douze Travaux, d'où son nom d'Héraclès, qui signifie « gloire d'Héra ». La première épreuve du héros est une épreuve nocturne : alors qu'il est encore bébé, Héra envoie deux dragons pour le tuer pendant son sommeil.

HÉRACLÈS ET LES DRAGONS

Un jour, quand Héraclès avait dix mois, Alcmène la Midéenne, après l'avoir lavé et gorgé de lait, lui et Iphiclès son cadet d'une nuit, les déposa tous deux dans un bouclier d'airain, belle armure dont Amphitryon avait dépouillé Ptérélaos abattu. Et, de sa main de femme caressant la tête des enfants, elle dit : « Dormez, mes petits, un sommeil doux et dont on se réveille. Dormez, mes chères âmes, les deux frères, les beaux enfants. Heureux puissiez-vous reposer, heureux atteindre l'aurore. » Parlant ainsi, elle agita le grand bouclier ; et le sommeil les saisit.

Mais au milieu de la nuit, quand l'Ourse se tourne vers son coucher, en face d'Orion qui lui-même montre sur l'horizon sa grande épaule, voici que l'artificieuse Héra poussa deux monstres terribles, deux dragons qui se hérissaient en formant des spirales noirâtres, vers le large seuil, là où les montants des portes offraient des cavités ; avec des menaces accompagnées de serments, elle leur avait enjoint de dévorer l'enfant Héraclès. Eux, se déroulant, traînaient tous deux sur le sol leurs ventres avides de sang ; de leurs yeux, un feu mauvais, pendant qu'ils avançaient, reluisait ; ils bavaient un épais venin. Mais au moment où, dardant leurs langues, ils furent arrivés près des enfants, alors aussi s'éveillèrent – car Zeus s'aperçoit de tout – les fils chéris d'Alcmène ; et une lueur se produisit dans la chambre. Or l'un immédiatement poussa des cris, dès qu'il eut distingué les méchantes bêtes au-dessus du bouclier creux et qu'il eut aperçu leurs dents impitoyables – Iphiclès ; et il écarta à coups de pied la couverture de laine, dans son effort pour fuir ; l'autre – Héraclès – faisant face, empoigna les serpents et les étreignit tous les deux d'une étreinte puissante ; il les serrait à la gorge, où sont chez les funestes reptiles ces poisons pernicieux que les dieux mêmes abominent. Eux, de leur côté, enroulaient leurs anneaux autour de l'enfant tard-venu, de l'enfant encore à la mamelle, nourrisson ignorant des larmes ; puis au contraire ils les détendaient, quand leurs échines étaient lasses des efforts qu'ils faisaient pour trouver un moyen d'échapper à l'étreinte inéluctable.

Bucoliques grecs, I, XXIV, 1-33

HOMÈRE
VIIIe s. av. J.-C.

VIRGILE
Ier s. av. J.-C.

CLAUDIEN
Ve s. ap. J.-C.

Sénèque

En apprenant qu'il est l'assassin de son père, Œdipe se crève les yeux. Sa mère s'élance à sa rencontre et se donne la mort en perçant d'un glaive le ventre qui a porté mari et fils. Œdipe s'éloigne dans sa nuit.

LA NUIT D'ŒDIPE

Le chœur. – Elle gît morte. Sa main achève de mourir sur la blessure : en jaillissant trop fort, le sang a rejeté avec lui le glaive.

Œdipe. – Toi qui dis le destin, toi qui es aussi le dieu gardien du vrai, je t'interpelle : aux destins je devais seulement mon père ; deux fois parricide, coupable plus que je ne le craignais, j'ai tué ma mère ; elle a péri, victime de mon crime. Ô Phébus menteur, j'ai dépassé mes destins impies. D'un pas plein d'épouvante, suis tes chemins trompeurs ; avançant d'un pied hésitant, dirige d'une main tremblante ta nuit obscure. Marche à l'aventure, en posant des pas indécis, va, fuis, avance ; – arrête-toi pour éviter de trébucher sur ta mère. Vous tous, aux corps épuisés sous le poids de la maladie, qui traînez vos poitrines à demi-mortes, voyez, je fuis, je sors : relevez la tête. Une atmosphère plus clémente arrive derrière moi : que tous ceux qui, étendus à terre, retiennent un maigre souffle, respirent avec soulagement un air vivifiant. Allez, portez secours aux moribonds ; j'extirpe avec moi les souillures mortifères de cette terre. Morts violentes, tremblement horrible de la Maladie, Maigreur, Peste couleur de nuit, Douleur qui enrage, venez avec moi, venez. J'aime à avoir de tels guides.

Œdipe, 1042-1061

HOMÈRE
VIIIe s. av. J.-C.

VIRGILE
Ier s. av. J.-C.

CLAUDIEN
Ve s. ap. J.-C.

Prudence

Dans cet hymne au chant du coq, l'oiseau qui annonce le jour est le symbole du Christ. Son chant met en fuite les démons qui rôdent dans la nuit affreuse du péché.

DÉMONS DE MINUIT

L'oiseau qui annonce le jour chante l'approche de la lumière ; aussitôt l'éveilleur des âmes, le Christ, nous appelle à la vie.

« Écartez, nous crie-t-il, vos couchettes malades, endormies, paresseuses. Et chastes, justes, sobres, veillez : voici que je suis tout proche. »

Une fois que le soleil étincelant s'est levé, il est bien tard pour dédaigner son lit, à moins que l'on n'ait pris une partie de la nuit pour prolonger le temps du travail.

Ce chant du coq, qui, peu avant que la lumière ne jaillisse, éveille le gazouillement des petits oiseaux perchés sous le rebord du toit, est le symbole de notre Juge.

Nous étions enveloppés de ténèbres affreuses et enfoncés sous de nonchalantes couvertures : ce chant nous engage à renoncer au sommeil, au moment où le jour est sur le point de paraître ;

Il encourage ainsi tous ceux que la peine tourmente à espérer bientôt la lumière, lorsque l'Aurore aura éparpillé dans le ciel ses effluves étincelants.

Ce sommeil accordé pour un moment est l'image de la mort éternelle. Le péché, comme une nuit affreuse, nous plonge dans un assoupissement profond.

Mais voici qu'une voix d'en haut, celle du Christ notre Maître, nous avertit que la lumière est proche, pour que l'âme cesse d'être l'esclave du sommeil ;

Pour que la léthargie n'accable pas jusqu'à la fin d'une vie sans énergie notre cœur enseveli dans le péché, et qui a oublié sa vraie lumière.

On dit que les démons qui errent, réjouis par les ténèbres des nuits, au chant du coq sont effrayés et se dispersent pleins de crainte.

Car l'approche, qui leur est odieuse, de la lumière, du salut, de la divinité, en déchirant le voile malpropre des ténèbres, met en fuite les satellites de la nuit.

Ils savent depuis longtemps que c'est là le symbole de la promesse réconfortante qui nous libère de notre léthargie et nous fait espérer l'avènement de Dieu.

La valeur allégorique de cet oiseau, le Sauveur l'a montrée à Pierre, quand il lui a prédit qu'avant le chant du coq il l'aurait renié trois fois.

Car le péché se commet avant que le héraut du jour qui vient n'inonde de lumière le genre humain et n'apporte la fin du péché.

Cathemerinon Liber (Livre d'heures), I, 1-56

LA CLEF DES SONGES

Les rêves sont riches d'enseignement. Les Anciens leur accordent souvent une valeur prémonitoire et oraculaire, mais ne les considèrent pas tous comme véridiques. Dans l'*Odyssée*, Pénélope distingue les rêves qui viennent par la porte d'ivoire et ne sauraient se réaliser de ceux qui viennent par la porte de corne et se vérifient. On croyait par ailleurs qu'avant minuit les rêves sont faux, tandis qu'ils sont vrais après. Les philosophes ont expliqué ce caractère prophétique par la nature du sommeil : il délie l'âme du monde sensible et favorise une autonomie et une vacance qui en fait un espace de communication privilégié avec le divin. D'après le témoignage de Cicéron, Posidonius considère que l'homme rêve de trois manières sous l'impulsion des dieux : l'âme prophétise par elle-même de par sa parenté avec les dieux ; elle est en contact avec les âmes immortelles dont l'air est plein ; les dieux conversent avec les dormeurs.

D'autres philosophes privilégient des explications rationalistes des rêves qui leur dénient tout caractère divin. Aristote ébauche ainsi une science des rêves en mettant en relief le rôle de l'imagination. Selon la doctrine « ultra-rationaliste » de Cicéron, l'âme du dormeur n'est plus assistée par le corps ou par les sens, mais son activité demeure en éveil en raison de son propre mouvement, incroyablement rapide ; ainsi, les résidus de nos pensées et de nos actions à l'état de veille se meuvent et s'agitent à l'intérieur de l'âme (*De la divination*, 2, 140). Cicéron insiste cependant sur le rôle politique et fédérateur des pratiques divinatoires au sein de la République romaine du dernier siècle avant J.-C., et par là, sur l'utilité de maintenir et de codifier la divination.

Les songes permettent en particulier d'établir des diagnostics et renseignent aussi bien sur le corps que sur l'âme. Les médecins interprètent ainsi les rêves comme des signes de maladies et, dans le culte d'Asclépios qui deviendra à Rome Esculape, on pratique des incubations sacrées au cours desquelles les patients reçoivent des rêves thérapeutiques. Platon, Aristote, les stoïciens et certains Pères de l'Église font de même du rêve le symptôme de la vertu du dormeur. Est-on responsable de ses rêves ? Oui selon Prudence, qui dans l'hymne 6 du *Cathemerinon*, affirme que celui qui est exempt de vices voit luire une pure lumière qui lui révèle des secrets, tandis que celui qui est souillé de vices fait des songes illusoires et voit des fantômes effrayants. Non selon Augustin, qui dédouane la responsabilité du rêveur lorsqu'il examine la question des rêves érotiques au livre X des *Confessions*, mais célèbre dans le *De Genesi ad litteram* la perfection de certaines âmes qui manifestent leurs mérites même en dormant.

L'exploitation personnelle, médicale et politique des rêves favorise le développement de l'interprétation des rêves ou onirocritique. Un des traités les plus fameux est l'*Oneirokritica* d'Artémidore. Il distingue les songes prophétiques des songes non prophétiques et divise la première catégorie en songes directs (théorématiques) et en songes symboliques (ou allégoriques). C'est à cette dernière catégorie que son traité est exclusivement consacré. L'interprétation repose sur un principe associatif qui requiert à la fois la maîtrise des principes d'analogie et d'antithèse, mais aussi la connaissance des savoirs auxquels l'âme recourt pour révéler ses prémonitions (médecine, géographie, histoire, littérature et surtout mythologie). Surtout, un même songe ne comporte pas une signification identique en toute circonstance et selon les individus. L'interprète doit prendre en compte le sexe du rêveur, son état de santé, sa condition sociale, son âge, sa profession, mais aussi son état psychologique et affectif. Sont d'ores et déjà établis les grands principes d'interprétation des rêves que Freud fera siens, à cette différence près – et de taille – qu'Artémidore ignore l'inconscient.

À la fin du IVe siècle, le *Traité sur les songes* de Synésios de Cyrène justifie la divination par la « sympathie universelle » et la « conspiration » qui unit toutes choses. Il revient au sage, parent des dieux par l'intelligence et la connaissance, de déchiffrer le livre de l'univers. Quelques dizaines d'années plus tard, Macrobe produit la classification des rêves la plus achevée dans son *Commentaire au songe de Scipion.* Au livre VI de *La République* de Cicéron, Scipion Émilien, arrivé en Afrique pour participer à la troisième guerre punique, rêve qu'il s'élève vers les régions célestes où ses aïeux, Scipion l'Africain et Paul Émile, lui expliquent l'immortalité de l'âme. C'est pour mettre en lumière la vérité de ce rêve et son caractère prémonitoire que Macrobe élabore sa grille d'interprétation[1].

1. Voir plus loin, p. 187-188.

HOMÈRE VIIIe s. av. J.-C. — VIRGILE Ier s. av. J.-C. — CLAUDIEN Ve s. ap. J.-C.

Eschyle

Clytemnestre et Égisthe ont tué Agamemnon. Oreste est revenu pour venger son père. Sa mère, Clytemnestre, fait un cauchemar prémonitoire. Sophocle reprendra le procédé dans son Électre, *mais modifiera le contenu du rêve : la reine rêve qu'Agamemnon reparaît devant elle et plante son sceptre dans le foyer. Il en jaillit un laurier florissant, capable de couvrir à lui seul de son ombre toute la terre de Mycènes.*

LE CAUCHEMAR DE CLYTEMNESTRE

Le Coryphée. – Je le sais, enfant, car j'étais là. Ce sont des songes, des terreurs inquiétant ses nuits, qui l'ont fait sauter de sa couche pour envoyer ces libations, la femme impie !

Oreste. – Mais le songe lui-même, peux-tu me le conter ?

Le Coryphée. – Elle crut enfanter un serpent, disait-elle.

Oreste. – Dis-moi la fin : comment se termine ce rêve ?

Le Coryphée. – Elle, comme un enfant, l'abritait dans des langes.

Oreste. – Et de quoi vivait-il, le monstre nouveau-né ?

Le Coryphée. – Elle-même, en son rêve, lui présentait le sein.

Oreste. – Et le sein n'était pas blessé par un tel monstre ?

Le Coryphée. – Si ! un caillot de sang se mêlait à son lait.

Oreste. – Voilà qui pourrait bien n'être pas un vain songe !

Le Coryphée. – Elle s'éveille et pousse un cri d'effroi. Et aussitôt les torches, à qui l'ombre avait fermé les yeux, dans la maison jaillissent en foule à la voix de la maîtresse. C'est alors qu'elle envoie ces offrandes funèbres, espérant y trouver le remède à ses maux.

Oreste. – Eh bien ! je prie la Terre qui nous porte, je prie le tombeau de mon père de me laisser réaliser ce songe. Voyez, je l'interprète en le serrant de près : si, sorti du même sein que moi, ce serpent, ainsi qu'un enfant, s'est enveloppé de langes, a jeté ses lèvres autour de la mamelle qui jadis me nourrit et au doux lait d'une mère mêlé un caillot de sang – tandis qu'elle, effrayée, criait de douleur – il faut, comme elle l'a donné au monstre qui l'épouvanta, qu'elle me donne aussi son sang, et c'est moi – le serpent ! – c'est moi qui la tuerai, ainsi que le prédit son rêve.

Les Choéphores, v. 522-551

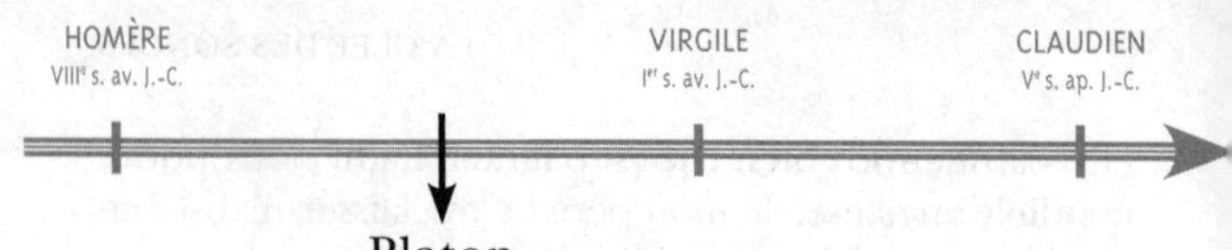

Platon

Se fondant sur une tripartition de l'âme – appétit, cœur et raison –, Platon fait du sommeil le révélateur des vices de chacun : quand la partie de l'âme qui est raisonnable et faite pour commander est endormie, la partie bestiale et sauvage se déchaîne. On comprend que Freud cite Platon dans L'Interprétation du rêve. *À la différence de Freud cependant, Platon ignore censure et symbolique pour affirmer la possibilité de dominer son désir par la raison : il faut faire en sorte que la partie rationnelle de l'âme soit bien éveillée juste avant l'endormissement ; en ce cas, elle continue, malgré son sommeil, à prédominer en l'âme.*

FREUD AVANT LA LETTRE

Parmi les plaisirs et les désirs qui ne sont pas nécessaires, il y en a qui me paraissent déréglés. Il semble bien qu'ils sont innés dans tous les hommes ; mais réprimés par les lois et les désirs meilleurs, ils peuvent avec l'aide de la raison être entièrement extirpés chez quelques hommes, ou rester amoindris en nombre et en force, tandis que chez les autres ils subsistent plus nombreux et plus forts.

Mais enfin, demanda-t-il, quels sont ces désirs dont tu parles ?

Ceux qui s'éveillent pendant le sommeil, répondis-je, quand la partie de l'âme qui est raisonnable, douce et faite pour commander à l'autre est endormie, et que la partie bestiale et sauvage, gorgée d'aliments ou de boisson se démène, et, repoussant le sommeil, cherche à se donner carrière et à satisfaire ses appétits. Tu sais qu'en cet état elle ose tout, comme si elle était détachée et débarrassée de toute pudeur et de toute raison ; elle n'hésite pas à essayer en pensée de violer sa mère ou tout autre, quel qu'il soit, homme, dieu, animal ; il n'est ni meurtre dont elle ne se souille, ni aliment dont elle s'abstienne ; bref, il n'est pas de folie ni d'impudeur qu'elle s'interdise.

C'est l'exacte vérité, dit-il.

Mais, à mon avis, lorsqu'un homme possède par devers lui la santé et la tempérance, et ne se livre au sommeil qu'après avoir éveillé sa raison et l'avoir nourrie de belles pensées et de belles spéculations, en s'adonnant à la méditation intérieure ; lorsqu'il a calmé le désir sans le soumettre au jeune ni le gorger, afin qu'il s'endorme et ne trouble point de ses joies ou de ses tristesses le principe meilleur, mais qu'il le laisse examiner seul, dégagé des sens, et chercher à découvrir quelque chose qui lui échappe du passé, du présent et de l'avenir ; lorsque cet homme a de même adouci la colère et que, sans s'être irrité contre personne, il s'endort dans le calme du cœur ; lorsqu'il a apaisé ces deux parties de l'âme, et stimulé la troisième, où réside la sagesse, et qu'enfin il s'abandonne au repos, c'est dans ces conditions, tu le sais, que l'âme atteint le mieux la vérité, c'est alors que les visions monstrueuses des songes apparaissent le moins.

La République, IX, 571b-572b

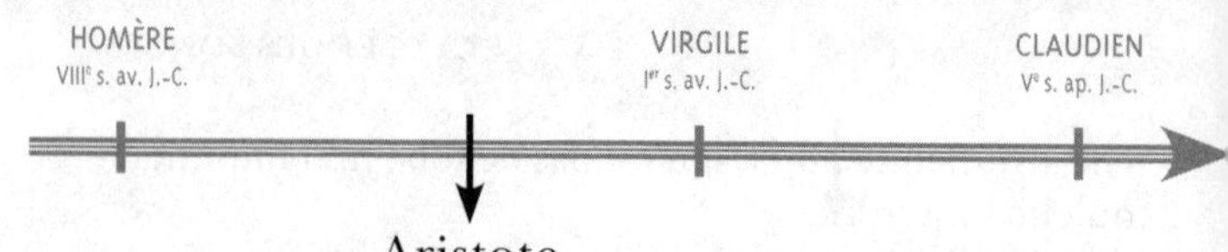

Aristote

Dans son traité sur les rêves, Aristote conteste l'idée que les rêves sont envoyés par les dieux et, à l'instar des médecins, fait du sommeil un signe qui peut servir à diagnostiquer une maladie ou la cause d'actions déclenchées par les rêves. Plus qu'à son contenu, il s'intéresse au mécanisme du rêve et met en relief le rôle de l'imagination.

RÊVE ET IMAGINATION

Supposons, ce qui précisément est évident, que c'est une affection de la sensibilité, s'il est vrai que le sommeil aussi en est une : en effet le sommeil n'appartient pas à tel animal, et le rêve, à tel autre, mais ils appartiennent au même animal. Puisqu'on a parlé de l'imagination dans le *Traité de l'âme*, que l'imagination est identique à la sensibilité, leur manière d'être étant différente, que l'imagination est le mouvement produit par la sensation en acte, que le rêve semble être une sorte d'image (car nous appelons rêve l'image produite durant le sommeil, soit absolument, soit d'une certaine façon), il est évident que le rêve appartient à la sensibilité, en tant qu'elle est douée d'imagination.

Petits traités d'histoire naturelle, Des rêves, 459a

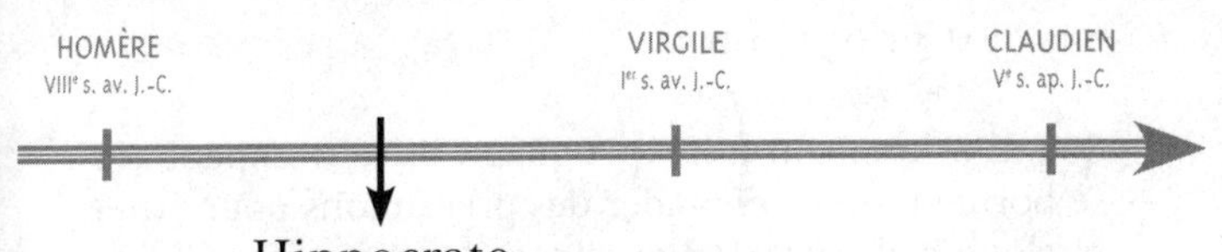

Hippocrate

Quand le corps dort, l'âme est libérée des contraintes de la veille. Elle peut alors indiquer les états du corps en exprimant par le contenu des songes les états organiques qu'elle ressent. Par exemple, la présence d'un excès d'humidité dans l'organisme peut se traduire par le rêve d'un naufrage.

COMMENT DIAGNOSTIQUER UN RÊVE

Celui qui a une connaissance exacte des signes qui se produisent dans le sommeil trouvera qu'ils ont un grand poids à tous égards. C'est que l'âme, quand elle est au service du corps éveillé, se partage entre beaucoup de tâches ; elle n'est pas à elle-même, mais se donne partiellement à chaque faculté du corps, à l'ouïe, à la vue, au toucher, à la marche, aux activités du corps entier : l'intelligence ne s'appartient pas. Mais quand le corps se tient tranquille, l'âme, mise en mouvement et éveillée, administre son domaine propre et accomplit toute seule toutes les actions du corps : car ce dernier dort et ne sent rien, tandis que l'âme éveillée connaît tout, voit ce qui est visible, entend ce qui est audible, marche, touche, s'afflige, réfléchit, dans l'espace étroit où elle se tient ; toutes les fonctions du corps ou de l'âme, dans le sommeil, l'âme les accomplit toutes. Celui donc qui sait juger cela correctement connaît une bonne part de la science.

Pour les songes qui sont divins et annoncent, pour les cités ou les individus, des maux ou des biens, il existe des interprètes qui possèdent l'art d'en juger. Mais les rêves par lesquels l'âme annonce les affections du corps, excès de plénitude ou d'évacuation des substances naturelles ou évolution vers un état insolite, ils les jugent aussi, mais tantôt ils tombent juste, tantôt ils se trompent et dans les deux cas, ils ignorent la raison du fait, aussi bien quand ils tombent juste que quand ils se trompent : ils se bornent à recommander des précautions pour éviter quelque mal. Mais ils n'enseignent pas comment il faut prendre ces précautions : ils invitent seulement à prier les dieux. Prier est une bonne chose, mais, tout en invoquant les dieux, il faut s'aider soi-même.

Du régime, IV, 86-87

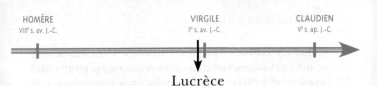

Lucrèce

Lucrèce développe une explication rationaliste des rêves : ceux-ci sont le reflet des préoccupations du jour. Toutes les passions, tous les sujets d'étude occupent de leurs vaines images l'esprit des hommes dans les rêves.

SONGES DE LA RAISON

Et quels que soient les objets de notre prédilection et de notre attachement, ou ceux qui nous ont tenus longtemps occupés, et qui ont exigé de notre esprit une attention particulière, ce sont ceux-là mêmes que nous croyons voir se présenter à nous dans le rêve. L'avocat rêve qu'il plaide et confronte les lois, le général qu'il bataille et se lance dans la mêlée ; le marin qu'il continue la lutte engagée contre les vents ; et nous, que nous poursuivons notre ouvrage, que nous explorons sans relâche la nature, et que nous exposons nos découvertes dans la langue de nos pères. Toutes les passions, tous les sujets d'étude, occupent ainsi de leurs vaines images l'esprit des hommes dans les rêves. Vois tous ceux qui pendant de nombreux jours ont été les spectateurs attentifs et fidèles des jeux du cirque ; quand ils ont cessé d'en jouir par les sens, le plus souvent il reste encore dans leur esprit des voies ouvertes par où peuvent s'introduire les images de ces objets. Aussi pendant bien des jours encore, ces mêmes images rôdent devant leurs yeux, et, même éveillés, ils croient voir des danseurs se mouvoir avec souplesse ; leurs oreilles perçoivent le chant limpide de la cithare et la voix des instruments à cordes, ils contemplent la même assemblée, et voient resplendir en même temps les décors variés de la scène. Telle est l'influence des goûts, des plaisirs, des travaux habituels, non seulement chez les hommes mais même chez tous les animaux. […]

Et de même les hommes dont l'esprit est occupé des grandes et violentes actions qu'ils ont accomplies souvent répètent et revivent leurs exploits dans leurs rêves. Les rois prennent d'assaut les villes, sont faits prisonniers, ils se lancent dans la mêlée, poussent des cris comme s'ils étaient égorgés sur place. D'autres se débattent, poussent des gémissements de douleur, et, comme s'ils étaient dévorés par la morsure d'une panthère ou d'un lion furieux, ils emplissent l'air de leurs clameurs. Beaucoup en dormant révèlent d'importants secrets, et plus d'un a dénoncé ainsi ses propres crimes. Beaucoup affrontent la mort. Beaucoup, croyant tomber à terre de tout le poids de leur corps du haut des montagnes, sont éperdus de terreur, et une fois tirés du sommeil, ils ont peine à recouvrer leurs esprits égarés, tant l'agitation les a bouleversés. Un autre, pris de soif, s'arrête auprès d'un cours d'eau ou d'une source délicieuse, et voudrait l'engloutir tout entière dans sa gorge. Souvent des hommes même pudiques, une fois dans les liens du sommeil, s'il leur arrive de croire qu'ils relèvent leurs vêtements devant un bassin ou un tonneau coupé pour cet usage, répandent le liquide filtré dans leurs organes, et inondent la magnifique splendeur de leurs tapis de Babylone.

De même l'adolescent dont la semence commence à se répandre dans tous les vaisseaux de son corps, au jour même où elle s'est mûrie dans l'organisme, voit s'avancer en foule des simulacres de diverses personnes qui lui présentent un visage charmant, un teint sans défaut : vision qui émeut et sollicite en lui les parties gonflées d'une abondante semence, au point que, dans l'illusion d'avoir consommé l'acte, il répand à larges flots cette liqueur et en souille son vêtement.

De la Nature, IV, 962-86 et 1011-1036

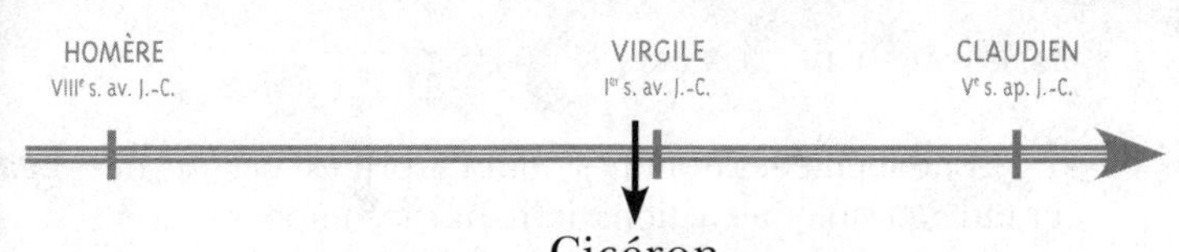

Cicéron

Cicéron propose une doctrine « ultra-rationaliste » du songe et réfute l'idée d'une divination par les rêves.

CONTRE LA DIVINATION

Si donc la divinité n'est pas la cause des songes, s'il n'existe aucun lien entre la nature et eux ; et si l'observation n'a pas pu fonder une science, on doit conclure qu'il ne faut accorder absolument aucune signification aux rêves, surtout quand ceux qui les font n'en découvrent aucune, et que ceux qui les interprètent s'appuient sur la conjecture plutôt que sur les causes naturelles. Car depuis d'innombrables générations, le hasard a été la cause, dans tous les domaines, de plus de faits prodigieux que les songes n'en ont fait voir ; par ailleurs rien n'est plus incertain que l'interprétation conjecturale, qui peut aboutir à des résultats divers, parfois même contradictoires. Par conséquent, la divination par les rêves doit être repoussée comme les autres modes de divination.

De la divination, II, 146-148

HOMÈRE
VIIIe s. av. J.-C.

VIRGILE
Ier s. av. J.-C.

CLAUDIEN
Ve s. ap. J.-C.

Artémidore

L'interprétation des rêves fait intervenir un principe analogique qui exige une grande précision et une grande finesse de la part de l'exégète.

RÊVER QUE L'ON EST CHAUVE

Rêver que l'on est chauve dans la région du front présage pour le présent à la fois des moqueries et du chômage. Mais si l'on rêve que l'on est dégarni à l'arrière du crâne, on connaîtra, dans la vieillesse, la pauvreté et des privations extrêmes. En effet, tout ce qui est à l'arrière signifie le temps à venir, et la calvitie n'est autre qu'une privation, parce qu'elle se produit par manque de chaleur ou bien parce qu'elle n'offre aucune prise. Si l'on rêve qu'on a le côté droit de la tête chauve, on perdra tous ses parents consanguins de sexe masculin. Mais si l'on n'en a pas, on subira un dommage. Si c'est le côté gauche, on perdra ses parents de sexe féminin, si toutefois on en a ; sinon, on subira de la même façon un dommage. En effet, la tête signifie la parentèle ; le côté droit, les hommes ; le gauche, les femmes. [Cette répartition entre droite et gauche concerne tout le corps.] Si on est chauve de l'un ou l'autre côté et que l'on n'a pas la conscience tranquille, on sera condamné à une peine de travaux publics. Car c'est, là aussi, le signe distinctif des condamnés. Rêver d'être entièrement chauve est bon pour qui est l'accusé dans un procès et pour qui craint qu'on s'empare de lui par la force. En effet, il pourrait s'échapper très facilement puisqu'il n'offre pas de prise. Pour les autres, cela signifie perdre tout ce qui concerne l'ornement de l'existence.

Oneirokritica ou « Traité d'interprétation des rêves », I, 21[1]

1. Je remercie Dimitri Kasprzyk pour cette traduction inédite due à l'équipe Artémidore du laboratoire CRISES de l'université Montpellier 3.

Macrobe

Macrobe ouvre son Commentaire au songe de Scipion *par une classification des songes qui distingue cinq catégories : le premier groupe est celui des rêves qui n'ont aucune utilité ni signification, qu'il s'agisse de l'*insomnium *ou du* uisum *qui assaille le dormeur dans son premier sommeil. La seconde catégorie des rêves est celle des rêves vrais ou prémonitoires : l'*oraculum *où des parents, des saints ou la divinité elle-même montrent clairement un événement futur, la* uisio, *qui montre une image du futur qui se réalisera telle quelle, et le* somnium *qui annonce le futur de façon voilée.*

TYPOLOGIE DES SONGES

L'ensemble des visions qui s'offrent à nous dans le sommeil se divise principalement en cinq variétés, avec autant d'appellations. On trouve, selon les Grecs, l'*oneiros*, que les Latins appellent *somnium* (songe), *l'orama* qui est à proprement parler la *uisio* (vision), le *chrèmatismos* que l'on nomme *oraculum* (oracle), l'*enupnion* ou *insomnium* (vision interne ou songe), le *phantasma* que Cicéron, quand il a eu besoin de ce terme, a traduit par *uisum* (fantasme).

Les deux derniers, quand ils se manifestent, ne valent pas la peine qu'on les interprète, parce qu'ils ne fournissent aucun élément divinatoire : je parle de *l'enupnion* et du *phantasma.* [...]

Si ces deux types de songes ne sont d'aucun secours pour connaître le futur, les trois autres nous mettent dans la disposition mentale de la divination. Il y a *oraculum*, de fait, lorsque dans le sommeil un parent ou quelque autre personne auguste et imposante, ou encore un prêtre, voire un dieu, révèlent clairement quelque chose qui se produira ou ne se produira pas, qu'il faut faire ou éviter.

Il y a *uisio* quand on rêve d'une chose qui se produira de la façon dont on l'avait rêvée. On rêve qu'un ami qui séjourne à l'étranger, auquel on ne pensait pas, est de retour sous vos yeux, et celui dont avait rêvé vient à votre rencontre et vous tombe dans les bras. On a reçu dans son sommeil un dépôt, et au matin un solliciteur se présente, qui vous remet de l'argent à garder et confie à votre loyauté des objets à conserver secrètement.

Le *somnium* à proprement parler cache sous des symboles et voile sous des énigmes la signification, incompréhensible sans interprétation, de ce qu'il montre ; nous n'avons pas à en décrire la nature puisque chacun sait par expérience de quoi il s'agit. Il en existe cinq espèces : le songe est personnel, étranger, commun, public ou général. Il est personnel lorsqu'on se voit soi-même en rêve en train d'agir ou de subir ; étranger, lorsqu'il s'agit de quelqu'un d'autre ; commun, lorsqu'il s'agit en même temps de soi et d'un autre : public, lorsqu'on croit que quelque événement fâcheux ou heureux est arrivé à la cité, ou au forum ou au théâtre, ou bien dans quelque édifice ou lors de quelque acte public ; général, lorsqu'on rêve qu'il y a quelque chose de changé dans les parages de la sphère solaire ou du globe lunaire, ou bien d'autres astres, du ciel ou de la Terre entière.

Commentaire au songe de Scipion, I, 3, 1-12

Épictète

Les stoïciens considèrent qu'il est possible de maîtriser ses rêves. Sénèque loue ainsi dans le De ira *les vertus de l'examen de conscience et Épictète affirme que la prudence du sage n'est altérée ni dans le sommeil, ni dans l'ivresse.*

MAÎTRISER SES RÊVES

Il y a trois disciplines auxquelles doit s'être exercé l'homme qui veut acquérir la perfection : celle qui concerne les désirs et les aversions, afin de ne pas se voir frustré dans ses désirs et de ne pas rencontrer ce qu'on cherche à éviter ; celle qui concerne les propensions et les répulsions, et, d'une façon générale, ce qui a trait au devoir, afin d'agir d'une façon ordonnée, réfléchie, sans négligence ; la troisième est celle qui concerne la fuite de l'erreur, la prudence du jugement, en un mot ce qui se rapporte aux assentiments. [...] La troisième discipline s'adresse à ceux qui sont déjà en progrès : elle a pour objet d'assurer à ceux-là mêmes la fermeté d'esprit, en sorte que, pas même dans leur sommeil, ne se présente à eux, à leur insu, une représentation qui n'aurait pas été examinée, ni non plus dans l'état d'ébriété ou de mélancolie.

Entretiens, III, 2, 1-3 et 5

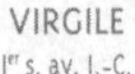

Augustin

Les rêves érotiques constituent-ils un péché ? Conformément à l'avis de Tertullien et de Jérôme, Augustin répond par la négative : l'illusion due à l'imagination altère la capacité de juger.

RÊVES ÉROTIQUES

Vous avez interdit toute union charnelle illégitime, et, quant au mariage, tout en le permettant, vous avez montré qu'il y a un état qui lui est supérieur. Et grâce à votre don, j'ai choisi cet état avant même de devenir le dispensateur de votre sacrement. Mais elles vivent encore dans ma mémoire – dont j'ai si longuement parlé –, les images de ces plaisirs : mes habitudes passées les y ont fixées. Elles se présentent à moi, débiles tant que je suis à l'état de veille ; mais quand c'est pendant mon sommeil, elles provoquent en moi non seulement le plaisir, mais le consentement au plaisir, et l'illusion de l'acte lui-même. Elles ont, quoique irréelles, une telle action sur mon âme, sur ma chair, qu'elles obtiennent, ces fausses visions, de mon sommeil, ce que les réalités n'obtiennent pas de moi quand je suis réveillé. Suis-je donc alors autre que moi-même, Seigneur mon dieu ? Il y a une telle différence entre moi et moi-même, de l'instant où je glisse au sommeil, à celui où je reviens à l'état de veille ! Où est alors la raison qui me permet, éveillé, de résister à de pareilles suggestions, et de ne pas me laisser ébranler par l'attaque des réalités elles-mêmes ? Se ferme-t-elle avec les yeux ? S'assoupit-elle avec les sens ? Mais d'où vient que souvent, même pendant le sommeil, nous résistons, nous n'oublions pas nos fermes résolutions, nous y demeurons loyalement fidèles, et refusons notre assentiment aux délectations de ce genre ? Et pourtant la différence est si grande que, quand cette résistance a faibli, nous retrouvons au réveil le repos de notre conscience ;

et la distance même entre ces deux états nous fait sentir que ce n'est pas nous qui avons fait ce qui, à notre vif regret, s'est fait en nous.

Votre main, Dieu tout-puissant, n'est-elle pas puissante pour guérir toutes les langueurs de mon âme, pour éteindre aussi, par un surcroît de grâce, les mouvements lascifs de mon sommeil ? Vous multiplierez de plus en plus, Seigneur, vos bienfaits à mon égard, afin que mon âme, se dégageant de la glu de la concupiscence, me suive jusqu'à vous ; afin qu'elle ne se révolte plus contre elle-même, et que, même dans le sommeil, elle ne parachève pas ces turpitudes avilissantes où des images grossièrement sensuelles ébranlent intimement la chair, et qu'elle y refuse tout consentement.

Confessions, X, 30, 41-42

LA LUNE ÉTAIT SI BELLE...

L'adoration de la lune précéda celle du soleil. En Babylonie, le dieu principal fut primitivement Sîn (Lune), préféré à Shamash (Soleil). Il garda la première place dans une grande partie de l'Anatolie jusque sous l'Empire romain. De fait, dans les pays chauds, le soleil est surtout un ennemi qui dessèche la terre et brûle les corps et contre lequel on se protège. Bien plus douce est la fraîcheur des nuits, lorsque la lune verse sa rosée bienfaisante.

Les Grecs et les Romains font de la lune une puissance féminine, envisagée selon une polarité qui l'oppose au soleil. Elle est, en effet, au soleil ce qu'est la femme à l'homme, l'humide au sec, le froid au chaud. Les Grecs l'identifient à la déesse Séléné, qui fut romanisée sous le nom de *Luna*, mais ils l'associent aussi à Artémis, – Diane chez les Latins –, par opposition à Apollon, dieu du soleil.

Astre de la fécondité, la lune régit tout ce qui croît ou décroît et favorise les marées, la croissance végétale et animale, de même qu'elle influence la santé et les règles des femmes comme certaines maladies, les fièvres récurrentes, l'épilepsie et certaines folies, – d'où l'adjectif « lunatique ». En raison de la loi de sympathie, on détermine ainsi la date d'événements importants en fonction des phases de la lune : les mariages à Athènes se célèbrent volontiers aux jours proches de la nouvelle lune, « conjonction » assimilée à un mariage, et les jeux olympiques se déroulent à la pleine lune, phase favorable. C'est encore à la pleine lune qu'il faut cueillir les simples et réaliser les opérations magiques. Si la lune peut s'avérer maléfique, elle est plus souvent considérée comme un astre bienveillant. Commentant la *Genèse* (I, 14), Jean Chrysostome note que la lune aide les hommes par sa douce lumière dans l'accomplissement de leurs travaux.

La lune a stimulé la curiosité et l'imagination des Anciens. Plutarque a ainsi consacré un traité à *La face qui paraît sur la lune*, dans lequel il compile les opinions et explications formulées à son sujet. Certains croient y distinguer un visage, parce qu'on lui prête humanité. Dans les *Hymnes homériques*, elle s'unit à Zeus puis enfante Pendée, et les poètes racontent son amour pour le bel Endymion qu'elle a plongé dans un sommeil éternel afin de jouir de sa beauté. Les pythagoriciens pensaient qu'elle était entièrement peuplée comme notre terre, par des animaux plus gros et par des plantes plus belles, et Lucien imagine le premier vol humain sur la lune.

L'astre nocturne sert enfin d'exemple aux hommes pour comprendre le cycle de la germination et plus généralement le cycle de la vie. Les phases lunaires permettent, en effet, d'appréhender la naissance et la mort, mais aussi de concevoir l'espoir d'une résurrection. C'est pourquoi les pythagoriciens y placent le séjour des âmes après la mort. Les chrétiens, à l'exemple de Basile, attribuent aux changements de la lune une vertu morale : elle manifeste la fragilité de la condition humaine et invite à l'humilité.

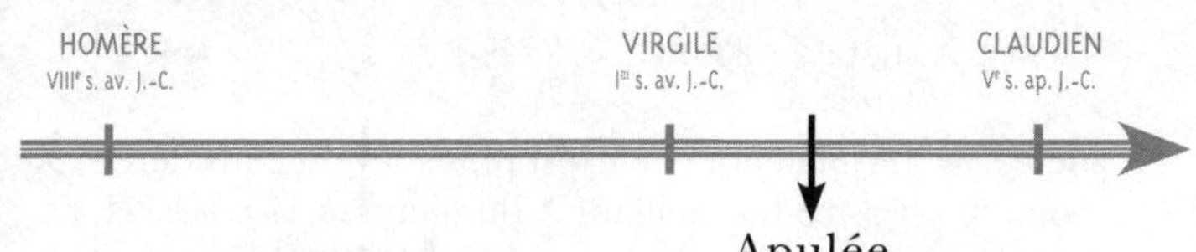

Apulée

Le ciel a été consacré aux dieux immortels. Parmi ceux-ci certains sont visibles, d'autres sont connus par l'entendement. Les dieux visibles sont les astres. Parmi eux, la lune.

ASTRES DIVINS

[...] et la lune, rivale du soleil, gloire de la nuit ; tour à tour cornue, demi-pleine, enflée ou entière, flambeau à feux variables, d'autant plus largement illuminée qu'elle s'éloigne davantage du soleil, suivant une égale progression de sa course et de sa clarté, elle mesure le mois par ses accroissements, puis par des pertes équivalentes ; il se peut qu'elle brille d'une lumière propre, mais alors permanente, comme le croient les Chaldéens, et que, rayonnante d'un côté, dépourvue d'éclat de l'autre, selon la rotation de son visage contrasté elle change mille fois son apparence, ou bien entièrement privée de lumière propre et dépendant d'une source lumineuse étrangère, elle se serve de son corps opaque, mais poli, comme d'un miroir afin de capter les rayons du soleil, situé en oblique ou de face, et, pour employer les termes de Lucrèce,
« de son corps elle émet une lueur bâtarde » ;
de ces deux théories quelle que soit la vraie – c'est un point que j'examinerai ultérieurement – en tout cas, lune et soleil, personne chez les Grecs ni chez les Barbares n'hésiterait volontiers à les reconnaître pour des dieux.

Opuscules philosophiques. Du Dieu de Socrate, 116-119

HOMÈRE
VIIIe s. av. J.-C.

VIRGILE
Ier s. av. J.-C.

CLAUDIEN
Ve s. ap. J.-C.

Lucien

Glaucias est amoureux de Chrysis et demande conseil à son professeur de philosophie. Celui-ci lui amène un mage hyperboréen, capable de faire descendre Séléné (Lune).

LES MÉTAMORPHOSES DE LA LUNE

Moi, comme c'était naturel puisque j'étais son maître, je lui amène ce mage hyperboréen pour quatre mines à payer tout de suite (il fallait faire une avance pour les sacrifices) et seize autres à verser ensuite, si Glaucias obtenait Chrysis. L'homme attendit la lune montante (période où l'on pratique en général ce genre d'opération), puis vers minuit, il creusa une fosse dans une partie découverte de la maison. Il évoqua d'abord devant nous Alexiclès, le père de Glaucias, qui était mort sept mois plus tôt ; le vieillard s'indigna de cet amour et se mit en colère, mais pour finir, il permit quand même à son fils d'aimer. Ensuite le mage fit monter Hécate, laquelle amena Cerbère, et il attira vers le sol Séléné, apparition qui prit de multiples formes et se montra différente à chaque fois : d'abord elle revêtit l'aspect d'une femme, puis ce fut une vache de toute beauté, puis un chiot. Pour finir, l'Hyperboréen, ayant façonné un petit Amour avec de la boue, lui dit : « Va, et ramène Chrysis ! » La boue s'envola, et peu après, Chrysis était là, frappant à la porte. Aussitôt entrée, voici qu'elle enlace Glaucias comme si elle l'aimait à la folie. Elle resta avec lui jusqu'au moment où nous entendîmes le chant des coqs. Alors Séléné s'envola dans le ciel, Hécate s'enfonça sous terre, les autres apparitions disparurent, puis à l'approche de l'aube, nous renvoyâmes Chrysis. Si tu avais vu cela, Tychiadès, tu ne douterais plus de la grande efficacité des incantations.

Opuscules, Philopseudès, 14-15

Dans ses Histoires vraies, *Lucien met en scène ses voyages imaginaires. Après une escale au pays du vin, un ouragan le projette dans les airs. Au terme d'une longue course aérienne, il débarque sur la Lune. L'épisode inspira notamment les* États et empires de la Lune *de Cyrano de Bergerac.*

ON A MARCHÉ SUR LA LUNE !

Sept jours durant et autant de nuits, nous fîmes notre course aérienne. Le huitième jour nous voyons une grande terre dans l'espace, une sorte d'île brillante, sphérique et resplendissant d'une grande lumière. Nous étant approchés d'elle et nous étant amarrés, nous débarquâmes. En examinant le pays nous découvrons qu'il était habité et cultivé. Certes, de jour, de l'endroit où nous étions nous ne distinguions rien, mais la nuit tombée nous voyions apparaître beaucoup d'autres îles, proches, plus grandes ou plus petites, d'une couleur semblable à celle du feu, et, plus bas, une autre terre qui portait des cités, des fleuves, des mers, des forêts, des montagnes. Nous conjecturons donc que c'est notre propre terre !

Nous décidâmes d'avancer plus loin dans le pays et nous rencontrâmes ceux qu'on appelle là-bas Hippogypes [« vautours-chevaux »], lesquels nous arrêtèrent. Ces Hippogypes sont des hommes montés sur de grands vautours et qui utilisent ces oiseaux comme chevaux. Ces vautours sont donc grands et ont en général trois têtes ; on peut connaître leur taille par le détail suivant : ils ont des pennes, chacune plus longue et plus grosse qu'un mât de grand navire marchand. Bref, ces Hippogypes ont pour mission de voler tout autour du pays et de conduire devant le roi tout étranger qu'ils trouvent. Et précisément après notre arrestation ils nous conduisent devant lui. Il nous examine et à en juger d'après nos vêtements il nous dit : « Êtes-vous donc des Grecs, étrangers ? » Nous en convînmes. – « Comment donc êtes-vous parvenus ici, dit-il, après une si longue traversée aérienne ? » Nous lui narrons alors toute l'affaire, et lui se mit à nous raconter en détail sa propre histoire. Il était homme lui aussi, du nom d'Endymion ; un jour il avait été enlevé de notre terre pendant son sommeil et une fois arrivé ici il était devenu roi du pays. Il ajoutait que ledit pays est la lune que nous voyons d'en bas. Au reste, il nous engageait à avoir confiance et à ne craindre nul danger, car nous disposerions de tout ce dont nous avions besoin.

Opuscules, Histoires vraies, A10-11

Alter ego de Lucien, Ménippe est le type parfait du philosophe cynique. Dans l'Icaroménippe, *il raconte le voyage burlesque qui l'a conduit dans les cieux jusqu'à Zeus et, en particulier, son voyage sur la lune. Le procédé, qui inspirera Voltaire dans* Micromégas, *lui permet de se moquer des philosophes, notamment de leurs théories sur les astres.*

LA LUNE SE PLAINT DES PHILOSOPHES

Je ne m'étais pas encore éloigné d'un stade que la Lune, parlant d'une voix de femme, me dit : « Bonne chance, Ménippe, rends-moi un service auprès de Zeus. – Tu peux parler, dis-je, car ce n'est pas une charge, si je n'ai rien à porter. – Transmets un message qui ne comporte aucune difficulté, une requête de ma part à Zeus. Maintenant je suis lasse, Ménippe, d'entendre les philosophes tenir souvent des propos affreux. Ils n'ont pas d'autre souci que de poser des questions indiscrètes à mon sujet : qui je suis, quelle est ma taille et pourquoi je me coupe en deux ou je deviens bossue. Les uns disent que je suis habitée, d'autres que je suis suspendue au-dessus de la mer comme un miroir, ou encore on m'attribue tout ce qui passe par la tête de chacun. Pour finir on dit que ma lumière elle-même est volée et bâtarde et provient d'en haut, du soleil. On ne cesse pas de vouloir m'opposer à lui, mon frère, et de créer la zizanie. Car il ne leur a pas suffi de prétendre à propos d'Hélios lui-même qu'il est une pierre et une « masse incandescente ».

Or ne suis-je pas le témoin de tant d'actes honteux et méprisables qu'ils commettent la nuit, eux qui, pendant le jour, ont l'air sévère, le regard viril, l'allure respectable, et sont admirés du vulgaire ? Cela je le vois et pourtant je me tais, car je ne juge pas convenable de révéler en pleine lumière ces occupations nocturnes, ni le mode de vie de chacun, une fois au lit. Mais si je vois l'un d'eux commettre l'adultère ou voler ou oser quelque autre forfait – surtout à la faveur de la nuit –, aussitôt je tire à moi la nuée et je voile ma face pour ne pas laisser voir en public des vieillards insulter leur longue barbe en même temps que la Vertu. Or eux ne cessent de me déchirer dans leurs discours et de m'outrager de cent façons, au point que j'ai souvent projeté, j'en jure par la Nuit, d'émigrer le plus loin possible, en un lieu où échapper à leur langue indiscrète.

Donc n'oublie pas de rapporter cela à Zeus et d'ajouter qu'il ne m'est pas possible de rester à ma place, sauf s'il donne une raclée aux « physiciens », bâillonne les dialecticiens, renverse le Portique, brûle l'Académie et met un terme aux discussions des péripatéticiens. C'est de cette façon que je pourrais avoir la paix, moi qui suis toisée quotidiennement par eux. »

Opuscules, *Icaroménippe*, 20-21

IV

NUIT MAGIQUE

CULTES NOCTURNES

Les Anciens ont divinisé les astres, les planètes et les indicateurs temporels. À côté de Nuit, il faut citer la Titanide Astéria, qui incarne le Ciel étoilé, et différentes divinités identifiées à la Lune, comme Séléné et Phoebe chez les Grecs ou Diane chez les Latins. D'après Tertullien et Augustin, Varron distinguait trois sortes de théologies, la théologie mythique des poètes, la théologie naturelle des philosophes et la théologie civile des peuples. Nuit est divinisée par les poètes, mais elle est aussi associée à des cultes nocturnes. Tous révèlent quelque mode sacralisé de l'expérience nocturne : rêve, érotisme, effroi, mort, sauvagerie, qui sortent des cadres du quotidien.

Pausanias signale dans la région de Mégare un *mantéion*[1] consacré à la Nuit, à côté d'un temple dédié à Dionysos dit le Nyctélios et d'un temple d'Aphrodite (I, 40). Ces deux divinités sont célébrées lors de fêtes nocturnes, les pannychies. Celle d'Aphrodite est à rapporter à la nuit érotique, celle de Dionysos se caractérise par les torches agitées au bruit des tambourins et par un cortège dansant dans la nature sauvage. Pausanias signale par ailleurs une statue de la Nuit dans l'Artémision d'Éphèse (X, 38). De fait, il existe aussi des pannychies de la déesse Artémis. Dans le Péloponnèse, par exemple, la naissance d'Artémis et d'Apollon succédant à la persécution de leur mère Léto est célébrée par des danses de jeunes filles, des mascarades et un scénario

1. Dans les sanctuaires, le *mantéion* est l'endroit où la divinité rend des oracles.

sur un thème de poursuite. L'étymologie du nom Léto, dont on fait un diminutif du nom de la « Nuit », ainsi que l'épithète *Nychia*, « la nocturne », qui la caractérise, expliquent pour une part ce culte d'Artémis, qui guide les égarés dans la nuit et dont un des attributs est un croissant de lune.

Le culte d'Asclépios incluait des dormitions nocturnes et c'est la nuit que sont souvent célébrés les cultes des morts[2] et les cultes à mystères, notamment ceux de Déméter à Éleusis et ceux d'Isis. On ne sait pas grand-chose du culte d'Éleusis : on y montrait une idole ou un épi dans la lumière, et l'éblouissement d'une révélation succédait à une nuit obscure d'attente. Le culte d'Isis est mieux connu et fait intervenir mort rituelle et renaissance.

Ovide évoque dans *Les Fastes* un sacrifice du coq à la Nuit, mais on ne sait s'il faut prendre ce culte au sérieux, de même que l'oracle de la Lune et de la Nuit évoqué par Plutarque. L'hymne orphique à la Nuit traduit en revanche l'importance du rôle que la secte orphique lui attribue.

Les deux fêtes chrétiennes les plus importantes, Noël et la veillée pascale, se déroulent la nuit. Noël ne fait pas partie des fêtes célébrées par les premiers chrétiens et ne figure pas dans les listes établies par Irénée de Lyon et par Tertullien. La date du 25 décembre a été choisie au IVe siècle pour substituer une fête chrétienne aux fêtes païennes qui se déroulaient à cette période, la fête de la renaissance du Soleil invaincu (*Sol Invictus*) et les saturnales romaines. La croyance selon laquelle le Christ est né en pleine nuit, qui est à l'origine de la messe de minuit, remonterait au XIIIe siècle, toutefois un hymne latin datant du IVe siècle, *Quando noctis medium* (« Lorsque vers le milieu de la nuit »), atteste de son ancienneté. La veillée pascale est la « mère de toutes

2. Voir par exemple le rituel des Lémuries dans la section suivante, p. 230.

les saintes veillées[3] ». C'est la nuit de la résurrection du Christ et du salut du genre humain, la nuit du sacrement du baptême. Du IIe au Ve siècle après J.-C., sa fonction liturgique est essentiellement nocturne : elle commence la nuit tombée, et, dans certains cas, elle ne s'achève qu'à l'aube. À cette époque, on baptise surtout des adultes. Au VIe siècle, lorsqu'on en vient à présenter au baptême, pendant la nuit de Pâques, de très jeunes enfants et des nourrissons, on modifie l'horaire de la veillée : les baptêmes ont lieu dans l'après-midi du samedi saint et seule la messe finale conserve son caractère nocturne.

3. Augustin, sermon 219 pour la Pâque.

HOMÈRE
VIIIe s. av. J.-C.

VIRGILE
Ier s. av. J.-C.

CLAUDIEN
Ve s. ap. J.-C.

Hymnes orphiques

L'orphisme fut un courant religieux en marge de la société. L'importance qu'il accorde à la Nuit manifeste son caractère contestataire.

HYMNE À LA NUIT

Je vais chanter la génératrice des hommes et des dieux, je vais chanter la Nuit.
La Nuit est la source de l'univers, et nous l'appelons encore Cypris.
Exauce-nous, ô divinité bienheureuse, d'étoiles toute étincelante, ô noir Soleil,
Que réjouit la paix, et le calme et multiple sommeil,
Ô Bonheur, ô Enchantement, ô Reine des veillées, ô Mère des rêves,
Ô Consolatrice, ô Toi qui donnes le bon repos à toutes les misères,
Ô Endormeuse, Cavalière, Lumière Noire, Amie Universelle,
Ô Inachevée, ô tour à tour de la terre et du ciel,
Ô Arrondie, ô toi qui joues avec les élans ténébreux,
Ô toi qui chasses la lumière de chez les morts et qui t'enfuis à nouveau chez eux.
La terrible Fatalité est de toute chose la maîtresse,
Ô Bienheureuse Nuit, ô Million de Félicités, ô universelle Tendresse,
En écoutant la voix suppliante qui t'implore, ô Indulgente,
Puisses-tu chasser les terreurs qui luisent dans l'ombre et nous apparaître bienveillante.

Hymnes orphiques, traduction de Robert Brasillach,
Anthologie de la poésie grecque,
Paris, Éditions Stock, 1950, 1981, 1991, p. 156-157.

HOMÈRE
VIIIe s. av. J.-C.

VIRGILE
Ier s. av. J.-C.

CLAUDIEN
Ve s. ap. J.-C.

Plutarque

Dans son traité Sur les délais de la justice divine, *Plutarque rapporte l'histoire d'un certain Thespésius qui, après une vie de débauches et de vols, fit un jour une chute mortelle. Il revint à la vie pendant ses funérailles et raconta qu'après sa chute, son âme avait été transportée à travers les astres jusqu'aux cieux où tourbillonnaient les âmes des morts. Accompagné par l'âme d'un de ses parents, il est ensuite entraîné en un lieu où les âmes vicieuses sont punies par trois démons.*

L'ORACLE DE LA NUIT ET DE LA LUNE

Ayant donc parcouru une autre route aussi longue, il crut voir un vaste cratère où se jetaient des courants, l'un plus blanc que la neige, ou l'écume de la mer, l'autre aussi éclatant que la pourpre de l'arc-en-ciel, d'autres colorés de diverses teintes dont chacune, de loin, offrait un éclat particulier. Mais lorsqu'il s'approcha, le cratère se dissipa dans l'air environnant, les couleurs s'effacèrent, leurs reflets éclatants s'éteignirent, ne laissant que la blancheur. Il vit alors trois démons assis, qui formaient ensemble un triangle les uns par rapport aux autres, et qui mêlaient les courants selon certaines proportions. À ce moment le guide de Thespésios lui dit que c'était là le point jusqu'où Orphée s'était avancé en quête de l'âme de son épouse ; mais, trompé par sa mémoire, il avait rapporté aux hommes une fausse croyance, prétendant que l'oracle de Delphes était commun à Apollon et à la Nuit. Or Apollon n'a rien de commun avec la Nuit, continua-t-il, mais il s'agit en vérité de l'oracle commun de la Nuit et de la Lune, qui ne se manifeste en aucun point de la terre et n'a pas de siège unique, mais erre un peu partout chez les hommes, sous forme de rêves et d'apparitions. C'est là que les songes vont prendre ce mélange où la tromperie et la confusion voisinent, comme tu vois, avec la simplicité et la vérité, avant de le répandre.

Œuvres morales, VII, 2, *Sur les délais de la justice divine*, 28

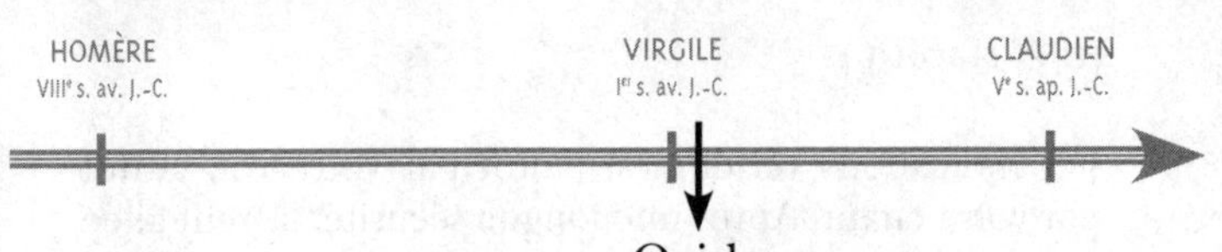

Ovide

Priape convoite la nymphe Lotis et tente de la violer à la faveur de la nuit, mais un ânon se met à braire. Priape est la risée de tous et l'ânon est sacrifié. Ovide évoque alors les oiseaux sacrifiés à des divinités, dont le coq, sacrifié à la Nuit.

SACRIFICES À LA NUIT

La nuit était tombée et, le vin provoquant le sommeil, ils étaient couchés çà et là, vaincus par la torpeur. Lotis qui s'était fatiguée au jeu reposait à l'écart sur le gazon, sous le couvert d'une étable. Son amoureux se lève et, retenant sa respiration, se glisse furtivement sur la pointe des pieds en silence. Dès qu'il eut approché de la couche solitaire de la nymphe au teint de neige, il prend garde de ne pas faire de bruit avec le souffle de son haleine ; déjà il se penchait au bord de la couche de gazon : elle, cependant, était profondément endormie. Il jubile et, relevant sa robe à partir des pieds, il était en bonne voie pour réaliser ses vœux. Voici que l'ânon qui avait amené Silène se met à braire, émettant de son rauque gosier des sons intempestifs. Terrifiée, la nymphe se redresse, repousse Priape de ses mains et, tout en fuyant, alerte tout le bois. Mais le dieu, trop bien préparé pour sa besogne lubrique, devient la risée de tous, sous la clarté lunaire. L'auteur des cris fut puni de mort ; c'est lui la victime agréée par le dieu de l'Hellespont. Vous étiez épargnés jadis, oiseaux, vous la consolation des campagnes, vous les habitués des forêts, vous race inoffensive, vous qui faites des nids, couvez les œufs sous vos plumes et émettez d'une voix souple des sons harmonieux. Mais à quoi vous sert tout cela ? Votre langage vous met en accusation : les dieux estiment que vous dévoilez leurs intentions. Cela n'est d'ailleurs pas faux ; car, à mesure que vous êtes plus proches des dieux, vous fournissez des indications véridiques, tantôt par votre vol, tantôt par votre chant. Après une longue sécurité, la gent ailée fut finalement livrée au sacrifice, et les dieux reçurent avec plaisir la fressure de leurs délateurs. C'est pourquoi la blanche colombe – épouse arrachée à son conjoint – brûle souvent sur le foyer de la Vénus cnidienne. La défense du Capitole n'évite pas à l'oie de fournir son foie sur ton plateau sacrificiel, noble fille d'Inachus. De nuit, l'oiseau porte-crête est sacrifié à la Nuit parce qu'il appelle de sa vigilante le jour tiède.

Les Fastes, I, 421-456

HOMÈRE VIIIe s. av. J.-C. — VIRGILE Ier s. av. J.-C. — CLAUDIEN Ve s. ap. J.-C.

Aristophane

Le culte d'Asclépios inclut des dormitions sacrées. Les malades passent la nuit dans son temple à Épidaure et se réveillent guéris ou obtiennent du dieu des songes d'où ils tirent l'indication d'un remède ou d'un régime. L'esclave Carion assiste à la guérison du dieu Ploutos, dieu de la richesse rendu aveugle par Zeus.

GUÉRISON NOCTURNE

CARION. – Après cela, vite, je m'enveloppai, de frayeur, tandis que le dieu faisait sa ronde, examinant tous les cas avec la plus exacte attention. Puis un garçon plaça près de lui un petit mortier en pierre, un pilon et un coffret.

LA FEMME. – De pierre ?

CARION. – Non, par Zeus, non ; pas le coffret du moins.

LA FEMME. – Et toi, comment voyais-tu cela, maudit pendard, puisque tu étais enveloppé, comme tu dis ?

CARION. – À travers mon manteau, qui a des trous, et pas un peu, par Zeus. Et avant toute chose, comme remède pour Néoclidès[1], il se met à broyer un onguent : dans le mortier, il jeta trois têtes d'ail de Ténos, qu'il écrasa ensuite en y mêlant du suc de figuier et de lentisque ; puis, ayant délayé le tout avec du vinaigre de Sphettos, il en induisit les paupières du malade qu'il avait retournées pour que la douleur fût plus cuisante. L'autre hurlant et criant, veut fuir et bondir. Mais le dieu en riant lui dit : « Reste-là maintenant avec ton onguent ; je veux t'empêcher désormais de faire des serments en prenant à témoin les Assemblées[2]. »

1. Il s'agit d'un autre malade, « qui est aveugle, mais qui pour voler dépasse les clairvoyants » (v. 665-666).

2. Désormais complètement aveugle le démagogue Néoclidès ne pourra plus se rendre à l'Assemblée et y produire les mouvements

La Femme. – Qu'il est vraiment ami de la Cité, le dieu, et plein de sagesse !

Carion. – Après, il s'assit encore auprès de Ploutos, et tout d'abord il lui tâte la tête, ensuite, avec un linge bien propre, il lui essuya le tour des paupières. Panacéa[3] lui couvrit la tête d'un voile pourpre et tout le visage. Alors le dieu siffla : et du temple s'élancèrent deux serpents d'une taille prodigieuse.

La Femme. – *(Avec effroi.)* Dieux amis !

Carion. – Ceux-ci, s'étant glissés doucement sous le voile de pourpre, se mirent à le lécher tout autour des paupières, du moins à ce qu'il me semblait ; et, en moins de temps que tu n'en mettrais à... vider dix cotyles de vin, notre Ploutos, maîtresse, était debout voyant clair. Moi, je battis des mains de joie, et réveillai le maître. Quant au dieu, il s'éclipsa aussitôt avec les serpents dans le temple. Ceux qui couchaient près de notre Ploutos, tu penses s'ils l'embrassèrent : toute la nuit ils restèrent éveillés jusqu'au point du jour. Moi, je louais le dieu tant et plus d'avoir redonné la vue à notre Ploutos si promptement, et, pour ce qui est de Néoclidès, de l'avoir rendu plus aveugle.

Ploutos, 707-747

oculaires et les attestations par serment dont il était coutumier. Le dieu en a débarrassé la Cité.

3. *Panacéa* ou « celle qui guérit tout » soignait les maux externes.

Plaute

Dans la comédie du Charançon, *Cappadox, le marchand de filles qui possède Planésie dont le héros Phédrome est amoureux, est malade de la rate, du foie, des reins, du poumon, de toutes les entrailles. Il passe ses jours et ses nuits dans le temple d'Esculape afin d'obtenir du dieu sa guérison. Il raconte à un cuisinier le rêve que lui a envoyé le dieu.*

LE CULTE D'ESCULAPE

LE CUISINIER. – Je n'y connais rien, mais je t'écouterai tout de même.

CAPPADOX. – Cette nuit, dans mon rêve, il m'a semblé voir Esculape. Il était assis loin de moi, et n'a pas daigné s'approcher, ni faire de moi le moindre cas.

LE CUISINIER. – Les autres dieux feront de même, sois-en sûr. Ils s'accordent entre eux d'une façon merveilleuse. Il n'y a rien d'étonnant s'il n'y a pas d'amélioration à ton état. Tu aurais mieux fait de coucher dans le temple de Jupiter ; lui qui t'a déjà tant aidé dans tes serments.

CAPPADOX. – Si tous les parjures lui demandaient à coucher, il n'y aurait pas assez de place au Capitole.

LE CUISINIER. – Fais bien attention à ce que je vais te dire : implore le pardon d'Esculape, pour qu'il détourne, s'il lui plaît, le malheur terrible que présage ton rêve.

CAPPADOX. – Merci bien ; je vais faire ma prière. *(Il rentre dans le temple.)*

LE CUISINIER. – Grand mal te fasse. *(Il rentre dans la maison.)*

Charançon, 259-73

Homère

L'hymne homérique à Déméter raconte l'errance de la déesse à la recherche de sa fille. Arrivée à Éleusis, elle se fait passer pour une vieille femme enlevée par des pirates et demande à être recueillie comme nourrice. Métanire lui confie son fils Démophon. Déméter le frotte d'ambroisie et, la nuit, à l'insu de ses parents, le couche dans un ardent foyer. Alors qu'elle s'apprête à le rendre immortel, Métanire surprend Déméter et, prise de colère et de douleur, l'accuse de jeter son fils au feu. Irritée, Déméter retire du foyer l'enfant qu'elle élevait comme un dieu et s'en prend à Métanire en ces termes.

LES MYSTÈRES D'ÉLEUSIS

« Hommes ignorants, insensés, qui ne savez pas voir venir votre destin d'heur ni de malheur ! Voilà que ta folie t'a entraînée à la faute la plus grave ! J'en atteste l'onde implacable du Styx, sur quoi jurent les dieux : j'aurais fait de ton fils un être exempt à tout jamais de vieillesse et de mort, je lui aurais donné un privilège impérissable : mais maintenant il n'est plus possible qu'il échappe aux destins de la mort. Du moins, un privilège impérissable lui sera à jamais attaché, parce qu'il est monté sur nos genoux et qu'il a dormi dans nos bras. Quand avec les heures auront tourné les cycles de ses années, les fils d'Éleusis déploieront les uns contre les autres des combats et d'horribles luttes – sans interruption et à jamais. Je suis Déméter que l'on honore, la plus grande source de richesse et de joie qui soit aux Immortels et aux hommes mortels. Mais allons ! Que le peuple entier m'élève un vaste temple et, au-dessous, un autel, au pied de l'acropole et de sa haute muraille, plus haut que le Callichoros, sur le saillant de la colline. Je fonderai moi-même des Mystères, afin qu'ensuite vous tâchiez de vous rendre mon cœur propice en les célébrant pieusement. »

Hymnes, I, 256-274

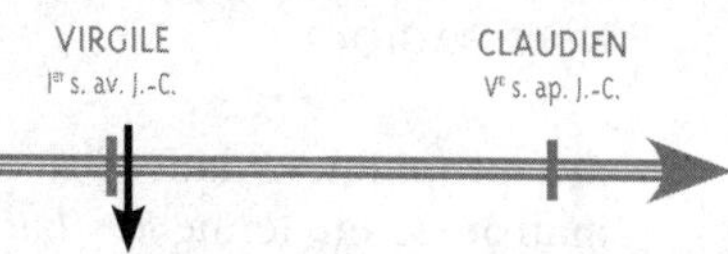

Tite-Live

Inspirées des fêtes en l'honneur de Dionysos, les bacchanales sont introduites en Italie vers 300 avant J.-C. En 186 avant J.-C., alors que son amant Aebutius est destiné à être initié aux mystères de Bacchus, une courtisane, Hispala, lui révèle que ces mystères sont prétextes à des viols et à des orgies et conduisent aux pires crimes. Elle répète ses accusations devant le consul Postumius et le Sénat décide d'organiser une violente répression des bacchanales. S'il réprouve un culte exotique, opposé à la religion publique, le Sénat redoute une dangereuse conjuration.

LES BACCHANALES

Alors Hispala explique l'origine de ces rites : ce sanctuaire avait d'abord été réservé aux femmes et l'usage était de n'y admettre aucun homme. Il y avait trois jours fixes dans l'année, durant lesquels, en plein jour, elles étaient initiées aux mystères de Bacchus et des matrones, traditionnellement, étaient désignées à tour de rôle comme prêtresses. Une prêtresse, la campanienne Paculla Annia, avait tout transformé, prétendant qu'elle obéissait à une injonction divine. C'était elle, en effet, qui la première avait initié aussi des hommes, ses fils Minius et Hérennius Cerrinius, transformé en culte nocturne les célébrations diurnes et instauré cinq jours d'initiation chaque mois au lieu de trois par an. Depuis lors, tous assistaient ensemble au culte, les hommes mêlés aux femmes, la nuit avait encore favorisé la licence et on ne reculait là devant aucun crime, aucune infamie. Les hommes avaient plus de relations coupables entre eux qu'avec les femmes. Tous ceux qui supportaient mal de se déshonorer et étaient trop hésitants à commettre le cime, on les immolait comme victimes. Ne respecter aucun interdit sacré était pour eux la plus haute marque de piété. Les hommes, comme en proie au délire, lançaient des prophéties, dans des contorsions frénétiques, les matrones, en tenue de bacchantes, cheveux au vent, couraient au Tibre en brandissant des torches enflammées, et, plongeant ces torches dans l'eau, les relevaient brillant d'une flamme intacte parce qu'il y avait dedans un mélange de soufre vif et de chaux. On disait « ravis par les dieux » ceux qu'on faisait disparaître, enchaînés à une machinerie, dans des antres secrets : c'étaient ceux qui avaient refusé de se lier par serment, de s'associer aux crimes ou d'endurer les outrages sexuels. C'était une foule immense, qui désormais formait presque un autre peuple ; il y avait parmi eux certains hommes et femmes de la noblesse. Depuis deux ans, on avait institué l'usage de n'initier personne au-dessus de vingt ans. On cherchait à mettre la main sur un âge porté aux errements et docile à subir les outrages.

Histoire romaine, XXXIX, 13

Apulée

Au terme d'une longue errance, Lucius est initié au culte d'Isis. Les mystères de la déesse se déroulent une fois la nuit tombée. Il semble d'après ce texte très discuté que l'initiation figurait un voyage cosmique par lequel l'initié descendait aux enfers, puis remontait jusqu'au soleil en contemplant dans chaque région les dieux qui en sont maîtres.

LE CULTE D'ISIS

« Le voilà, le jour que tu n'as cessé d'appeler de tes vœux, où, sur le divin commandement de la déesse aux noms multiples, ces mains t'introduiront dans les pieuses retraites de notre religion. » Et, posant affectueusement sa main droite sur moi, le vieillard me conduit aussitôt jusqu'à la porte même de l'imposant édifice. Là, après avoir célébré dans la forme consacrée le rite de l'ouverture du temple et accompli le sacrifice matinal, il tire d'une cachette au fond du sanctuaire des livres où étaient tracés des caractères inconnus : sur les uns, des figures d'animaux de toute sorte étaient l'expression abrégée de formules liturgiques ; sur d'autres, des traits noueux, ou arrondis en forme de roue, ou revenant sur eux-mêmes comme les vrilles de la vigne, dérobaient la lecture du texte à la curiosité des profanes. C'est d'après ces livres qu'il m'instruisit des préparatifs exigés en vue de l'initiation.

Aussitôt, sans perdre de temps ni lésiner sur la dépense, je fais moi-même ou par les soins de mes compagnons les emplettes nécessaires. Cependant, le prêtre nous prévient que le moment est venu. Il me conduit, environné de la pieuse cohorte, à la piscine toute proche. Une fois pris par moi le bain accoutumé, après avoir invoqué la grâce divine, il me purifie par des aspersions d'eau lustrale ; puis il me ramène au temple

– la journée était alors écoulée aux deux tiers – m'arrête aux pieds mêmes de la déesse et me donne en secret certaines instructions qui dépassent la parole humaine. Ensuite, et cette fois devant tout le monde, il me recommande de m'interdire pendant dix jours de suite les plaisirs de la table, de ne manger la chair d'aucun animal et de ne pas boire de vin : toutes abstinences que j'observai avec un religieux respect. Enfin arriva le jour fixé pour le divin rendez-vous, de tous côtés une foule de gens qui, selon l'antique usage des mystères, m'honorent de présents divers. Puis on éloigne tous les profanes, on me revêt d'une robe de lin qui n'a jamais été portée, et le prêtre, me prenant par la main, me conduit dans la partie la plus reculée du sanctuaire.

Peut-être, lecteur désireux de t'instruire, te demandes-tu avec quelque anxiété ce qui fut dit, ce qui fut fait ensuite. Je le dirais s'il était permis de le dire ; tu l'apprendrais s'il était permis de l'entendre. Mais tes oreilles et ma langue porteraient également la peine ou d'une indiscrétion impie ou d'une curiosité sacrilège. Toutefois, je n'infligerai pas à la pieuse envie qui peut-être te tient en suspens le tourment d'une longue angoisse. Écoute donc et crois : tout ce que je vais dire est vrai. J'ai approché des limites de la mort ; j'ai foulé le seuil de Proserpine, et j'en suis revenu porté à travers tous les éléments ; en pleine nuit, j'ai vu le soleil briller d'une lumière étincelante ; j'ai approché les dieux d'en bas et les dieux d'en haut, je les ai vus face à face et les ai adorés de près. Voilà mon récit, et ce que tu as entendu, tu es condamné pourtant à l'ignorer. Je me bornerai donc à rapporter ce qu'il est permis sans sacrilège de révéler à l'intelligence des profanes.

Les Métamorphoses, XI, 22- 23

Prudence

Les chrétiens instituent aussi des rituels nocturnes. Après un Hymne avant le sommeil, *Prudence compose un hymne pour l'heure où l'on allume la lampe. Alors que la nuit représente tous les dangers qui guettent le chrétien, il faut célébrer la lumière divine et invoquer la protection de Dieu.*

HYMNE
POUR L'HEURE OÙ L'ON ALLUME LA LAMPE

Auteur du jour brillant, aimable Maître, qui divises le temps par des alternances fixes, le soleil s'est couché, la nuit affreuse tombe, rends la lumière, ô Christ, à tes fidèles !

Bien que tu aies orné le ciel, ta demeure royale, d'étoiles innombrables et du flambeau lunaire, tu nous as appris[1], cependant, à chercher la lumière en frappant sur un silex, en la faisant jaillir d'une pierre,

Afin que l'homme n'ignorât pas que son espoir de la lumière est fondé sur le corps inaltérable du Christ, qui a voulu qu'on l'appelât la pierre inébranlable où viennent s'allumer nos flammes minuscules.

Ces flammes, nous les alimentons par des lampes remplies d'une rosée d'huile grasse, ou par des torches sèches ; ou bien, en enduisant des fils, tirés du jonc, de cire issue du suc des fleurs et pressée d'abord pour en extraire le miel, nous fabriquons des cierges.

La flamme mobile est vivace, soit que l'argile creuse imbibe, sature de liquide la mèche de lin, soit que le pin fournisse au feu un aliment résineux, soit que l'étoupe en brûlant boive le cylindre de cire.

1. Traduction de la CUF légèrement modifiée par nos soins.

Un chaud nectar coule goutte à goutte, en larmes odorantes, de la pointe en fusion, car la force du feu fait couler comme des pleurs, du sommet qui ruisselle, une brûlante pluie.

C'est ainsi, ô bon Père, que nos maisons resplendissent de tes présents, je veux dire de nobles flammes ; quand le jour est parti, la lumière, sa rivale, se charge de son rôle, et devant elle s'enfuit la nuit vaincue, avec son manteau déchiré. [...]

Le Tartare languit, les supplices mollissent, si le peuple des ombres, libéré de ses feux, se réjouit du repos qui règne en prison ; dans le fleuve ne brûle plus le soufre accoutumé.

Nous, nous passons la nuit, dans de pieuses joies, en assemblées de fêtes ; à l'envi les prières de nos veilles multiplient nos vœux de bonheur ; nous garnissons l'autel, offrons des sacrifices.

Des lampes pendent à des cordes mobiles ; elles brillent, fixées parmi les lambris du plafond ; alimentée par les flots d'huile paisible, la flamme lance sa lumière au travers du verre transparent.

On croirait qu'au-dessus de nos têtes s'étend le ciel étoilé, orné des deux chariots, et que dans la région où la Grande Ourse dirige son attelage de bœufs, de rouges étoiles du soir sont piquées çà et là.

Quelle chose digne de t'être offerte, ô Père, par tes fidèles, au commencement de la nuit qui dépose la rosée : la lumière, grâce à laquelle nous voyons tous les autres bienfaits !

Tu es la vraie lumière pour nos yeux, et aussi pour notre âme ; tu es le miroir dans lequel nous voyons notre cœur et le monde extérieur ; reçois cette lumière que je t'offre, moi ton humble serviteur, cette lumière alimentée par le liquide onctueux de l'huile pacifique,

au nom du Christ ton fils, ô Père souverain, qui est l'incarnation visible de ta gloire, qui est notre Seigneur et ton enfant unique, et du sein de son Père souffle le Paraclet ;

lui par qui ta splendeur, ton honneur, et ta gloire, ta sagesse, ta majesté, ta bonté et ta bienveillance, continuent leur règne en trinité divine, tissant l'éternité de siècles sans limites.

Cathemerinon Liber (Livre d'heures), hymne 5, 1-28 et 134-164

LA NUIT DES MORTS ET DES DÉMONS

Hésiode enseigne que Thanatos, le Trépas personnifié, est fils de la Nuit. Le lien généalogique traduit la parenté observée par tous et analysée par les philosophes entre le sommeil et la mort. Ne dit-on pas par euphémisme que les morts s'endorment d'un sommeil éternel ?

La nuit est par excellence le moment d'irruption du surnaturel. Lors de la nuit de Samain, du 31 octobre au 1er novembre, nuit du nouvel an des Celtes qui deviendra la Toussaint, une fissure s'ouvre par laquelle l'autre monde est prêt à envahir le monde humain. La nuit est le temps des funérailles et des fêtes consacrées aux morts. C'est la nuit que les fantômes communiquent avec les vivants : ils apparaissent dans leurs rêves, mais hantent aussi des maisons, comme celle qu'acheta à Athènes le philosophe Athénodore. L'anecdote racontée par Pline (VII, 27, 5-11) inspira à Wilde *Le Fantôme de Canterville* : importuné par un fantôme chargé de fers, Athénodore fit creuser un trou sous la maison et retrouva dans des fers des os. Il les fit enterrer et ensuite la maison ne fut plus visitée par les mânes désormais pourvu d'une sépulture en règle.

Tous les morts prennent le nom de *manes* (mânes), cependant les morts malfaisants qui reviennent la nuit prennent d'autres noms : *lemures* (lémures) ou *larvae* (larves). On rend un culte à Hécate et aux larves dans les carrefours et la fête des Lémuries, ancêtre d'Halloween, apaise les morts funestes : elle se déroule les 9, 11 et 13 mai, jours marqués du signe N, *dies nefasti* (jours néfastes). Pendant les nuits des Lémuries, les dieux et les déesses qui veillent à la porte de la maison n'empêchent pas les mauvais esprits de pénétrer à l'intérieur. Le père de famille doit les chasser par un sacrifice consistant en un jet de fèves noires et par une formule d'incantation, répétée neuf fois.

La nuit caractérise enfin les enfers que Virgile décrit comme l'envers du monde diurne. Claudien fait ainsi présider par Nuit les noces de Proserpine et de Pluton.

Homère

Si la journée est dévolue aux combats, la nuit est le temps du deuil. Ainsi, les Achéens passent-ils toute la nuit à pleurer sur le corps de Patrocle, tué par Hector.

LES FUNÉRAILLES DE PATROCLE

Ils prennent donc le repas du soir dans le camp. Les Achéens, eux, toute la nuit gémissent et pleurent sur Patrocle ; et le fils de Pélée entonne une longue plainte, en posant ses mains meurtrières sur le sein de son ami. Il sanglote sans répit. Tel un lion à crinière, à qui un chasseur de biches a enlevé ses petits, au fond d'une épaisse forêt, et qui se désespère d'être arrivé trop tard. Il parcourt tous les vallons, cherchant la piste de l'homme : ah ! s'il pouvait le trouver ! une âpre colère le possède tout entier. Tel, avec de lourds sanglots, Achille parle aux Myrmidons :

« Las ! ce sont des mots bien vains que j'ai laissé échapper, le jour où, dans sa demeure, pour rassurer le héros Ménoetios, je lui promettais de lui ramener à Oponte un fils couvert de gloire, ayant détruit Ilion et reçu sa part de butin. Mais Zeus n'achève pas tous les desseins des hommes. Le destin veut que, tous les deux, nous rougissions le même sol, ici, à Troie. Moi non plus, le vieux meneur de chars Pélée ne m'accueillera pas de retour dans son palais, ni ma mère Thétis, et cette terre ici même me retiendra. Mais, en attendant, Patrocle, puisque je n'irai qu'après toi sous la terre, je ne veux pas t'ensevelir, avant de t'avoir ici apporté les armes et la tête d'Hector, ton magnanime meurtrier, et, devant ton bûcher, je trancherai la gorge à douze brillants fils de Troie, dans le courroux qui me tient de ta mort. Jusqu'à ce jour-là tu resteras gisant, comme tu es, près des nefs recourbées, et, autour de toi, jour et nuit, se lamenteront en pleurant les Troyennes, les Dardaniennes au sein profond que nous avons péniblement conquises par notre force et notre longue pique, en ravageant les riches cités des mortels. »

Ainsi parle Achille, et il donne à ses compagnons l'ordre de mettre un grand trépied au feu : il faut au plus vite laver Patrocle du sang qui le couvre. Sur la flamme brûlante ils placent donc le trépied chauffe-bain ; ils le remplissent d'eau, et ils mettent dessous des bûches à flamber. La flamme enveloppe la panse du trépied, l'eau peu à peu s'échauffe. Lorsque enfin elle bout dans le bronze éclatant, ils lavent le corps, ils le frottent d'huile luisante, ils remplissent ses plaies d'un onguent de neuf ans ; ils le déposent sur un lit ; de la tête aux pieds, ils le couvrent d'un souple tissu, et ensuite, par-dessus, d'un carré d'étoffe blanche. Puis, toute la nuit, autour d'Achille aux pieds rapides, les Myrmidons gémissent et pleurent sur Patrocle.

Iliade, XVIII, 314-55

HOMÈRE VIIIe s. av. J.-C. — VIRGILE Ier s. av. J.-C. — CLAUDIEN Ve s. ap. J.-C.

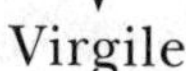

Virgile

Énée raconte à Didon la nuit de la prise de Troie. Au moment où les Grecs sortent du cheval de bois, Hector lui apparaît en songe et l'invite à partir fonder une nouvelle Troie. Pour traduire la tension de cette ultime nuit troyenne, Virgile transpose une formule homérique qui met en relief le monosyllabe Nux, *placé à la fin de l'hexamètre : « et du ciel s'élance la nuit » (*Odyssée, *V, 294). Il substitue cependant au ciel l'Océan pour un effet phonique particulièrement heureux qui assombrit encore la nuit :* et ruit Oceano nox[1].

CHEVAL DE TROIE

Cependant le ciel tourne, la nuit s'élance de l'Océan enveloppant de sa grande ombre la terre et la voûte d'en haut et les ruses des Myrmidons ; les Troyens répandus dans l'enceinte des remparts se sont tus ; le sommeil lie leurs membres las. Et déjà la phalange argienne, dans le bon ordre des navires, allait, venue de Ténédos par les silences amis d'une lune secrète, lors gagnant les rivages connus à l'appel d'une flamme soudain levée sur la poupe royale ; déjà, protégé par les cruels destins des dieux, Sinon, furtif, relâche les Danaens enfermés dans le ventre, desserre les panneaux de pin ; le cheval grand ouvert les rend aux souffles du dehors ; joyeux, ils s'extraient des cavités de la charpente. Thessandrus et Sthénélus, deux chefs, et l'abominable Ulysse se sont laissé glisser par une corde pendante, avec Acams et Thoas et Néoptolème le Pélide, et en tête de tous Machaon et Ménélas et lui-même le fabricateur de l'engin, Épeios, ils se jettent sur une ville ensevelie dans le sommeil et dans le vin ; les veilleurs sont tués ; par les portes largement ouvertes ils reçoivent la

1. « [...] et la nuit s'élance de l'Océan. » Sur cette formule, réinvestie par Victor Hugo dans *Les Rayons et les Ombres*, voir plus haut, p. 50.

foule de leurs compagnons et réunissent leurs troupes conjurées.

C'était l'heure où un premier repos commence pour les malheureux mortels et par un don des dieux s'infuse bienheureusement en eux. En mes songes, voici qu'il me semble que devant moi Hector était présent, accablé de douleur et versant d'abondantes larmes. Tel que naguère traîné par le bige, noirci d'une poussière sanglante, ses pieds gonflés traversés de courroies ; malheur à moi, comme il était ! Combien changé de cet Hector qui revient revêtu des dépouilles d'Achille ou glorieux d'avoir lancé les feux phrygiens sur les poupes des Danaens ; la barbe hérissée, les cheveux collés par le sang, portant ces meurtrissures affreuses qui lui furent infligées si nombreuses autour des murs de nos pères ! Il me semblait que, pleurant moi-même, je lui parlais le premier et proférais ces paroles douloureuses : « Ô lumière de la Dardanie, ô la plus sûre espérance des Troyens, quels si grands empêchements ont donc pu te retenir ? de quelles rives nous viens-tu, Hector que nous attendions ? En quel état, après tant de morts des tiens, tant d'épreuves innombrables de nos hommes et de notre ville, épuisés nous-mêmes, te revoyons-nous ? Quel malheur indigne a défiguré la sérénité de tes traits ? ou pourquoi ces plaies que je vois ? » Lui, rien, et point ne s'attarde à mes vaines demandes, mais tirant de sa poitrine un sourd gémissement : « Ah ! fuis, me dit-il, fils d'une déesse, sauve-toi de ces flammes. L'ennemi tient nos murs ; du faîte de sa grandeur Troie s'écroule. C'est assez donné à la patrie et à Priam ; si Pergame pouvait être défendue par un bras, le mien encore l'aurait défendue. Troie te confie ses choses saintes et ses pénates, prends-les comme compagnons de tes destins, pour eux cherche une ville qu'au terme, après de longues erreurs sur toutes les mers, tu instaureras, grande ». Ainsi dit-il et des profondeurs du sanctuaire il apporte dans ses mains les bandelettes, la puissante Vesta et le feu éternel.

Énéide, II, 250-297

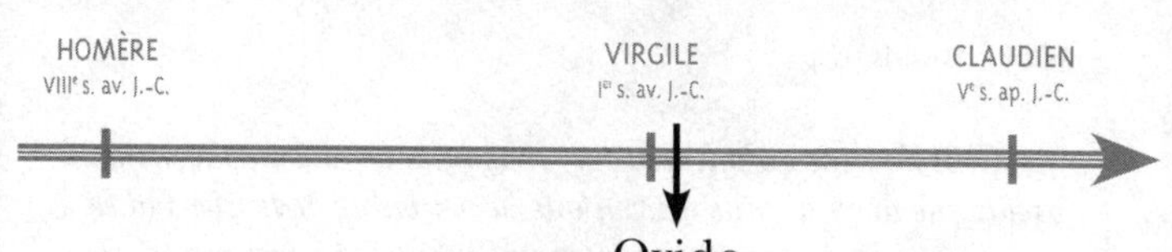

Ovide

La neuvaine des morts avait lieu du 13 au 21 février et s'achevait par la fête des Feralia. *Il fallait alors honorer les tombeaux et apaiser les âmes des ancêtres, en leur apportant de menues offrandes. On raconte qu'à la suite d'une négligence, les ancêtres sortirent la nuit de leurs tombes et se répandirent dans Rome.*

LA NUIT DES MORTS VIVANTS

Cette tradition, c'est Énée, maître qualifié en piété, qui l'a introduite dans tes terres, ô vertueux Latinus. C'est lui qui portait au Génie de son père des offrandes annuelles ; c'est de lui que le peuple a appris les rites de la piété. Mais un jour, alors que nos pères menaient une longue guerre aux combats acharnés, ils négligèrent les jours des morts. Ce ne fut pas impunément. On dit en effet que cette malencontreuse négligence valut à Rome de pâtir de la chaleur dégagée par les bûchers des faubourgs. J'ai peine à le croire : des tombes sortirent, dit-on, les ancêtres qui se répandirent en plaintes dans la nuit silencieuse ; et à travers les rues de la ville et l'étendue de la campagne on entendit les hurlements d'âmes sans visage, d'une foule sans consistance. Par la suite, les honneurs de naguère sont rendus aux tombes ; prodiges et funérailles n'excèdent plus la mesure normale.

Les Fastes, II, 544-56

C'est de nuit qu'ont lieu les cérémonies des Lémuries, rituel archaïque de mai, plus ancien que la neuvaine de février vouée aux morts. Il s'agissait d'apaiser et d'expulser les lémures, c'est-à-dire les revenants.

LA FÊTE DES MORTS

Puis lorsque l'étoile du soir aura levé à trois reprises son beau visage et qu'à trois reprises les étoiles auront disparu pour faire place à Phébus, se déroulera la cérémonie d'une antique liturgie, les nocturnes Lémuries : des sacrifices seront offerts aux mânes silencieux. L'année était alors plus courte ; on ne connaissait pas encore les rites purificatoires et toi, Janus à la double face, tu n'étais pas encore à la tête des mois. Cependant on portait déjà ses offrandes aux cendres des défunts et le petit-fils honorait la sépulture de l'aïeul. C'était le mois de mai, qui est appelé par le nom des ancêtres et qui, encore aujourd'hui, garde en partie la tradition antique. Quand minuit arrive et apporte au sommeil le silence, quand se sont tus les chiens ainsi que les oiseaux au plumage bariolé, alors l'homme fidèle à la liturgie ancienne, l'homme qui craint les dieux se lève ; ses deux pieds sont libres de tout lien. Il fait un signe en passant son pouce à travers ses doigts joints, pour éviter qu'une ombre légère ne se présente devant lui dans sa marche silencieuse. Quand il s'est purifié les mains avec de l'eau de source, il se tourne et prend d'abord des fèves noires. Il les jette en arrière et, en les jetant, il dit : « J'offre, moi, ces fèves ; je me rachète moi-même et les miens par ces fèves. » Il prononce neuf fois ces paroles sans se retourner : l'ombre est censée ramasser les fèves et suivre par derrière sans que nul ne la voie. Il touche à nouveau l'eau et fait retentir le bronze de Témésa. Il somme l'ombre de quitter son toit. Quand il a dit neuf fois : « Sortez, mânes de mes pères ! », il se retourne et considère que la cérémonie est régulièrement accomplie.

Les Fastes, V, 419-44

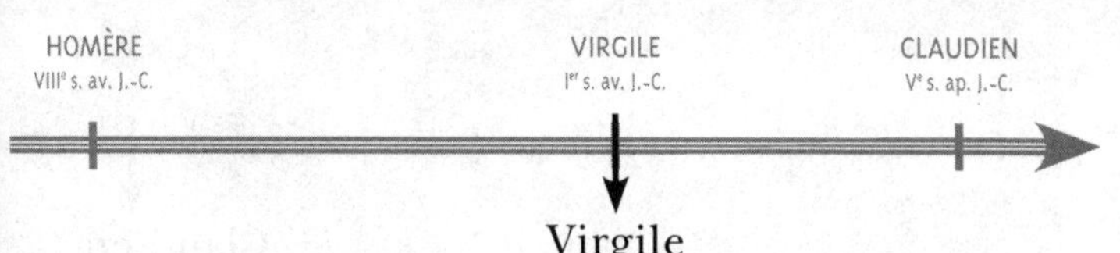

Virgile

La nuit n'est pas seulement le temps du deuil et de la communication avec les morts, elle qualifie aussi par métonymie la mort même et caractérise les enfers.

LA NUIT DES ENFERS

Dieux souverains de l'empire des âmes, ombres silencieuses, Chaos, Phlégéthon, lieux illimités, sans voix dans la nuit, puissé-je avoir licence de dire ce que j'ai entendu, puissé-je, avec votre aveu, publier choses abîmées aux brumeuses profondeurs de la terre. Ils allaient obscurs sous la nuit solitaire parmi l'ombre, à travers les palais vides de Dis et son royaume d'apparences ; ainsi par une lune incertaine, sous une clarté douteuse, on chemine dans les bois quand Jupiter a enfoui le ciel dans l'ombre et que la nuit noire a décoloré les choses. Avant la cour elle-même, dans les premiers passages de l'Orcus, les Deuils et les Soucis vengeurs ont installé leur lit ; les pâles Maladies y habitent et la triste Vieillesse, et la Peur, et la Faim, mauvaise conseillère, et l'affreuse Misère, larves terribles à voir, et le Trépas et la Peine ; puis le Sommeil frère du trépas, et les Mauvaises joies de l'âme, la Guerre qui tue l'homme, en face sur le seuil et les loges de fer des Euménides, la discorde en délire, sa chevelure de vipères nouée de bandeaux sanglants.

Énéide, VI, 264-281

Claudien

Aux enfers, on célèbre les noces de Proserpine et de Pluton. Nuit préside l'hymen.

NOCES INFERNALES

Déjà l'Hespérus infernal s'était avancé dans son monde ;
On conduit la vierge à la chambre. La Nuit, debout près d'elle,
Préside, en robe constellée, l'hymen ; elle touche le lit,
Fécond présage ; elle consacre une union éternelle.
Les justes chantent d'allégresse : à la cour de Pluton
Ils commencent ainsi leur nuit de félicitations :
« Notre Junon puissante, et toi, à la fois fils et gendre
Du Tonnant, apprenez à partager l'union dans le sommeil ;
Que mutuellement vos bras enlacent l'objet de vos vœux.
Déjà se lève une lignée comblée ; déjà la Nature en liesse
Attend ces dieux futurs. Donnez au monde de nouvelles divinités,
Et offrez à Cérès les petits-enfants qu'elle attend. »

Le Rapt de Proserpine, II, 361-372

SORCIÈRES ET MAGIE NOCTURNE

La nuit est aussi un moment privilégié pour pratiquer la magie, notamment la magie noire. Hécate déesse des apparitions, des terreurs et des agressions nocturnes est aussi la déesse des poisons et des philtres. Associée à Hécate, la lune favorise les opérations magiques et occultes. Féminine et humide, fréquemment identifiée à un œil maléfique, son pouvoir d'attraction, qui agit sur les marées, les règles des femmes et la croissance des végétaux et des animaux, peut être capté par le magicien. On prêtait ainsi aux sorcières le pouvoir de faire descendre la lune, indice de leur capacité à modifier les lois de la nature, mais aussi à détourner l'action de l'astre nocturne ; c'est pourquoi, pendant les éclipses, on faisait le plus de bruit possible pour éviter que le son des chants magiques ne parvienne à la lune. Dans les *Nuées* d'Aristophane, cette pratique magique inspire à Strepsiade une idée burlesque pour ne plus payer les mensualités de son crédit : puisque un mois correspond à un cycle lunaire, il lui suffit de faire descendre la lune et de l'enfermer. Plus de lune, plus de mois, plus d'intérêts à rembourser !

C'est donc souvent de nuit que l'on procède aux rituels magiques, en particulier aux cueillettes, si possible au clair de lune, celle-ci versant sur les plantes une rosée favorable. Dans les *Argonautiques* d'Apollonios de Rhodes, Médée cueille à la faveur de l'obscurité le Prométhéion, plante née du sang de Prométhée torturé par l'aigle de Zeus sur le Caucase. Dans la satire I, 8 d'Horace, Priape se plaint des sorcières qui viennent la nuit, au clair de lune, ramasser des os et cueillir des herbes vénéneuses. Cette cueillette implique souvent des précautions précises : par exemple, pour cueillir le « chardon béni », on doit rester près de la plante toute la nuit et ne la déchausser qu'au petit matin après avoir déposé des offrandes sur la racine et récité des prières.

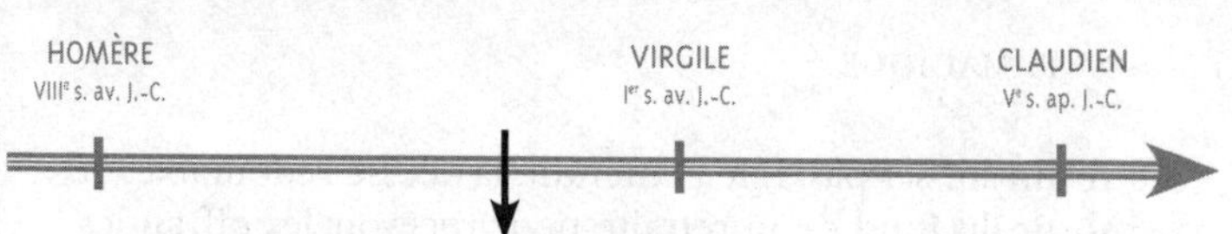

Apollonios de Rhodes

Jason et ses compagnons ont abordé en Colchide. Aiétès refuse de leur accorder la toison d'or et impose à Jason de mettre sous le joug deux taureaux qui soufflent le feu et de semer les dents d'un dragon qui se changeront en guerriers qu'il lui faudra tuer. Sa fille Médée, amoureuse du héros, lui donne un onguent qui le rendra plus fort et insensible au feu des taureaux. La nuit venue, Jason fait une prière à Hécate, déesse tutélaire des magiciennes.

SACRIFICE À HÉCATE

Le Soleil s'enfonçait au loin sous la terre obscure, par-delà les dernières cimes des Éthiopiens occidentaux. La Nuit attelait au joug ses chevaux et les héros préparaient leurs couches à même le sol près des amarres. Mais, dès que les étoiles de l'Ourse, la brillante Héliké, se furent penchées vers l'horizon et que, sous le ciel, un calme absolu eut envahi l'éther, Jason s'en alla dans la solitude, comme un voleur furtif, avec les ingrédients nécessaires. Il les avait tous préparés d'avance pendant le jour : Argos était venu lui apporter d'un troupeau la brebis et le lait ; le reste, il l'avait pris à bord même du navire. Quand il eut découvert un endroit situé à l'écart du passage des hommes, en plein air, dans des prairies humides dégagées d'arbres, il commença par baigner pieusement son tendre corps dans le fleuve divin et s'enveloppa du manteau noir que lui avait jadis donné la Lemnienne Hypsipylé, en souvenir de leur douce union. Alors, après avoir creusé dans le sol une fosse d'une coudée, il fit un tas de bois fendu, égorgea sur lui le mouton et en étendit le corps par-dessus le bûcher selon le rite. Puis il allumait les bûches en y mettant le feu par-dessous et il versait sur elles des libations mêlées, en invoquant Brimô Hécate pour qu'elle l'assistât dans ses travaux. Après cet appel, il revint sur ses pas. Elle l'entendit, la déesse redoutable, et sortit du fond de sa retraite pour recevoir les offrandes de l'Aisonide. Elle était ceinte d'une couronne de terribles serpents entrelacés de rameaux de chêne ; ses torches fulguraient d'une immense lueur ; autour d'elle, ses chiens infernaux hurlaient avec des aboiements aigus. Toutes les prairies tremblaient sur son passage et elles poussèrent une sainte clameur, les Nymphes du marais du fleuve qui menaient leur ronde autour de ce pré humide du Phase Amarantien. L'Aisonide fut saisi de crainte ; néanmoins il ne se retourna point et ses pas l'emmenaient jusqu'à ce qu'il eût rejoint ses compagnons. Déjà, au-dessus du Caucase neigeux, l'Aurore, fille du matin, s'était levée et répandait sa clarté.

Argonautiques, III, 1191-1224

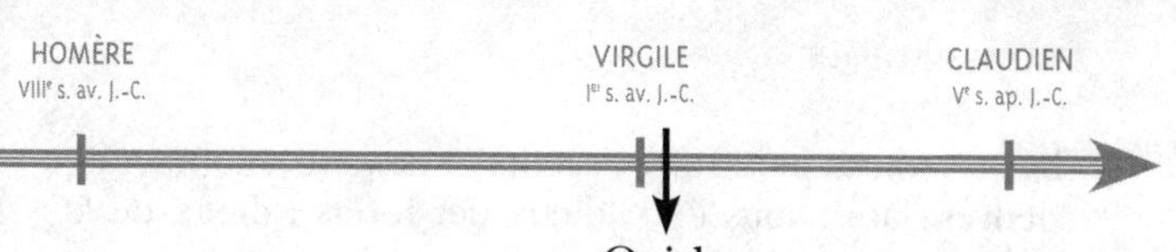

Ovide

Après avoir dérobé la toison d'or grâce à l'aide de la magicienne Médée, Jason l'épouse et l'emmène en Hémonie. Il lui demande alors la faveur de rajeunir son père Éson, épuisé par la vieillesse. Pour réaliser ce prodige, la magicienne invoque l'aide des puissances nocturnes.

MÉDÉE INVOQUE NUIT POUR RAJEUNIR ÉSON

Il s'en fallait encore de trois nuits que les cornes de la lune se rejoignissent tout à fait pour en compléter le disque ; lorsqu'enfin elle brille dans toute sa plénitude et que, sa face étant entièrement reformée, elle promène ses regards sur la terre, Médée sort de sa demeure, vêtue d'une robe sans ceinture, les pieds nus, ses cheveux tombant de sa tête nue sur ses épaules ; dans le grand silence de minuit elle porte çà et là ses pas errants, sans compagne ; les hommes, les oiseaux, les bêtes sauvages se sont détendus dans un profond sommeil ; [elle glisse sans bruit, comme si elle dormait elle-même][1] aucun bruit dans les haies ; tout se tait, les feuilles immobiles et l'air humide ; seuls les astres projettent au loin leur lumière ; tendant vers eux ses bras, Médée tourne trois fois sur elle-même, trois fois elle puise dans un fleuve de l'eau qu'elle répand sur sa chevelure, trois fois elle pousse un cri strident ; puis, fléchissant le genou sur la terre dure : « Ô nuit, dit-elle, fidèle amie des mystères, et vous, qui, avec la lune, succédez aux feux du jour, étoiles d'or, et toi, Hécate aux trois têtes, qui viens à mon appel pour recevoir la confidence de mes desseins et pour leur donner l'aide dont tu favorises les chants et l'art des magiciens ; et toi, Terre, qui fournis aux magiciens des

1. Il semble bien qu'il faut entendre « comme une somnambule » mais le texte est suspect.

herbes toutes puissantes ; et vous, airs, vents, montagnes, fleuves, lacs ; vous tous, dieux des forêts ; dieux de la nuit, assistez-moi ; grâce à vous, quand je l'ai voulu, les fleuves, entre leurs rives étonnées, ont remonté vers leur source ; j'apaise par mes chants les flots agités et j'agite les flots paisibles ; je dissipe et j'amasse les nuages ; je chasse et j'appelle les vents ; je réduis à l'impuissance par mes incantations la gueule des serpents ; j'arrache tout vifs à leur terre natale des rochers, des chênes, des forêts entières et je les mets en mouvement ; je fais trembler les montagnes, mugir le sol, sortir les mânes des tombeaux. Toi aussi, ô Lune, je t'attire jusqu'à moi en dépit des bronzes de Témèse qui diminuent tes souffrances ; mes chants font pâlir le char de mon aïeul, mes poisons font pâlir l'Aurore. C'est vous tous qui, à ma voix, avez amorti les flammes des taureaux et imposé à leur cou rebelle le poids de la charrue recourbée ; c'est vous qui avez forcé les guerriers nés du serpent à livrer les uns contre les autres un combat furieux, qui avez plongé dans le sommeil, inconnu de lui, le gardien de la toison et qui, trompant sa protection, avez envoyé tout cet or dans les villes de la Grèce. Maintenant il me faut des sucs qui rajeunissent un vieillard, le ramènent à la fleur de l'âge et lui permettent de retrouver ses premières années ; oui, vous me les donnerez ; car ce n'est pas en vain que les astres viennent de briller avec tant d'éclat ; ce n'est pas en vain que, traîné par l'encolure de dragons ailés, ce char est là près de moi. »

Les Métamorphoses, VII, 179-219

Horace

*L'*ousia *est une substance magique obtenue de corps sans vie. Elle est plus efficace si elle provient d'un corps mort avant l'heure. Pour rappeler à elle son amant Varus, Canidie a besoin de moelle et d'un foie. Elle s'apprête donc à sacrifier un enfant et invoque Nuit et Diane. Cependant le rituel ne fonctionne pas.*

LA TERRIBLE CANIDIE

Alors, terrible, rongeant de sa dent livide l'ongle jamais coupé de son pouce, que dit-elle, Canidie ? que ne dit-elle pas ? « Ô confidentes si fidèles de mes œuvres, Nuit et toi, Diane, qui règnes sur le silence à l'heure où s'accomplissent les rites secrets, maintenant, maintenant assistez-moi, maintenant tournez contre les maisons ennemies votre colère et votre divine volonté. À l'heure où, dans les forêts pleines d'effroi se cachent les bêtes sauvages alanguies d'une douce torpeur, je veux que l'aboiement des chiens de Subure (et puisse tout le monde en rire !) dénonce ce vieux galant arrosé du meilleur nard qu'aient pu élaborer mes mains… Qu'arrive-t-il ? pourquoi n'ont-ils plus leur puissance, les philtres terribles de Médée la Barbare, ceux-là qui, dans sa fuite, l'avaient vengée de son orgueilleuse rivale, la fille du grand Créon, quand cette robe, présent imbibé de sanie, étouffa dans les flammes la nouvelle épousée ? et pourtant, pas une herbe, pas une racine cachée en des lieux âpres ne m'a échappé : il dort dans son lit qu'imprègne l'oubli de toutes mes rivales… Ah ! ah ! il marche, délivré par les charmes d'une magicienne plus savante. Ce ne sont point des breuvages ordinaires, Varus, tête promise à des pleurs sans nombre, qui te feront courir de nouveau vers moi, ce n'est point l'appel des formules marses qui me ramènera ta pensée. Plus puissants seront mes moyens, plus puissant sera le philtre que je verserai à tes dédains, et le ciel descendra au-dessous de la mer, au-dessus d'elle se déploiera la terre avant que tu cesses de brûler de mon amour comme brûle le bitume en de noires flammes. »

Épodes, 5, 47-82

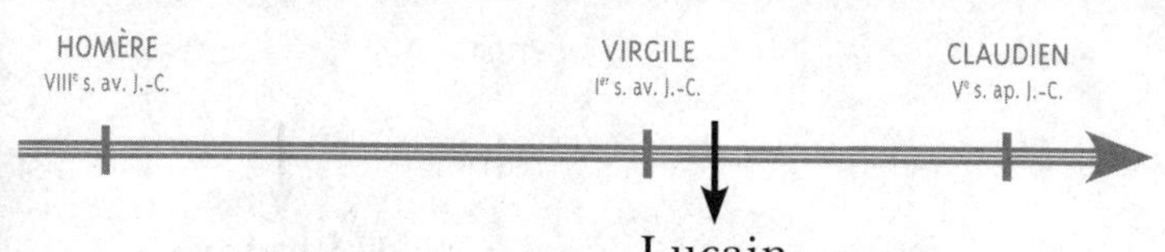

Lucain

La sorcière Érichtho vit à proximité des cimetières où elle peut s'approvisionner en dépouilles et en herbes qui ont la réputation d'être empoisonnées. Par une nuit profonde, Sextus Pompée, le fils de l'adversaire de César, vient la trouver pour lui demander qui sera victime de la guerre civile.

ÉRICTHO

Quand la réputation du lieu eut révélé à Pompée la magicienne, par une nuit profonde, à l'heure où Titan amène midi sous notre terre, il s'engage dans les champs déserts. Les ministres sûrs et habituels des crimes d'Érictho, errant à travers les tertres et les sépulcres brisés, la virent de loin assise sur une roche escarpée, au point où l'Hémus s'abaisse pour allonger la chaîne pharsalienne. Elle essayait des mots inconnus des magiciens et des dieux de la magie, et imaginait un charme pour des pratiques nouvelles. Craignant en effet que Mars ne dirigeât sa course vagabonde sur un autre point du globe et que la terre émathienne fût privée d'un pareil carnage, la sorcière, souillant Philippes de ses incantations et l'aspergeant de ses philtres sinistres, lui défendit de faire passer ailleurs les combats ; car elle veut avoir à elle tant de morts et épuiser le sang de l'univers ; elle espère mutiler les cendres du peuple hespérien, acquérir les os de personnages fameux et de glorieux mânes. Sa passion, sa seule peine, c'est de savoir ce qu'elle pourra emporter du corps gisant de Magnus, sur quels membres de César elle pourra s'abattre.

La Guerre civile, VI, 570-588

HOMÈRE
VIIIe s. av. J.-C.

VIRGILE
Ier s. av. J.-C.

CLAUDIEN
Ve s. ap. J.-C.

Héliodore

Accompagnée du sage égyptien Calasiris, la princesse Chariclée recherche son amant Théagène. Près de Memphis, ils assistent à une scène de nécromancie nocturne[1].

NÉCROMANCIE

La lune, qui venait de se lever, illuminait la terre d'une vive clarté. C'était le troisième jour après la pleine lune. Calasiris, épuisé par l'âge et la fatigue du voyage, s'endormit. Chariclée, que tenaient éveillée ses soucis, fut témoin d'une scène diabolique, familière aux Égyptiennes. La vieille mère, pensant que nul ne la dérangerait, ni ne la verrait, commença par creuser un trou dans la terre. À droite et à gauche elle alluma deux foyers, entre lesquels elle déposa le corps de son fils. Puis elle prit successivement sur un trépied placé à côté, trois coupes d'argile, qu'elle vida dans le trou : l'une était remplie de miel, la seconde de lait, la troisième de vin. Elle prit ensuite un gâteau de farine qui figurait un homme, le couronna de laurier et de fenouil et le jeta dans le trou. Enfin, elle ramassa une épée, et, agitée de mouvements frénétiques, adressa à la lune des invocations dans une langue barbare et étrange. Elle se fit une incision au bras, recueillit le sang avec une branche de laurier et en aspergea le foyer. Après d'autres pratiques non moins étonnantes, elle se pencha sur le cadavre de son fils, lui murmura à l'oreille je ne sais quelles incantations, et cette sorcière parvint à le réveiller et à le faire se dresser sur ses pieds. Chariclée, qui jusque-là avait assisté au spectacle non sans frayeur, ne put sans un frisson d'horreur contempler un tel prodige. Épouvantée, elle

1. Je remercie Dimitri Kasprzyk de m'avoir indiqué ce texte.

réveilla Calasiris pour qu'il vît, lui aussi, ce qui se passait. Ils étaient dans l'obscurité et invisibles. Ils distinguaient fort bien la scène, éclairée par la lueur des feux, et ils pouvaient même, à la faible distance où ils se trouvaient, comprendre les paroles de la vieille qui, maintenant, à haute et intelligible voix, interrogeait le cadavre. Elle lui demandait si son frère, le fils qui lui restait, reviendrait sain et sauf. Aucune parole ne sortit de sa bouche, mais il fit un signe de tête que la mère pouvait interpréter comme une réponse favorable, puis s'affaissa soudain et s'allongea la face contre terre. Elle retourna le corps sur le dos et, loin de renoncer à obtenir une réponse claire, elle réitéra avec plus de force encore les moyens de contrainte qu'elle avait déjà employés, le harcelant de ses incantations, et bondissant l'épée à la main, tantôt vers le feu, tantôt vers la fosse. Elle le réveilla une seconde fois, et quand il se fut dressé, elle lui posa la même question et le contraignit à répondre, non point par des signes équivoques, mais par des paroles claires.

Les Éthiopiques, VI, 14, 2-6

THÉOPHANIES NOCTURNES ET NUITS MYSTIQUES

C'est souvent la nuit que les dieux s'adressent aux héros et leur apparaissent, soit en rêve soit alors qu'ils sont éveillés, mais dans un état modifié par les conditions particulières de la perception nocturne. La cessation des activités et de l'agitation diurne est propice à la méditation et à la contemplation. L'observation du ciel favorise la connaissance de l'univers, mais aussi les aspirations mystiques et conduit aussi bien à l'astrologie qu'à la philosophie et à la théologie. C'est ainsi que Platon fait de l'astronomie la condition de la piété véritable. La perception de la beauté et de l'harmonie célestes suggère l'existence d'une divinité ordonnatrice.

Or, l'âme est une particule détachée des feux cosmiques. Dans la splendeur des nuits son esprit s'enivre des feux supérieurs. La nuit est aussi le temps de l'extase par laquelle l'homme se délivre de son enveloppe charnelle, tout particulièrement dans le sommeil. Hermès Trismégiste reçut la révélation de Poimandrès alors qu'il dormait (*Poimandrès*, 1). Comme l'explique Jamblique, l'âme a une double vie : l'une avec le corps, l'autre séparable de tout le corps. Dans le sommeil, nous nous affranchissons complètement des liens du corps et « nous usons de la vie séparée que constitue la connaissance ». Grégoire de Nysse décrit de même la « divine vigile » de l'esprit durant le sommeil, lorsque dort toute activité corporelle.

Certaines nuits sont saintes par la conception ou par la naissance de divinités. L'exceptionnelle longueur de la nuit de la conception d'Hercule signale la grandeur du héros. C'est aussi la nuit que naît pour les chrétiens le fils de Dieu venu les sauver[1] : la nuit symbolise la grandeur du Mystère, mais aussi l'humilité de Dieu fait homme.

1. Voir plus haut, p. 205.

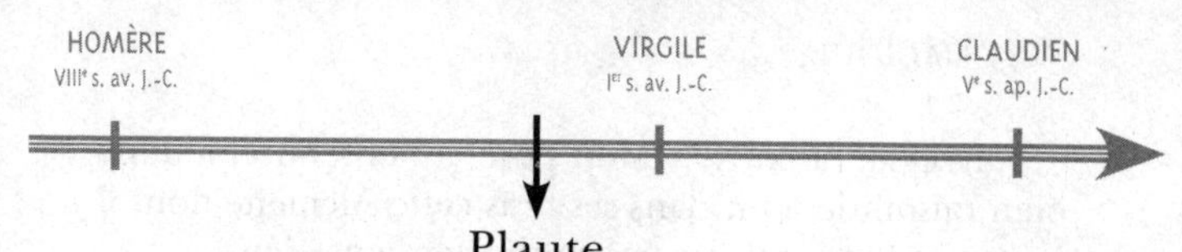

Plaute

Pour séduire Alcmène, Jupiter a pris la forme de son époux Amphitryon. Pour mieux profiter de sa maîtresse, il a prolongé la nuit. Sosie s'en étonne. C'est lors de cette nuit exceptionnelle qu'Hercule sera conçu.

PROLONGATIONS

SOSIE. – Vraiment, parbleu ! s'il y a une chose sûre et certaine au monde, c'est bien, je crois, que Nocturnus cette nuit était ivre quand il s'est endormi. Les sept étoiles de la Grande Ourse ne font pas un mouvement dans le ciel ; la lune ne bouge pas d'un pouce de l'endroit où elle s'est levée ; ni Orion, ni Vesper, ni les Pléiades ne se couchent : les constellations restent sur place ; et nulle part la nuit ne fait place au jour.

MERCURE (à part). – Continue, ô Nuit, comme tu as commencé ; montre-toi complaisante envers mon père. Tu agis au mieux en rendant au meilleur des dieux le meilleur service ; ta peine ne sera point perdue.

SOSIE. – Jamais je n'ai vu, je pense, de nuit plus longue, sauf une, où après avoir été bâtonné, je suis resté suspendu au poteau, du soir au matin. Mais même celle-là ma foi, celle-ci la dépasse de beaucoup en durée. Je crois bien, parbleu, que le Soleil dort encore, et qu'il a bu un bon coup. Je parierais qu'il s'est un peu trop bien traité à dîner.

MERCURE (à part). – Tu dis, coquin ? crois-tu que les dieux te ressemblent ? Mordieu ! je vais te payer de tes insolences et de tes méfaits, pendard. Viens seulement jusqu'ici, s'il te plaît ; ce ne sera pas pour ton bonheur.

SOSIE. – Où sont ces galants, qui n'aiment pas se coucher seuls ? Voici une nuit bien faite pour donner de l'ouvrage aux belles qu'on paye si cher.

MERCURE (à part). – Mon père, à l'entendre, a donc bien raison de tenir dans ses bras cette Alcmène dont il est amoureux, et de ne pas contrarier sa passion.

Amphitryon, 272-290

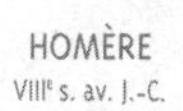

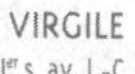

CLAUDIEN
Ve s. ap. J.-C.

Saint Ambroise

Au IVe siècle après J.-C., le pape Libère choisit pour commémorer la Nativité du Christ la nuit du 25 décembre, jour où les Païens fêtaient la Renaissance du soleil qui, à partir du solstice d'hiver, recommençait à croître.

NATIVITÉ

Écoute-nous, roi d'Israël,
qui sièges sur les Chérubins,
apparais face à Éphraïm,
réveille ta puissance et viens.

Viens, Rédempteur des nations,
montre la Vierge qui enfante ;
que le monde entier s'en étonne :
enfantement digne de Dieu !

Non point d'une semence d'homme,
mais par le souffle de l'Esprit,
le Verbe de Dieu se fit chair,
le fruit des entrailles fleurit.

Le sein de la Vierge se gonfle,
mais sa pudeur est restée close ;
l'étendard de ses vertus brille :
elle est le temple où Dieu réside.

Qu'il s'avance, quittant sa couche
– palais princier de pudeur –,
le géant à double nature :
qu'allègre, il parcoure sa route.

Il sort et s'en vient de son Père,
Il rentre et revient à son Père,

Il sort et court jusqu'aux enfers,
Il retourne au séjour de Dieu.

Toi, l'égal du Père éternel,
arme-toi du trophée de chair,
sans cesse affermis de ta force
l'infirmité de notre corps.

Ta crèche déjà resplendit,
et la nuit souffle un jour nouveau :
que nulle nuit ne le ternisse,
qu'il brille d'une foi sans fin !

Hymne 5 (Hymnes, texte établi, traduit et annoté par Jacques Fontaine, Paris, Éditions du Cerf, 1992, p. 272-275).

HOMÈRE
VIIIe s. av. J.-C.

VIRGILE
Ier s. av. J.-C.

CLAUDIEN
Ve s. ap. J.-C.

Ptolémée

L'astronome Ptolémée oublie ses calculs compliqués pour chanter l'enivrement de la contemplation cosmique.

ÉMOTION COSMIQUE

Je sais que je suis mortel et éphémère ; mais quand j'observe l'évolution circulaire d'astres si nombreux, je ne touche plus la terre de mes pieds : c'est auprès de Zeus lui-même que je me gorge d'ambroisie, de ce mets des dieux.

Anthologie grecque, IX : *Épigrammes démonstratives*, 577

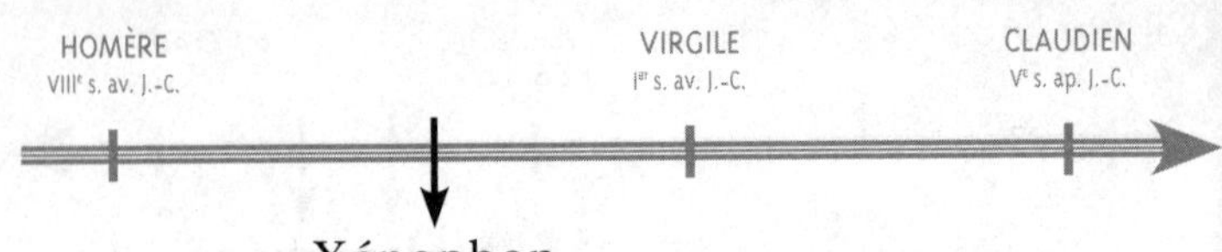

Xénophon

Un songe a averti Cyrus de sa mort prochaine. Il laisse son trône à Cambyse, l'aîné de ses deux fils, et leur fait ses dernières recommandations, évoquant notamment l'immortalité de l'âme. Une des preuves de son immortalité réside dans le fait que dans le sommeil, elle entre en contact avec le divin.

C'EST DANS LE SOMMEIL QUE L'ÂME RÉVÈLE SON CARACTÈRE DIVIN

Quant à la conviction que l'âme sera privée de lumière une fois qu'elle sera dégagée des ténèbres d'un corps, non, je ne la partage pas non plus ; au contraire, quand l'esprit se libère, dans sa pureté sans mélange, c'est alors qu'il trouve, naturellement, la parfaite lumière. Et quand l'homme se dissout, on voit chaque élément retourner à la commune origine, à l'exception de l'âme : elle seule, aussi bien présente que quand elle s'en va, demeure invisible. Considérez encore, dit Cyrus, que rien des choses humaines n'approche plus de la mort que le sommeil ; alors l'âme de l'homme se montre au contact du divin, alors elle a comme un pressentiment de l'avenir ; alors, apparemment, tombent presque ses entraves. Si donc les choses se passent comme je crois qu'elles se passent, si l'âme abandonne le corps, respectez mon âme, à moi aussi, et faites ce que je vous demande ; mais s'il en va autrement et si l'âme restant attachée au corps, meurt avec lui, à tout le moins les dieux éternels, qui voient tout, peuvent tout, qui maintiennent l'ordre de l'univers à l'abri de l'usure, de la vieillesse et de l'erreur, dans sa beauté, sa grandeur indescriptibles, ces dieux, craignez-les assez pour ne rien faire ni rien projeter d'impie ni de sacrilège.

Cyropédie, VIII, 7, 20-22

HOMÈRE
VIIIe s. av. J.-C.

VIRGILE
Ier s. av. J.-C.

CLAUDIEN
Ve s. ap. J.-C.

Jamblique

Contre Porphyre, Jamblique défend la théurgie, un ensemble de pratiques dont la fin est la déification de l'âme, l'union mystique avec l'Ineffable. Au livre III des Mystères d'Égypte, *il montre que dans le sommeil, l'âme, affranchie des liens du corps, peut s'unir aux dieux.*

FUSION MYSTIQUE

Or voici cet exposé : vu que l'âme a une double vie, l'une avec le corps, l'autre séparable de tout corps, pendant le reste de notre existence, à l'état de veille, nous usons le plus souvent de la vie qui nous est commune avec le corps, sauf si d'aventure, quand nous pensons et raisonnons, par la pureté de nos conceptions nous nous détachons entièrement de lui ; mais dans le sommeil nous nous en affranchissons complètement comme de liens qui nous sont imposés et nous usons de la vie séparée que constitue la connaissance. À ce moment donc, ce genre de vie, qu'il soit intellectuel ou divin – que ce soit une seule et même chose ou que chacun soit proprement ce qu'il est –, s'éveille en nous et agit selon sa nature. Ainsi, comme l'intellect contemple les réalités et que l'âme enveloppe en elle les raisons de tout ce qui se passe, il est normal qu'elle connaisse d'avance dans leurs raisons prédominantes les choses à venir, rangées selon la cause qui les enveloppe. Elle opère une divination encore plus parfaite que celle-là quand elle unit aux universels dont elle a été séparée les parts de la vie et de l'activité intellectuelle ; car elle est alors remplie par l'univers de la science totale, de façon à atteindre le plus souvent par ses conceptions ce qui s'accomplit dans le monde. Mais c'est quand elle s'est unie aux dieux selon une telle activité détachée qu'elle reçoit les plus vraies plénitudes d'intellections, grâce auxquelles elle émet une vraie divination ; et c'est à partir de là qu'elle jette les fondements des plus authentiques principes des songes divins. Mais si l'âme enlace aux puissances supérieures sa part intellectuelle et divine, alors ses imaginations mêmes seront plus pures, au sujet soit des dieux soit des substances incorporelles en soi ou en général de ce qui concourt à la vérité à propos des intelligibles. Si, d'autre part, elle fait remonter les discours des êtres en devenir aux dieux leurs auteurs, elle tire de ceux-ci une force et une connaissance par analogie de ce qui était ou sera, elle étend sa considération à toute la durée et examine les œuvres de ce qui arrive dans le temps, elle participe à l'ordre des dieux, à leur providence, au succès convenable ; elle soigne les corps malades, dispose au mieux ce qui va de travers et en désordre chez les hommes, livre souvent des inventions d'arts, des distributions de droits, des dispositions légales.

C'est ainsi que, dans les sanctuaires d'Asclépios, les maladies sont arrêtées par les songes divins ; grâce à l'ordre des apparitions nocturnes, la science médicale s'est constituée à partir des songes sacrés. Toute l'armée d'Alexandre fut sauvée, alors qu'elle allait périr la nuit totalement, parce que Dionysos apparut en songe et indiqua la délivrance des maux incurables. Assiégée par Lysandre, Aphutis fut sauvée grâce aux songes envoyés par Ammon, quand le roi rappela au plus vite son armée et leva le siège en toute hâte. Et à quoi bon reprendre et raconter cela par le menu, quand les événements qui se succèdent au fil des jours sont plus clairs que les mots ?

Les Mystères d'Égypte, III, 2-3, 106, 3-109, 3

LES AUTEURS DU « SIGNET »[1]

Ambroise de Milan (saint) (*ca* 340-397 apr. J.-C.)

Ambroise fut d'abord haut fonctionnaire romain comme son père, avant d'être élu évêque de Milan en 374. Ses écrits – lettres, panégyriques, sermons, hymnes – sont étroitement liés à son activité pastorale. On connaît surtout de lui un traité, *De officiis ministrorum* (« Des devoirs du clergé »), écrit pour constituer l'équivalent chrétien du traité de Cicéron intitulé lui aussi *De officiis.*

Ammien Marcellin (*ca* 330-400 apr. J.-C.)

Syrien d'origine grecque, né à Antioche, cet officier de l'armée romaine s'attacha à Ursicin, commandant de l'armée d'Orient, puis accompagna l'empereur Julien dans son expédition en Perse. Il est l'auteur d'une *Histoire* en latin qui, prenant la suite de celle de Tacite, traitait la période 96-378 après J.-C. Seule la fin est conservée, couvrant les années 353-378. Ammien Marcellin est un narrateur précis et vigoureux, pondéré dans ses jugements, perspicace, qui va à l'essentiel. Il introduit dans son œuvre des digressions de nature technique, philosophique ou militaire permettant de mieux comprendre les événements relatés.

Anthologie grecque

L'ouvrage, long de plus de dix livres, regroupe les collections d'épigrammes réalisées à l'époque byzantine (xe siècle apr. J.-C.), dont les plus importantes sont

1. Quelques-unes de ces notices sont librement inspirées du *Guide de poche des auteurs grecs et latins* ou sont issues des précédents « Signets ». Les auteurs de langue grecque sont signalés par la casse droite, les auteurs de langue latine par l'italique.

l'*Anthologie palatine*, l'anthologie de Planude et celle de Méléagre. Par conséquent, rien n'est si varié que ce recueil à l'histoire rocambolesque et dont la lecture, en raison de son contenu licencieux, fut longtemps réservée à de rares initiés. Les thèmes évoqués, les dates de rédaction et les formes employées sont multiples et difficiles à établir, notamment en raison de l'habitude qu'avaient les compilateurs d'ajouter des vers de leur cru à ceux qu'ils rassemblaient. Le livre V, dont sont extraits les textes présentés dans ce volume, est tout entier consacré à l'amour. Les auteurs principaux en sont Simonide (VIe siècle av. J.-C.), Philodème, qui fut un contemporain de Cicéron, Parménion, Polémon et Nicarchos (Ier siècle apr. J.-C.), Rufin (IIe siècle apr. J.-C.), Posidippe, Dioscoride et Asclépiade, qui vécurent au IIIe siècle avant J.-C., Méléagre (130-60 av. J.-C.) et, pour les plus tardifs, Paul le Silentiaire (c'est-à-dire l'huissier à la cour), Macédonios et Agathias (VIe siècle apr. J.-C.).

Apollonios de Rhodes (IIIe siècle av. J.-C.)

Né à Alexandrie vers 295 av. J.-C., Apollonios fut le précepteur de Ptolémée III Évergète avant de devenir, comme Callimaque, directeur de la bibliothèque d'Alexandrie. Pour des raisons qui nous sont inconnues, il s'exile à Rhodes, ajoutant à son nom celui de la ville qui l'avait accueilli. C'est dans cette cité qu'il finit ses jours. Grand érudit, Apollonios a écrit des poèmes historiques sur la fondation des cités et des œuvres à caractère philologique, même si son œuvre principale demeure les *Argonautiques*. Dans ce poème épique, Apollonios raconte les exploits des Argonautes, leurs voyages, la rencontre de leur chef Jason avec Médée la magicienne ainsi que la conquête de la toison d'or.

Apulée de Madaure (*ca* 125-170 apr. J.-C.)

Né à Madaure, non loin de l'actuelle Constantine, Apulée fait des études d'avocat et se rend à Rome, ainsi qu'à Athènes, où non seulement il apprend le grec, mais où il se fait aussi initier à la philosophie et aux mystères. De retour dans sa province, il mène une vie publique de rhéteur et de conférencier et est choisi comme prêtre du culte impérial. Il a laissé un roman, *Les Métamorphoses, ou l'Âne d'or*, qui relate à la première personne les tribulations d'un naïf trop curieux, le jeune Lucius de Corinthe, qu'une opération de sorcellerie ratée a transformé en âne. Ce texte, qui accorde une grande place à la magie, décrivant en particulier les initiations aux mystères d'Osiris et d'Isis, fait se succéder de nombreux épisodes dont le plus célèbre est le conte de Cupidon et de Psyché. Accusé de sorcellerie, Apulée écrivit une *Apologie* dans laquelle il se défend contre les imputations dont il avait fait l'objet. On lui connaît aussi des traités philosophiques, notamment un opuscule sur le démon de Socrate.

Aratos de Soles (IIIe siècle av. J.-C.)

Peut-être né à Soles en Cilicie vers 315 av. J.-C., cet auteur grec vécut à la cour d'Antigone Gonatas, roi de Macédoine, où il écrivit des hymnes pour le mariage du roi. Il a composé un poème didactique en 1 154 hexamètres sur l'astronomie, *Les Phénomènes et les Pronostics*, inspiré d'un traité en prose du même nom de l'astronome Eudoxe de Cnide. L'ouvrage connut une grande célébrité dans l'Antiquité. Il fut traduit en latin par Cicéron dans sa jeunesse, et la dernière partie fut aussi traduite par Germanicus (15 av. J.-C.-19 apr. J.-C.) et par Aviénus (IVe siècle apr. J.-C.). De nombreux auteurs latins s'en inspirèrent, dont Manilius et Virgile et il fut abondamment commenté, notamment par Géminos de Rhodes (Ier siècle av. J.-C.), Achilles Tatius (*ca* 200 apr. J.-C.) et Leontius (VIIe siècle apr. J.-C.). C'est l'un des rares textes païens à être cité par l'apôtre Paul, originaire lui aussi de Cilicie, dans les *Actes des apôtres*, 17, 28.

Archimède (*ca* 287-212 av. J.-C.)

Né à Syracuse, fils de l'astronome Phidias, il est le plus fameux mathématicien de l'Antiquité, astronome, physicien et inventeur. Il se rendit vraisemblablement à Alexandrie, le grand centre culturel de son temps, et vécut à la cour d'Hiéron II, tyran de Syracuse. On lui attribue de nombreuses réalisations techniques, entre autres la machine hydraulique connue sous le nom de « vis d'Archimède » et de nombreuses phrases célèbres, comme l'exclamation « *eurêka* » (« j'ai trouvé ») qu'il prononça dans son bain lorsque l'observation du déplacement de l'eau par son corps lui permit de découvrir comment vérifier si la couronne d'or de Hiéron ne contenait pas de métal de peu de prix. Après Euclide, Il est aussi l'auteur de travaux théoriques sur la quadrature et la parabole, la sphère et le cylindre, les spirales, la mesure du cercle et surtout l'hydrostatique. Dans *L'Arénaire*, il propose un système pour exprimer en grec les nombres très grands.

Aristophane (445-386 av. J.-C.)

Aristophane fut le plus grand poète comique d'Athènes. Sous un nom d'emprunt, il débuta au théâtre de Dionysos en 427 avec *Les Babyloniens*. Son talent fut très rapidement reconnu et il obtint un premier prix en 425 avec *Les Acharniens*, puis l'année suivante avec *Les Cavaliers*. Ayant vécu pendant la guerre du Péloponnèse, il évoque dans ses comédies la cité en proie aux vicissitudes de la guerre et à la recherche de la paix (*Les Acharniens*, *La Paix*, *Lysistrata*). Il attaque également la politique athénienne, dominée par des démagogues qu'il juge corrompus (*Les Cavaliers*, *Les Guêpes*). Il excelle à tourner en dérision la vie athénienne, du pouvoir politique (*L'Assemblée des femmes*, *Les Oiseaux*) à l'éducation (*Nuées*) en passant par la littérature elle-même (*Les Grenouilles*, *Les Thesmophories*). Enfin, sa dernière pièce, *Ploutos*, évoque la situation désastreuse d'Athènes ravagée et humiliée par la guerre. Son humour, caustique, acerbe et souvent trivial, n'est jamais vain : par ses caricatures et ses jeux de mots, Aristophane a invité ses concitoyens et ses lecteurs autant à la réflexion qu'à la distraction.

Aristote (384-322 av. J.-C.)

Né à Stagire, ville grecque sous influence macédonienne, en Thrace, Aristote partit se former à Athènes et se fit le disciple de Platon à l'Académie, où il resta une vingtaine d'années (366-348). Après des séjours en Asie Mineure, il fut nommé précepteur d'Alexandre le Grand, puis revint à Athènes et y fonda sa propre école, le Lycée (335). Esprit encyclopédique, Aristote voyait dans la philosophie un savoir total et ordonné, couvrant la logique, les sciences de la nature, la métaphysique, la théorie de l'âme, la morale, la politique, la littérature. Ses œuvres publiées ont presque toutes disparu ; les textes que nous avons conservés (et qui sont nombreux) sont des ouvrages dits « ésotériques », c'est-à-dire qui n'étaient pas destinés à la publication et constituaient des sortes de notes et rédactions préparatoires en vue de la discussion et de l'enseignement à l'intérieur du Lycée; ils furent édités tardivement, au Ier siècle avant J.-C. La postérité et l'influence d'Aristote furent immenses, tant dans le monde arabe que dans le monde occidental.

Artémidore (IIe siècle apr. J.-C.)

L'oniromancie était une pratique répandue dans l'Antiquité et *L'Interprétation des rêves* d'Artémidore d'Éphèse (ou de Daldis) en est un précieux témoignage. Son auteur s'est rendu dans la plupart des grandes cités grecques de l'Empire romain et a conçu son ouvrage de façon qu'il soit adapté à l'homme ordinaire, en prenant en compte les multiples situations de la vie. Il est un « anthropologue de terrain » et son ouvrage constitue un document intéressant – quoique difficile d'interprétation – sur l'Orient romain. Michel Foucault a consacré plusieurs chapitres de son *Histoire de la sexualité* au développement d'Artémidore consacré aux rêves sexuels, qui intéressa beaucoup Freud également.

Augustin (saint) (354-430 apr. J.-C.)

Né à Thagaste, en Numidie, d'un père païen et d'une mère chrétienne (sainte Monique), Augustin a relaté, dans ses célèbres *Confessions*, ses études, son activité de professeur de rhétorique, son adhésion à la secte manichéenne, jusqu'à sa décision de se faire baptiser à Milan en 387, sous l'influence, notamment, de sa rencontre avec saint Ambroise. Enfin « réconcilié » avec lui-même, il devient prêtre, puis en 396 évêque d'Hippone (ville de l'Algérie antique). Ce docteur et Père de l'Église est l'auteur de *La Cité de Dieu*, grande synthèse à la gloire d'un État chrétien, ainsi que de très nombreux traités, sermons, lettres et ouvrages de polémique contre les hérésies.

Aulu-Gelle (IIe siècle apr. J.-C.)

Aulu-Gelle, dont la vie est mal connue, est l'auteur des *Nuits attiques*, ouvrage rédigé vers 150 après J.-C. « Attiques », c'est-à-dire cultivées et studieuses : il s'agit d'un recueil de chapitres, généralement brefs, dont chacun évoque quelque curiosité de langage, débusque telle étymologie controuvée, relate telle ou telle anecdote. Puisant à de nombreuses sources grecques et latines, l'auteur aborde toutes sortes de sujets d'érudition, avec des intérêts variés (histoire, géographie, droit, philosophie, littérature…) et une prédilection pour les questions d'archaïsme linguistique et de sémantique.

Boèce (*ca* 476-524 apr. J.-C.)

Philosophe et théologien latin, Boèce rédigea des ouvrages pédagogiques et plusieurs traités chrétiens sur la doctrine de la Trinité et sur l'Incarnation. Ses traductions et commentaires sur les ouvrages logiques d'Aristote et sur l'introduction de Porphyre à Aristote, ainsi que ses manuels d'arithmétique, de musique, de géométrie et d'astronomie eurent une grande influence sur l'éducation médiévale. Après s'être attiré la faveur de l'Ostrogoth Théodoric, Boèce fut suspecté de trahison, emprisonné et mis à mort en 524. Il composa en prison la *Consolation de la philosophie*, dans laquelle il dialogue avec Philosophie personnifiée qui chasse les Muses et console le prisonnier. Alors que Boèce se lamente d'avoir été accusé à tort, Philosophie lui démontre l'inconstance de la fortune, lui enseigne le Bien et justifie les lois de la Providence.

Catulle (*ca* 84-*ca* 54 av. J.-C.)

Héritier des poètes alexandrins, Catulle fait partie du cénacle des *poetae novi*, « les poètes nouveaux » dont Cicéron se moquait. Né à Vérone dans une famille aisée, il s'empresse de rejoindre Rome et ses plaisirs, intellectuels et sensuels. C'est là qu'il fait la connaissance de la vénéneuse Lesbia, cause de tous ses ravissements, ses déconvenues, ses espoirs, ses désespoirs mais aussi de ses plus beaux poèmes. Les cent seize pièces qu'on lui connaît ont été recueillies après sa mort, à trente ans. Elles empruntent à la veine alexandrine pour explorer des sujets et des tonalités variées, de la poésie satirique et grossière aux vers érotiques et précieux en passant par les inflexions pathétiques que lui arrache la mort de son frère dans la lointaine Troade.

César (100-44 av. J.-C.)

Jules César prétendait que la famille patricienne à laquelle il appartenait, la *gens* Iulia, descendait de Iule, fils d'Énée, lui-même fils de Vénus. Son génie politique et militaire éclate dans sa carrière, jalonnée par les magistratures, les campagnes (en Gaule, notamment, au cours des années 58-56 et 52-51), et la guerre civile, jusqu'à l'instauration du pouvoir absolu à partir de 49. César sera assassiné aux ides (le 15) de mars 44 par Brutus. Cet homme d'action était aussi un homme de culture, grammairien à ses heures, et auteur de deux récits consacrés aux événements dans lesquels il joua un rôle, *La Guerre des Gaules* et *La Guerre civile*. Ces ouvrages se présentent comme des « mémoires historiques » (*commentarii*) et cherchent à donner une impression (fallacieuse) d'objectivité. Dédaignant le plus souvent l'anecdote et le pittoresque, César historien met l'accent sur les faits, les chiffres, la géographie, la tactique, les rapports de force, en usant d'une langue extrêmement sobre et pure.

Cicéron (106-43 av. J.-C.)

L'existence du plus fameux des écrivains romains déborde de rebondissements, car cet avocat brillant fut de tous les combats, tant judiciaires que politiques ou philosophiques. Né à Arpinum, dans un municipe éloigné d'une centaine de kilomètres de Rome, Cicéron voit le jour dans une famille aisée de notables. Toutefois, comme Caton l'Ancien, qu'il admire, Cicéron est un « homme nouveau » (*homo nouus*) : il est le premier de sa lignée à parcourir la carrière des honneurs jusqu'à son degré le plus élevé, le consulat, qu'il exerce en 63. C'est lors de ce consulat qu'il dénonce, dans ses *Catilinaires*, une conspiration qui menaçait la République, en employant la formule fameuse « Ô temps, ô mœurs ! » (*O tempora, o mores.*) À la suite des manœuvres de son ennemi juré, le tribun Clodius, il est exilé pendant un an (58-57), pour avoir fait mettre à mort Catilina sans jugement. Malgré le bon accueil qui lui est fait à son retour, son rôle politique ne cesse de décliner dans les années suivantes. Cicéron, l'un des plus fervents défenseurs du régime républicain, finit par rallier le camp de Pompée contre César, juste avant que ce dernier ne l'emporte définitivement. À la mort du dictateur, l'orateur prend le parti de son petit neveu, Octave, le futur Auguste, pensant pouvoir influencer ce jeune homme de dix-neuf ans. Il le sert en rédigeant les *Philippiques*, dirigées contre Marc Antoine, lequel lui voue dès lors une haine inexpiable. Antoine réclame à Octave la mort de l'orateur dès leur première réconciliation. Abandonné par Octave, Cicéron est assassiné par des émissaires d'Antoine ; sa tête et ses mains seront clouées à la tribune du forum. L'œuvre de Cicéron, qui est très étendue, comprend une riche correspondance, environ cent quarante discours judiciaires ou politiques et de multiples traités de rhétorique et de philosophie ; elle a joué un rôle déterminant dans la tradition culturelle de l'Occident jusqu'à nos jours. Dans son traité *De la divination*, il démonte avec une logique implacable les mécanismes de la crédulité et de la superstition.

Claudien (Ve siècle apr. J.-C.)

Grec d'Alexandrie venu à Rome, Claudien est le dernier grand poète païen de la Rome antique. Dans la Rome théodosienne, décadente et harcelée par la menace barbare, il connut un succès immédiat. De lui nous avons conservé de nombreux poèmes de circonstance, où il fait l'éloge des puissants de son époque, notamment Honorius, l'empereur d'Occident. C'est à lui aussi que nous devons la dernière épopée mythologique latine, *Le Rapt de Proserpine*, dont 1 100 vers ont été conservés. L'enlèvement de Proserpine (appelée aussi Koré et Perséphone par les Grecs) par Pluton (Hadès) et sa recherche éperdue par sa mère Cérès (Déméter) est un des plus grands mythes de l'Antiquité. Claudien relate dans des vers magnifiques l'histoire de cette pure jeune fille qui, séduite par la beauté des fleurs, devient la reine des enfers.

Corippe (VIe siècle apr. J.-C.)

Né en Afrique dans la dernière décennie du Ve siècle ou dans la première du VIe siècle, Corippe enseigna les lettres dans une localité aux environs de Carthage. Vers 550, il se trouve à Carthage pour y lire devant les « dignitaires » une épopée de huit livres intitulée *Johannide, ou Sur les guerres de Lybie*, qu'il a composée en l'honneur de Jean Troglita, général de Justinien qui avait mené de 546 à 548 une campagne victorieuse contre les Maures révoltés. Une quinzaine d'année plus tard, dépouillé de ses biens, Corippe se rend à Constantinople pour y faire appel à l'empereur, qui est peut-être encore Justinien et occupe une fonction subalterne au palais impérial. Après la mort de Justinien, le 14 novembre 565, il réclame, dans un court éloge de son supérieur hiérarchique (*Panégyrique d'Anastase*), réparation des dommages qu'il a subis, puis il se voit demander un poème à la gloire du nouveau prince et compose un *Éloge de l'empereur Justin II* en quatre livres.

Épictète (*ca* 50-130 apr. J.-C.)

Né en Phrygie (Asie Mineure), Épictète fut esclave, puis bénéficia de l'affranchissement. Ayant suivi les leçons du stoïcien Musonius Rufus à Rome, il ouvrit à son tour une école, à Nicopolis, en Épire, qui était fréquentée par des jeunes gens venus de différents endroits de l'Empire romain, et où il enseigna jusqu'à sa mort. Il n'écrivit rien, mais nous connaissons le contenu de ses leçons grâce à l'un de ses auditeurs, Arrien, historien et homme politique célèbre par ailleurs, qui les mit par écrit sous le titre d'*Entretiens* auxquels s'ajoute un court *Manuel*. Épictète adhère à la théorie stoïcienne selon laquelle les biens et les maux se mesurent à l'aune de ce qui est en notre pouvoir et le bonheur dépend d'un choix moral guidé par la raison. Il invite ses auditeurs à mettre cette doctrine en pratique par l'exercice spirituel et par l'ascèse, sans hésiter à les rudoyer.

Eschyle (*ca* 526-456 av. J.-C.)

Né à Éleusis dans une famille d'Eupatrides, Eschyle a vu la chute de la tyrannie et la mise en place des réformes de Clisthène qui devaient conduire Athènes à la démocratie. Il aurait en outre participé, contre les Perses, aux batailles de Marathon et de Salamine. Il est pour nous le premier des grands tragiques. Reconnu de son vivant, il bouleverse les règles du théâtre en introduisant un deuxième acteur sur scène. Ses pièces ont une forte valeur morale, dans un style grandiose et imagé. Sur les soixante-treize œuvres qu'il aurait écrites, sept nous sont parvenues : *Les Perses*, *Prométhée enchaîné*, *Les*

Sept contre Thèbes, *Les Suppliantes*, et la trilogie de l'*Orestie*, qui relate l'assassinat d'Agamemnon à son retour de Troie (*Agamemnon*), puis celui de Clytemnestre par son fils Oreste (*Les Choéphores*) et, enfin, le procès d'Oreste (*Les Euménides*).

Euripide (*ca* 480-406 av. J.-C.)

Né à Salamine, Euripide semble n'avoir guère participé à la vie politique d'Athènes. De son vivant, il connut une réussite moins éclatante qu'Eschyle et Sophocle et le premier prix lui fut souvent refusé ; son succès a été plus grand auprès de la postérité. Génie du théâtre, Euripide maîtrise les ressorts dramatiques aussi bien que les idées. Nourries de philosophie, de sophistique et de rhétorique, sa pensée et sa langue sont hardies. Il excelle dans la peinture des sentiments, dans les débats sur le vif et dans le recours au *deus ex machina* (intervention impromptue d'un dieu pour conclure une intrigue). Des quatre-vingt-douze pièces qu'il aurait écrites, dix-huit nous sont parvenues, qui retracent des épisodes mythologiques et sont souvent centrées sur des personnages féminins : *Alceste*, *Médée*, *Hippolyte*, *Les Troyennes*, *Hélène*, *Oreste*, *Andromaque*, *Les Bacchantes*, *Hécube*, *Iphigénie en Aulide*, *Iphigénie en Tauride*, *Ion*, *Les Suppliantes*, *Électre*, *Héraclès*, *Les Héraclides* et *Les Phéniciennes*. De lui nous avons encore *Le Cyclope*, seul drame satirique conservé.

Fronton (*ca* 100-165 apr. J.-C.)

Né à Cirta en Numidie (l'actuelle Constantine), Fronton vécut principalement à Rome, où il fut chargé de l'éducation des futurs empereurs Marc Aurèle et Lucius Verus et où il parcourut la carrière des honneurs jusqu'au consulat en 143. Formé à la rhétorique, il excellait comme orateur, mais ses discours ne sont connus que par de maigres fragments. On possède, en revanche, une partie de sa correspondance, conservée par miracle dans deux manuscrits palimpsestes (c'est-à-dire des manuscrits dans lesquels une première écriture a été recouverte par une seconde ; en l'occurrence, le texte de Fronton se trouve au niveau inférieur, et n'est pas déchiffrable sans difficulté). Les lettres échangées par Fronton et Marc Aurèle, qui constituent la plus grande partie de la collection, révèlent les rapports affectueux qui unissaient l'élève et le maître et fournissent de très utiles éclairages sur l'enseignement de la littérature et de la rhétorique à l'époque.

Géminos (*ca* 100-*ca* 40 av. J.-C.)

Astronome et mathématicien grec, on lui attribue l'invention d'horloges astronomiques et des traités de géométrie et d'astronomie. Son *Introduction aux phénomènes* contient un exposé sur les calendriers qui compte parmi les plus importants de l'Antiquité.

Germanicus (15 av. J.-C.– 19 apr. J.-C.)

Fils aîné de Drusus, il fut adopté par son oncle Tibère et figurait dans la ligne de succession au trône impérial. Il mena des guerres victorieuses contre les Germains (14-16 apr. J.-C.) et réprima la mutinerie de l'armée du Rhin en 14. En 17, il reçut le commandement des provinces orientales, mais Tibère nomma Cneius Pison gouverneur de la Syrie. Les deux hommes se querellèrent et Germanicus mourut dans des circonstances douteuses. Il composa des comédies en grec, mais elles ont été perdues ; nous sont parvenus des épigrammes et des fragments de sa traduction en latin des *Phénomènes* d'Aratos.

Héliodore (IIIe ou IVe siècle apr. J.-C.)

La personne et les dates précises d'Héliodore nous sont inconnues. Son roman, *Les Éthiopiques*, en dix livres, est le plus long des romans grecs conservés. L'histoire, aussi haletante que rocambolesque, relate en mille et un détours les séparations et les retrouvailles de la belle Chariclée, fille du roi d'Éthiopie et prêtresse d'Apollon, et de Théagène, noble Thessalien. Rebondissements et mésaventures les mènent de Delphes à Méroé, en passant par les bouches du Nil, avant de les réunir enfin en Éthiopie, d'où le titre. L'ouvrage qui inspira le Tasse, Cervantès, Calderòn, le roman baroque ou précieux et l'*Aida* de Verdi fit les délices de Racine à propos duquel son fils a conté l'anecdote suivante (*Mémoires sur la vie de Jean Racine*, par Louis Racine) : « Il [Racine] avait une mémoire surprenante. Il trouva par hasard le roman grec des *Amours de Théagène et de Chariclée.* Il le dévorait, lorsque le sacristain Claude Lancelot, qui le surprit dans cette lecture, lui arracha le livre et le jeta au feu. Il trouva moyen d'en avoir un autre exemplaire, qui eut le même sort, ce qui l'engagea à en acheter un troisième ; et pour n'en plus craindre la proscription, il l'apprit par cœur, et le porta au sacristain, en lui disant : "Vous pouvez brûler encore celui-ci comme les autres." »

Héraclite (*ca* 540-*ca* 480 av. J.-C.)

Philosophe grec qui est né et a passé sa vie à Éphèse. Il appartenait à la principale famille d'Éphèse et il aurait cédé la royauté à son frère. Il aurait très efficacement contribué à la levée du siège d'Éphèse par les Perses et subi un échec politique avec l'expulsion du législateur Hermodore. Ses opinions politiques, son rapport avec l'Empire perse, continuent à faire l'objet de discussions érudites. Dans les témoignages qui nous sont parvenus, il est souvent décrit comme un philosophe arrogant, d'une grande misanthropie, formant un couple antithétique avec Démocrite : Héraclite qui pleure et Démocrite qui rit. La difficulté de sa pensée et de son expression lui valut d'être surnommé « l'Obscur ». Les Anciens lui attribuent un livre qu'il aurait dédié au temple d'Artémis à Éphèse. Sa doctrine, pour autant qu'elle puisse être reconstituée grâce aux quelques quatre-vingts fragments qui subsistent, est un mobilisme qui ne conçoit l'être qu'en devenir.

Héraclite (Ier siècle apr. J.-C. ?)

On ne sait rien de cet Héraclite (qui ne doit pas être confondu avec le célèbre philosophe présocratique Héraclite d'Éphèse). L'ouvrage transmis sous son nom, les *Allégories d'Homère*, analyse des épisodes de l'*Iliade* et de l'*Odyssée* suivant la méthode éprouvée de l'interprétation allégorique, qui consistait à découvrir, dans les récits du poète (surtout ceux qui mettent en scène les dieux), des leçons, exprimées symboliquement, à propos des éléments et des forces de la Nature (exégèse dite « physique »), des vertus et des vices (exégèse « morale »), ou à propos de faits et de phénomènes concrets (exégèse « historique »).

Hésiode (*ca* 700 av. J.-C.)

Tout ce que nous connaissons de ce poète, nous le trouvons dans ses œuvres, la *Théogonie* et *Les Travaux et les Jours.* De condition modeste, Hésiode, poète et paysan, nous raconte tenir son savoir des Muses, qui lui seraient apparues au sommet de l'Hélicon alors qu'il faisait paître ses bêtes. Dans la *Théogonie,* il évoque les origines du monde (la cosmogonie) et la naissance des dieux (la théogonie), jusqu'à l'avènement de Zeus et la victoire sur le chaos initial ; puis le poète définit la place et le rôle des hommes par rapport aux dieux. Postérieur à Homère, et contemporain de la naissance de la cité-État, Hésiode propose une synthèse de la pensée religieuse des Grecs. Dans *Les Travaux et les Jours,* il donne des conseils pratiques à ses contemporains, et notamment à son frère, Persès. Sa poésie est didactique : elle délivre un enseignement. Dans cet enseignement, les mythes sont centraux : c'est dans ce poème que se trouvent le mythe des races et celui de Pandore. Bien que sa renommée ait été éclipsée par celle d'Homère, il constitue la source la plus belle et la plus complète de la mythologie grecque. Les Anciens lui attribuaient en outre *Le Bouclier* dont l'authenticité a été mise en doute et *Le Catalogue des femmes,* aujourd'hui perdu.

Hippocrate (*ca* 460-*ca* 377 av. J.-C.)

Natif de Cos, Hippocrate était sans doute le fils d'un prêtre d'Asclépios. Après des études auprès de Démocrite et de Gorgias, il sillonna la Grèce et l'Asie Mineure avant de s'établir dans sa ville natale. Père de l'observation clinique, il préconisait la simplicité des traitements et considérait qu'il fallait surtout laisser faire la nature. Il pratiqua aussi la chirurgie et y excella. Le *Corpus hippocratique* rassemble une soixantaine de traités qui ne sont pas tous de lui, mais témoignent de l'existence autour de lui d'un véritable courant de pensée. On connaît ses célèbres *Aphorismes,* mais l'un des traités les plus novateurs est celui qui s'intitule *Des airs, des eaux et des lieux* où est exposée la théorie des humeurs et des climats.

Homère (VIIIe siècle av. J.-C. ?)

Ce n'est pas le moindre des paradoxes que le plus célèbre poète de l'Antiquité est peut-être aussi l'un des moins connus. Homère a-t-il seulement existé ? Étaient-ils plusieurs ? Le nom désigne-t-il une école d'aèdes ? Nul ne sait. « L'affaire Homère » a fait couler beaucoup d'encre, et aujourd'hui encore, les érudits multiplient les hypothèses. L'obscurité s'est faite dès l'Antiquité, en partie à cause de la célébrité de l'auteur : nombre de « vies », fictives, ont circulé, tant et si bien que, s'il y a un Homère, c'est celui que la tradition a forgé. Celui-ci vécut en Ionie, au VIIIe siècle avant J.-C., et a composé l'*Iliade* et l'*Odyssée,* immenses épopées comptant respectivement près de 16 000 et plus de 12 000 vers. Louées dès l'Antiquité, ces deux œuvres sont fondatrices de la culture occidentale. Chantées par les aèdes dans les cours aristocratiques, elles sont les premières œuvres de notre patrimoine qui nous sont parvenues intactes. L'*Iliade,* poème de la gloire et de la guerre, relate la colère d'Achille qui, pour ne pas manquer à l'idéal héroïque, fait le sacrifice de sa vie. Récit de voyage et conte merveilleux, l'*Odyssée* chante les errances d'Ulysse jusqu'à son retour à Ithaque. Les deux textes s'intègrent aux légendes issues de la guerre de Troie. À la suite de l'enlèvement d'Hélène, la femme du roi de Sparte Ménélas, les chefs grecs partent à la conquête de Troie. Gouvernée par Priam, Troie est une riche cité d'Asie Mineure (en actuelle Turquie) où ont trouvé refuge Hélène et Pâris, le prince troyen qui a ravi la jeune femme. Les combats font rage pendant dix ans, tant de part et d'autre les héros sont vaillants. Parmi les Troyens, Hector et Énée sont les plus valeureux, tandis que, côté achéen, Achille, Ajax et Diomède sont les meilleurs guerriers, auxquels il faut ajouter Ulysse le rusé. Les dieux prennent aussi part à la guerre, en favorisant leurs champions, quand ils ne vont pas eux-mêmes sur le champ de bataille. Hector puis Achille meurent au combat, si bien que l'issue de la guerre est, jusqu'aux derniers moments, incertaine. C'est alors qu'Ulysse imagine un stratagème appelé à devenir fameux : les troupes grecques font mine de partir. Il ne reste sur la plage qu'un gigantesque et mystérieux cheval de bois. Les Troyens y voient un présent des dieux et l'introduisent dans leurs murs. Les Achéens, dissimulés dans le cheval, sortent de leur cachette. Troie est dévastée : seuls Énée et quelques hommes parviennent à fuir la cité en flammes. Les chefs achéens reprennent la mer, leurs navires chargés de l'or de Troie et des princesses captives.

Horace (65-8 av. J.-C.)

Né à Venouse, dans le sud de l'Italie, Horace était probablement le fils d'un ancien esclave public affranchi. Il commença par séjourner à Rome, avant de poursuivre sa formation à Athènes. Après la période troublée des guerres civiles, où il eut le malheur de prendre sans gloire le parti des assassins de César, il rentra en Italie, et ce fut son talent qui le sauva. Remarqué par Mécène, le ministre d'Auguste, il fut admis parmi ses amis. Peu attiré par l'agitation citadine, il préféra partager son temps entre Rome et la villa de Sabine, en Italie centrale, que lui avait offerte son protecteur. Le chantre épicurien du *Carpe diem* (« Mets à profit le jour présent », car la vie est courte) est fameux pour ses *Satires*, poèmes variés et enjoués, dans lesquels il critique les travers de ses contemporains. Nous possédons également de lui des œuvres lyriques, les *Odes* et *Épodes*, qui explorent ses thématiques favorites, comme l'amour, l'amitié, l'exigence morale aussi, et l'attention au destin de la cité. Enfin, ses *Épîtres* se concluent par la célèbre *Épître aux Pisons*, où Horace définit un art poétique qui servit longtemps de référence aux théoriciens de la littérature (par exemple à Boileau).

Hymnes homériques

Si ce recueil de trente-trois poèmes s'adressant à des dieux a été attribué à Homère dans l'Antiquité, les érudits n'ont guère tardé à contester son authenticité, si bien qu'aujourd'hui c'est en référence à leur forme que le titre est conservé : tous ces poèmes sont du genre épique, s'opposant en cela à d'autres types d'hymnes. Rien de plus divers cependant, tant du point de vue du style que de celui de la date, que ces poèmes. Si l'*Hymne à Apollon* remonte à la fin du VIIIe siècle avant J.-C., l'*Hymne à Arès* pourrait dater du IVe siècle après J.-C. Nombre de ces poèmes ont été récités lors des fêtes en l'honneur des dieux qu'ils célébraient.

Jamblique (*ca* 240-*ca* 325 apr. J.-C.)

Né en Syrie, Jamblique étudia avec le néoplatonicien Porphyre à Rome, puis fonda sa propre école en Syrie, à Apamée. Philosophe néoplatonicien, il écrivit un grand nombre de commentaires platoniciens et aristotéliciens, qui sont perdus. Nous possédons de lui une *Exhortation à la philosophie*, une *Vie de Pythagore* qui fait la part belle aux miracles accomplis par cet homme divin. Chez lui, Pythagore devient une sorte de saint païen, dont les vertus et les miracles valent bien ceux des chrétiens. Son œuvre aura une influence considérable sur les néoplatoniciens Proclus et Damascius ainsi qu'un livre de défense des rituels magiques, *Sur les mystères*.

Juvénal (60-140 apr. J.-C.)

D'origine modeste, D. Iunius Iuvenalis, natif d'Aquin, se plut à opposer aux mœurs chastes et droites des

Romains de la République la dépravation de son temps. Ce râleur professionnel, cet atrabilaire des lettres latines, après s'être essayé à la rhétorique, commença à composer des satires vers l'âge de quarante ans, lorsque la chute de Domitien puis l'accession au pouvoir de Trajan et surtout d'Hadrien lui permirent de dénoncer les abus dont il avait été le témoin sous le règne de leur prédécesseur. La saynète burlesque qu'il composa autour d'un turbot, dont la taille exigea une délibération du conseil politique de Domitien, marqua Victor Hugo, qui l'évoque dans la *Préface à Cromwell.* Ses *Satires* ne sont pas uniquement politiques : flagorneurs, rimailleurs, ripailleurs, coquettes et avares, toutes les castes de la société romaine, tous les vices du genre humain pâtissent de la plume vitriolée de Juvénal.

Lucain (39-65 apr. J.-C.)

Neveu de Sénèque, Lucain ne reste qu'un an dans son Espagne natale avant d'être amené à Rome, où il est confié aux meilleurs professeurs puis introduit dans les cercles du pouvoir et dans l'intimité de Néron. La légende veut que ce génie littéraire se soit attiré la jalousie et la haine de Néron par ses succès poétiques. L'empereur aurait cherché à l'empêcher de publier ses œuvres, et en particulier son épopée, *La Guerre civile,* également appelée *La Pharsale,* consacrée à l'affrontement entre Pompée et César. Son chef-d'œuvre, qui, par sa taille, se place juste après l'*Énéide* virgilienne, relève d'une toute autre esthétique. L'ouvrage, d'inspiration stoïcienne, qui ne redoute pas d'aborder des événements récents, est marqué au coin du pessimisme et du désespoir. Le seul personnage qui suscite l'admiration de Lucain, le sage stoïcien Caton le Jeune, le dernier républicain, se suicide à Utique. Le vers qui résume le destin du sage pourrait prophétiser celui de Lucain : « La cause du vainqueur plut aux dieux, mais celle du vaincu à Caton. » (I, 128) L'écrivain s'enrôle en effet dans la conjuration de Pison qui cherche à détrôner l'empereur-tyran. Le complot échoue et Lucain, âgé de vingt-six ans, est condamné, comme son oncle, au suicide.

Lucien (*ca* 120-*ca* 180 apr. J.-C.)

Né à Samosate en Syrie, Lucien est l'un des plus brillants esprits de l'Antiquité tardive. Après des études d'éloquence et de philosophie, Lucien utilise ses talents de plaideur en donnant des cours et des conférences publiques en Asie Mineure, en Italie, en Grèce et en Gaule. Mais c'est en Égypte qu'il s'établit, et mourut vers 180 après J.-C. Son œuvre, vaste et variée (les Anciens lui prêtent plus de quatre-vingt-six ouvrages), brille par sa bonne humeur, sa vivacité et sa liberté. Homme de parole, Lucien écrivit beaucoup de discours, comme le *Dialogue des Dieux*, le *Dialogue des Morts* ou le *Dialogue des courtisanes.* Ses *Histoires vraies*, chef-d'œuvre d'inventivité, sont une plongée dans la fiction pure et peuvent se lire comme le premier ouvrage de science-fiction de l'histoire ; elles ont inspiré le voyage de Pantagruel au *Quart Livre* de Rabelais, *Micromégas* de Voltaire ou encore *Les Voyages de Gulliver* de Swift. Iconoclaste et plein de verve, Lucien excelle à tourner en dérision la vanité, l'ignorance, les croyances et la superstition de ses contemporains. Bien qu'ancrée dans son époque, son œuvre n'en est pas moins un remède intemporel à la mauvaise humeur.

Lucrèce (99/94-55/50 av. J.-C.)

La légende, propagée par Jérôme, veut que Lucrèce, égaré par un philtre d'amour, ait composé ses vers dans les moments de lucidité que lui laissait sa folie. Le *De natura rerum* serait donc la dissertation d'une tête folle. S'il n'y a guère de crédit à porter à cette histoire, force est de constater toutefois le manque navrant d'informations relatives au poète. La seule certitude est que Cicéron fut si admiratif de l'œuvre qu'il entreprit de l'éditer. Les six magnifiques livres qui la composent relatent en vers les préceptes du matérialisme inspiré de Démocrite et de l'épicurisme. Aucun préjugé ne résiste à la vigueur de la pensée de Lucrèce : le poète attaque tour à tour les croyances, la religion, les peurs, les superstitions et les mythes amoureux. L'ouvrage, dans une langue imagée et harmonieuse, développe une physique atomiste, dont est issue la théorie du *clinamen*, et une morale dans laquelle le poète fait l'éloge de son maître, le penseur grec Épicure.

Lysias (*ca* 459-*ca* 380 av. J.-C.)

Né à Syracuse, Lysias vécut à Athènes où son père s'était installé en tant que métèque à l'invitation de Périclès et avait prospéré comme fabricant de boucliers. Sa famille fut poursuivie sous le gouvernement des Trente (404 av. J.-C.), à la fois pour ses convictions démocratiques et en raison de ses richesses qui attiraient les convoitises. Les Anciens attribuaient à ce polygraphe deux cent vingt-trois discours, dont trente-quatre nous sont parvenus : ils étaient écrits pour différents clients incapables de se défendre eux-mêmes. Le seul discours qu'il ait composé pour lui-même est le *Contre Érathostène*, où il s'attaque aux Trente et à celui qui avait été responsable de la mort de son frère Polémarchos.

Macrobe (*ca* 370-après 430 apr. J.-C.)

Macrobe, né à la fin du IVe siècle, est un auteur majeur de la renaissance de la culture païenne. Sa vie n'est guère connue : il fut sans doute haut fonctionnaire et n'était pas né à Rome. Dans *Les Saturnales*, il fait revivre les principaux représentants de l'opposition païenne en lutte contre le christianisme triomphant, à l'occasion d'un banquet organisé lors des saturnales, des fêtes du mois de décembre. Macrobe renoue avec la tradition du banquet telle que l'avait initiée Platon et développée Plutarque. Dans ce dialogue fictif, douze personnages, un nombre symbolique, participent au banquet. Les convives sont d'origines diverses, grecque, romaine ou égyptienne. Deux jeunes gens sont présents, Servius, qui n'est autre que le célèbre commentateur de Virgile, et Avienus, associé généralement à Avianus, un auteur de fables. Très documentées, *Les Saturnales* constituent une véritable encyclopédie ainsi qu'un vaste répertoire de citations. Macrobe est aussi l'auteur d'un *Commentaire au songe de Scipion,* texte fondateur écrit par Cicéron, et qui connut une grande fortune au Moyen Âge.

Nonnos de Panopolis (ve siècle apr. J.-C.)

Né au ve siècle après J.-C., à Panopolis en Égypte, Nonnos est un des derniers auteurs de l'Antiquité, en même temps que l'un des plus fascinants. Était-il chrétien ? païen ? l'un puis l'autre ? Les critiques sont perplexes. Toujours est-il que deux œuvres de lui nous sont parvenues, quoique de manière bien inégale, *Les Dionysiaques,* vaste épopée de quarante-huit chants dédiée à Dionysos, et une *Paraphrase à l'Évangile selon saint Jean,* dont seuls quelques fragments subsistent. Ces œuvres témoignent de l'éclectisme et de la richesse de la littérature tardive. « Grandes », *Les Dionysiaques* le sont à plus d'un titre tant le style et le sujet sont amples, voire démesurés. Le poète y traite des grands épisodes de la geste de Dionysos, notamment son expédition aux Indes. Érudit et baroque, ce poème constitue une source exceptionnelle pour la mythologie.

Orphée et l'orphisme

Pour les anciens Grecs, Orphée appartient à la génération antérieure à celle qui fit la guerre de Troie. Fils de Calliope, la première des Muses, il doit être le premier des poètes. Son nom est lié aux cultes à mystères les plus connus dans l'Antiquité romaine, ceux de Phlya, de Samothrace, d'Éleusis et de Dionysos.

On lui attribue une théogonie dont il subsiste trois versions : une version ancienne évoquée par Aristophane, Platon et Aristote ; une version qui est commentée dans le papyrus de Derveni et deux versions plus récentes, celle des *Discours sacrés en 24 rhapsodies,* puis celle attribuée par

Damascius à Hiéronymos et à Hellanikos. À l'époque impériale, de nombreux écrits circulaient sous le nom d'Orphée : des épigrammes et des hymnes célébrant notamment Dionysos, Éros et Déméter. Il ne faut pas confondre ces hymnes avec les *Hymnes orphiques*, recueil de quatre-vingt-dix-huit hymnes qui pourraient remonter au IIe ou au IIIe siècle de notre ère, qui se présentent sous forme de litanies en l'honneur des principales figures de l'orphisme. Vers le milieu du Ve siècle après J.-C. apparut un poème, les *Argonautiques*, censé avoir été composé par Orphée pour son disciple Musée et qui racontait le périple des Argonautes.

Ovide (43 av. J.-C.-*ca* 18 apr. J.-C.)

Le « clerc de Vénus », le « précepteur d'Amour » est le plus jeune des poètes augustéens et n'a connu que la paix. Pour cette raison, il sera moins reconnaissant à Auguste de l'avoir ramenée, et plus insolent envers le nouveau maître de Rome. Un premier poste de *triumvir* le détourne vite de la vie politique au profit d'une vie mondaine vouée à l'érotisme et à la poésie. Les joutes du forum l'ennuient, le cénacle de Messala l'exalte, même s'il n'entend pas limiter la diffusion de ses œuvres à ce cercle restreint. Il est l'un des premiers auteurs à se soucier de son public anonyme mais nombreux et fidèle. Pour des raisons qui nous sont obscures – Auguste invoquera l'immoralité de *L'Art d'aimer*, mais ce prétexte paraît peu convaincant – Ovide est exilé à Tomes dans l'actuelle Roumanie, au bord de la mer Noire, où il meurt dans la désolation, abandonné de tous et de tout, sauf de ses livres. Son œuvre de virtuose, étourdissante de facilité et de beauté, s'étend dans trois directions. Un premier ensemble regroupe les *Héroïdes* (les lettres d'amour écrites par les héroïnes de la mythologie à leurs amants), commencées à l'âge de dix-huit ans, *Les Amours*, *L'Art d'aimer* et *Les Remèdes à l'amour*. *Les Fastes* et *Les Métamorphoses* appartiennent à une veine plus purement mythologique et savante : *Les Fastes* relatent l'origine des fêtes du calendrier tandis que *Les Métamorphoses* narrent les transformations des hommes en animaux et en plantes. La troisième période s'ouvre avec l'exil où Ovide, dans les *Tristes* et les *Pontiques*, revient au vers élégiaque qui lui est cher et se consacre à une poésie de la vieillesse et de la nostalgie.

Pétrone (mort *ca* 66 apr. J.-C.)

L'homme demeure un inconnu, bien qu'on l'identifie au Pétrone dont parle Tacite, un sybarite insouciant et raffiné. Surnommé « l'arbitre des élégances », il sut entrer à la cour de Néron, avant d'en être évincé et contraint au suicide, comme beaucoup de proches de l'empereur, non sans avoir pris le temps de composer un récit des débauches du prince qu'il lui fit parvenir. Mais d'autres le font vivre au début du IIIe siècle ou bien encore à la cour des Flaviens. Reste l'œuvre, insolite et éclectique, *Le Satiricon*, « histoires satiriques » ou « histoires de satyres », le premier « roman réaliste ». Il se distingue des romans grecs contemporains centrés sur une intrigue mièvre. Nous en possédons de larges extraits qui paraissent se situer sous les règnes de Claude ou Néron. Accompagné de son ami Ascylte et du petit Giton, son esclave, Encolpe, le narrateur, vole d'aventure en aventure. Trois temps forts rythment le récit : le repas de Trimalcion, le « nouveau riche » affranchi, la légende de la veuve d'Éphèse, et le séjour à Crotone, paradis des vieillards encore verts et des captateurs d'héritages. Exploration de la « comédie humaine », le livre donne l'occasion de savoureuses descriptions de la société romaine et de parodies pleines d'humour et de grivoiserie.

Philostrate (IIe siècle apr. J.-C.)

Sous le nom de Philostrate nous sont parvenus des ouvrages dont la datation et le style renvoient à des personnes différentes : la *Vie d'Apollonios de Tyane*, les *Vies des sophistes*, l'*Héroïcos*, le *Gymnasticos*, et deux séries d'*Eikones*. La première série de ces *Eikones* (*La Galerie de tableaux*, dont est cité un extrait dans ce volume) est attribuée à Philostrate l'Ancien, un rhéteur originaire de Lemnos, qui exerça ses talents à Athènes puis à Rome et fut un familier de l'impératrice Julia Domna. L'ouvrage, témoignage de la critique d'art à l'époque impériale, se présente comme une succession de descriptions de panneaux peints, fictifs ou réels, qui ornaient le portique d'une maison napolitaine. L'auteur suit en cela la tradition du genre de l'*ekphrasis* (description d'un objet ou d'une œuvre d'art). Les descriptions sont assorties de commentaires, reflétant la culture étendue de l'observateur et destinés à forger le goût des jeunes gens qui l'accompagnent. Dans sa verve brillante, le discours du critique finit par rivaliser avec les chefs-d'œuvre commentés, car si les tableaux se voient convertis en objets littéraires, le critique n'en exalte pas moins le pouvoir de la parole et sa capacité à faire apparaître l'objet décrit en créant l'illusion de sa présence.

Platon (427-347 av. J.-C.)
Le célèbre philosophe grec était un citoyen athénien, issu d'une des grandes familles de la cité. Alors que sa noble origine, sa richesse et son éducation le destinaient à devenir dirigeant politique ou savant pédagogue (un de ces sophistes honnis par l'écrivain), Platon choisit de devenir philosophe, à l'imitation de son maître et concitoyen Socrate. Loin toutefois de se retirer de la vie publique, le philosophe tel que Platon l'a inventé se consacre à la réforme de la cité et de ses habitants, soit par ses écrits, soit par son enseignement. Il institua en outre l'Académie où les élèves (parmi lesquels Aristote) venaient suivre ses leçons aussi bien que celles des prestigieux savants invités. Son œuvre est immense et la culture occidentale n'a eu de cesse d'y puiser des enseignements. Deux groupes sont cependant identifiables : les premiers dialogues, mettant en scène les entretiens de Socrate, tels que *Gorgias, Phèdre* ou *Protagoras*, et les

œuvres de plus longue haleine où Platon exprime sa seule pensée, comme *La République*.

Plaute (*ca* 255-184 av. J.-C.)

Tenté par le « bas comique » jusque dans le nom qu'on lui prête, T. Macc(i)us (la « grosse mâchoire ») Plautus (« aux pieds plats ») est né en Ombrie. C'est du savant latin Varron (116-27 av. J.-C.) que nous tenons nos informations sur son existence, qui restent sujettes à caution. Venu à Rome pour faire carrière dans les métiers du théâtre, il fut acteur, s'essaya au commerce, se ruina et tenta divers métiers (jusqu'à être l'esclave d'un meunier) avant de se mettre à écrire des comédies, toujours pour gagner sa subsistance ; la réalité semble dans son cas dépasser la fiction. On lui attribue cent trente pièces, dont vingt et une ont été conservées et jugées authentiques par Varron. Soucieux de plaire au goût de l'époque qui réclamait des sujets grecs, Plaute puisa le sujet de ses pièces dans les « comédies nouvelles » de Ménandre, tout en les adaptant au public latin, friand d'allusions et de jeux de mots sur la situation contemporaine. L'usage du prologue où le personnage s'adresse directement au public, les intrigues vaudevillesques sont ses innovations les plus délectables. Après sa mort, Plaute eut un tel succès que beaucoup de pièces ont circulé sous son nom. Molière s'est inspiré de son talent et de ses sujets, notamment dans *Amphitryon* et dans *L'Avare*.

Pline l'Ancien (23-79 apr. J.-C.)

Polymathe, père de l'esprit encyclopédiste et surnommé à juste titre « le plus illustre apôtre de la science romaine », Pline l'Ancien sut allier le goût du savoir à celui du pouvoir. Sous le règne de l'empereur Vespasien, il exerça quatre procuratèles avant de devenir commandant de la flotte impériale de Misène. En même temps, il se consacra à des recherches tantôt érudites, tantôt généralistes, allant de l'étude des phénomènes célestes, à la sculpture et à la peinture, en passant par l'agriculture et la philosophie. Sa curiosité et son insatiable désir de connaissance lui coûtèrent la vie : en 79 Pline périt dans les laves du Vésuve dont il s'était approché pour en observer l'éruption. Il aurait écrit plus de cinq cents volumes, dont seuls nous sont parvenus les trente-sept livres de l'*Histoire naturelle*, achevée et publiée en 77. Son neveu et fils adoptif, Pline le Jeune, nous apprend que Pline fut en outre historien (il aurait consacré vingt livres aux guerres de Germanie et trente et un à l'histoire romaine), rhéteur et grammairien.

Plutarque (*ca* 45-125 apr. J.-C.)

Né à Chéronée, en Béotie, Plutarque est issu d'une famille de notables. Après avoir visité Athènes, où il étudie, l'Égypte et l'Asie Mineure, il s'installe à Rome et acquiert la citoyenneté. Plutarque a laissé une œuvre importante, dans laquelle la philosophie et la biographie occupent une place de choix. Sous le titre de *Moralia* sont regroupés ses nombreux traités de philosophie morale qui offrent une synthèse érudite et passionnante des différentes écoles, de Platon, d'Aristote, des stoïciens et des épicuriens. En sa qualité de moraliste, Plutarque s'est intéressé à la vie des hommes illustres, en rédigeant des biographies dans lesquelles il établit et analyse les vices et les vertus de chacun. Nous disposons ainsi de vingt-trois paires de ses *Vies parallèles*, où sont à chaque fois rapprochés un Grec et un Latin. À noter, pour compléter une vie et une œuvre riches et éclectiques, les *Dialogues pythiques*, écrits durant les années que Plutarque a passées à Delphes comme prêtre du sanctuaire d'Apollon. Dès l'Antiquité, l'influence de Plutarque a été considérable. Au-delà de leur portée philosophique, ses œuvres sont une mine de renseignements pour tous ceux qui s'intéressent à la civilisation gréco-romaine.

Polybe (200-118 av. J.-C.)

Né en Arcadie dans une famille de militaires, il fut élu *hipparque*, commandant de la cavalerie achéenne, vers 170 avant J.-C. À la suite de la victoire de Paul Émile à Pydna, il fit partie des mille otages emmenés à Rome, où il s'attira la bienveillance de Scipion Émilien, qu'il accompagna en Gaule et en Afrique. Par la suite, il fut négociateur entre les Grecs et les Romains et il participa à la réorganisation politique de la Grèce. Il mourut d'une chute de cheval en 118 avant J.-C. Il écrivit des *Histoires* en quarante livres dont seule une partie nous a été conservée. Fasciné par la puissance romaine, il voulut en comprendre la raison et crut pouvoir la trouver dans un régime politique qu'il identifia à la constitution mixte de Platon et d'Aristote, autrement dit à un mélange des trois régimes fondamentaux : la monarchie, l'aristocratie et la démocratie. La coexistence de ces formes avait selon lui pour effet de bloquer le processus de dégénérescence inhérent à chacune des constitutions. Historien d'une rigueur exceptionnelle, Polybe fut donc l'un des tout premiers penseurs à élaborer une véritable philosophie de l'histoire.

Properce (*ca* 50-*ca* 15 av. J.-C)

Properce, le « Callimaque romain », le véritable héritier de l'alexandrinisme grec, révèle dans son œuvre qu'il est né en Ombrie, sans doute à Assise, dans une famille proche du rang équestre. Son enfance, durant laquelle il voit mourir son père, est marquée par la violence des guerres civiles dont il est directement victime. Sa mère le conduit à Rome pour achever une éducation qui le destinait à devenir avocat. Properce lui préfère une carrière poétique et amoureuse. Il appelle « Cynthie » la femme qui lui inspire la *monobiblos*, le premier livre de son recueil d'*Élégies*, publié vers 29. Le pseudonyme dissimulerait une certaine « Roscia » (et non « Hostia »). Cette première publication lui apporte le succès, l'intérêt et la faveur de Mécène, l'éminence grise d'Auguste. Le chevalier Mécène, féru d'art et de littérature, entretenait un cercle d'écrivains qu'il encourageait à chanter les vertus du nouveau régime instauré par Auguste, sans les y contraindre toutefois.

Properce peut ainsi continuer à composer et à publier un deuxième, puis un troisième recueil d'élégies érudites et précieuses où sa liaison amoureuse tient le premier rôle. Dès le troisième livre, cependant, la place concédée aux péripéties de cette passion se réduit. L'auteur élégiaque commence à aborder d'autres sujets, plus sérieux et plus conformes aux orientations de la politique du prince. C'est surtout dans le quatrième et dernier livre qu'il laisse libre cours à une inspiration morale, civique et historique en conservant toutefois le mètre élégiaque et quelques allusions à sa bien-aimée. Les témoignages sur la date de sa mort ne concordent pas et nous ignorons toujours si le quatrième livre est posthume.

Prudence (348-405/410 apr. J.-C.)

Né en Espagne, Prudence était un chrétien laïc de la grande aristocratie provinciale. Il parcourt une carrière juridique et politique brillante, puis se retire du monde, non sans garder des liens avec les puissants. La partie lyrique de son œuvre est composée du *Cathemerinon Liber (Livre d'heures)*, recueil d'hymnes sur les moments de la journée et sur les fêtes chrétiennes, et du *Peristephanon Liber (Livre des couronnes)*, consacré à divers martyrs. Ses ouvrages didactiques portent sur la nature de Dieu (*Apotheosis*), l'origine du mal (*Hamartigenia*) et le combat des vices et des vertus (*Psychomachia*). Ce poète virtuose et érudit, surnommé l'Horace chrétien, a contribué à réconcilier le christianisme et la culture antique.

Ptolémée (*ca* 100-178 apr. J.-C.)

Astronome, mathématicien et géographe grec, il vécut à Alexandrie. Il fit la synthèse du savoir astronomique de son temps dans sa *Syntaxe mathématique*, à laquelle les traducteurs arabes donnèrent le nom de la « Très grande », *Almageste*. Ptolémée y développe une théorie géocentriste de l'univers qui fut acceptée jusqu'à l'époque de Copernic et de Képler. Son œuvre astrologique exerça également une grande influence, de même que son manuel de géographie qui conduisit Colomb à penser qu'il avait atteint l'Asie alors qu'il était en réalité dans les Caraïbes.

Quintilien (*ca* 30-après 95 apr. J.-C.)

Quintilien, né à Calagurris (aujourd'hui Calahorra) en Espagne, enseigna la rhétorique dans sa province avant d'être remarqué par l'empereur Galba, qui le fit venir à Rome. Il commença alors une brillante carrière d'avocat et de professeur titulaire d'une chaire impériale, avant d'être choisi par Domitien pour prendre en charge l'éducation des deux petits-fils de l'empereur. Outre un traité perdu *Sur les causes de la corruption de l'éloquence*, Quintilien composa dans les dernières années de sa vie son œuvre majeure, l'*Institution oratoire* (titre calqué sur le titre latin, qui signifie en fait « l'éducation de l'orateur »). Somme de l'expérience de toute une vie, rempli de culture et d'humanité, ce vaste ouvrage, en douze livres, est un cours complet, qui expose les principes, les méthodes et les contenus, depuis les rudiments jusqu'à l'achèvement de la formation. L'*Institution oratoire* est le meilleur panorama existant de la rhétorique antique et le principal ouvrage qu'il convient de lire si l'on veut comprendre en profondeur cette discipline.

Sénèque (*ca* 1 av. J.-C.-65 apr. J.-C.)

Le « toréador de la vertu », selon le mot de Nietzsche, est né autour de l'an 1 avant J.-C., à Cordoue, dans le sud de l'Espagne. Si le nom de Sénèque est, à juste titre, associé à la pensée stoïcienne, sa vie et son œuvre ne s'y résument pas. Sénèque suit les enseignements de Sotion d'Alexandrie, un stoïcien, puis est initié en Égypte aux cultes orientaux. La carrière politique du philosophe est tout aussi brillante que sa carrière littéraire, même s'il connaît des disgrâces, un exil et échappe à une première condamnation à mort sous Caligula : précepteur de Néron, régnant dans l'ombre sur l'Empire, on lui attribue aussi neuf tragédies fameuses, dont *Œdipe*, *Hercule furieux* et *Médée,* qui représenteraient les ravages des passions dénoncées dans ses traités philosophiques. Son œuvre philosophique reste la plus marquante : *De tranquillitate animi, De clementia, De vita beata* ou *De constantia animi,* autant de traités où Sénèque, parallèlement à sa carrière d'homme d'État, développe les principes de la philosophie stoïcienne, invite à la conversion au souci de soi et évoque les avantages de la retraite : le sage n'y occupe plus une responsabilité mesquine et disputée dans la cité mais une place essentielle dans la république de l'univers. Néron au pouvoir se méfie de son ancien maître et tente de le faire empoisonner. Retiré à Naples par crainte de l'empereur, le penseur stoïcien mène l'existence érudite et tranquille d'un philosophe, soigne son corps et son âme et compose les *Lettres à Lucilius.* Sa fin est exemplaire : impliqué dans la conjuration de Pison, Sénèque choisit de se suicider et s'emploie avec un grand courage à rejoindre dans la mort une autre figure emblématique du stoïcisme, Caton d'Utique.

Silius Italicus (26-101/102 apr. J.-C.)

Orateur et avocat de renom, Silius Italicus fut consul sous Néron et proconsul d'Asie sous Vespasien. De retour à Rome, ce grand collectionneur de livres et d'œuvres d'art, admirateur de Cicéron et de Virgile, se consacra à une carrière littéraire. Il composa alors une épopée en dix-huit chants consacrée à la deuxième guerre punique, les *Punica* (« La Guerre punique ») où il mêle histoire et merveilleux (comme lorsqu'il raconte la descente de Scipion aux enfers). Selon Pline le Jeune, ce représentant avec Stace et Valérius Flaccus de ce que l'on appelle « l'épopée flavienne » aurait choisi de se laisser mourir de faim alors qu'il se savait atteint d'une tumeur incurable.

Suétone (*ca* 70-122 apr. J.-C.)

Des très nombreux ouvrages que composa Suétone, deux seulement sont parvenus jusqu'à nous, les *Vies des douze Césars* et le traité *Grammairiens et Rhéteurs.* L'auteur appartenait à l'ordre équestre et fit carrière comme haut fonctionnaire, notamment grâce à Pline le Jeune, qui était son ami et qui l'aida de son influence. Ses *Vies*, tant par les empereurs qu'elles évoquent que par le talent et l'érudition qu'elles déploient, sont un monument de la littérature latine, Dans cet ouvrage, il raconte la vie des Julioclaudiens et des Flaviens, de Jules César à Domitien, en consacrant à chacun des empereurs un livre. De ce fait, il rompt avec la tradition annalistique par laquelle les historiens rendaient compte des événements, année par année, et inaugure une nouvelle forme d'historiographie. Il privilégie une conception anecdotique de l'histoire, collectionnant les détails précis, parfois scabreux (les ragots au dire des mauvaises langues), consignant les faits et gestes des empereurs, comme révélateurs d'une personnalité : derrière les hommes d'État nous découvrons ainsi des hommes dans leur singularité, avec leurs vices et leurs passions. Ses biographies seront un modèle pour les biographes du Moyen Âge.

Tacite (55/57-116/120 apr. J.-C.)

Le « plus grand peintre de l'Antiquité », comme l'a appelé Racine, s'est intéressé à la politique avant de se consacrer à l'histoire. Servi par de brillants talents oratoires, son amitié avec Pline le Jeune et un mariage avantageux, Tacite, né dans une famille de rang équestre de la Gaule narbonnaise, devint consul en 97 puis proconsul d'Asie en 112-114. Il disparaît ensuite, comme son grand ami Pline le Jeune, et meurt sans doute au début du règne d'Hadrien. Sa carrière d'écrivain commence par un essai consacré à la rhétorique, le *Dialogue des orateurs*, où il s'interroge sur les causes de la décadence de l'art oratoire et sur ses raisons d'être sous le régime impérial où l'empereur détenait la plupart des pouvoirs. Suivent deux brèves monographies, une apologie de son beau-père, Agricola, et un essai ethnographique sur la Germanie. C'est ensuite que Tacite écrit ses deux chefs-d'œuvre, les *Histoires*, qui retracent les destinées de Rome du règne de Galba (3 av. J. C.-69 apr. J.-C.) au règne de Domitien (51-96), et les *Annales*, qui remontent plus loin dans le passé, de Tibère (42 av. J.-C.-37 apr. J.-C.) à Néron (37-68 apr. J.-C.). S'appuyant sur une documentation de première main et visant à l'impartialité, Tacite cherche à pénétrer le secret des âmes pour mieux mettre en lumière les ressorts de l'histoire et recréer l'atmosphère de ces moments qu'il présente sous un jour généralement sombre et pessimiste. Loin d'être un catalogue d'*exempla*, les œuvres de Tacite montrent les vertueux toujours punis et les innocents persécutés. Toujours à l'affût de la « scène à faire », il est célèbre, comme Tite-Live, pour les discours qu'il recrée. Il ne dédaigne pas de tirer des leçons de morale dans un style personnel, cultivant les raccourcis et les dissymétries, les formules condensées et expressives. Son style est l'incarnation de la *breuitas*, la « brièveté », que certains présentent comme une vertu du discours, et son nom, « Tacite », semble présager son style.

Théocrite (*ca* 315-*ca* 250 av. J.-C.)

Originaire de Syracuse, Théocrite se rend à Alexandrie où les Ptolémées ont la cour le plus fameuse de l'époque hellénistique. Avec Aratos, Callimaque et Nicandre, il est un des protégés de Ptolémée Philadelphe. Son nom est aussi attaché à l'île de Cos, où il aurait séjourné. La poésie de Théocrite appartient à la tradition pastorale ou bucolique : la vie aux champs, celle des pâtres, des bouviers, des moissonneurs, devient l'objet d'un poème évoquant la joie et la douceur de vivre. Les *Idylles*, d'une grande liberté stylistique, prennent pour modèles tour à tour les hymnes, les monologues, les éloges, les dialogues, les descriptions ou les joutes poétiques. Sa poésie n'est pas uniquement pastorale : la vie citadine, comme dans *Les Syracusaines ou Les Femmes à la fête d'Adonis*, les peines d'amour dans *Les Magiciennes*, ou la mythologie, par exemple dans *Héraclès enfant*, y sont aussi évoquées. Quels que soient les sujets, la poésie de Théocrite est pleine d'esprit et de vie.

Thucydide (*ca* 460-400 av. J.-C.)

Athénien, fils d'Oloros, Thucydide avait, par sa famille, des attaches avec la Thrace et comptait probablement Miltiade et Cimon, deux grands hommes d'État, parmi ses ascendants. En 430, il fut atteint par l'épidémie qui sévissait à Athènes. En 424, il exerça les fonctions de stratège et fut chargé d'un commandement, aux abords de la Thrace précisément : ayant essuyé un échec, il fut exilé d'Athènes, où il ne revint qu'en 404. Dès le début de la guerre du Péloponnèse, qui opposa Athènes et Sparte (431-404 av. J.-C.), il avait conçu le projet d'écrire l'histoire des événements qui étaient en train de se produire et il s'était mis au travail, travail qu'il continua jusqu'à la fin de sa vie. Son ouvrage monumental, *La Guerre du Péloponnèse*, analyse les causes du conflit, puis relate la période 431-411 ; il est inachevé, sans doute parce que l'auteur mourut avant d'avoir pu le terminer. Xénophon prendra la suite, en faisant commencer ses *Helléniques* exactement en 411. L'œuvre de Thucydide a bénéficié à la fois de l'expérience politique de son auteur et des idées nouvelles qui se répandaient à Athènes, et dont il avait connaissance (sophistique, rhétorique, médecine). Elle marque une étape décisive dans le genre historique et, encore aujourd'hui, elle force l'admiration par l'étendue de l'information, la rigueur scientifique, la recherche des explications rationnelles – ce qui n'empêche pas des choix personnels de la part de l'historien (par exemple son respect pour Périclès) et une mise en forme littéraire, notamment au moyen des discours. En une formule célèbre, Thucydide a défini l'histoire comme « une acquisition pour toujours ».

Tite-Live (*ca* 60 av. J.-C-17 apr. J.-C.)

La vie de Tite-Live est sans doute l'une des plus calmes parmi celles des auteurs antiques. Il fallait bien une telle sérénité pour composer une œuvre-fleuve comme celle à laquelle le plus prolixe des historiens latins donna le jour. Originaire de Padoue, il consacre sa vie à sa famille et à son œuvre. Cet intime d'Auguste, attaché à ses convictions républicaines, limite ses séjours à la cour, où il occupe toutefois les fonctions de précepteur du futur empereur Claude. Il est l'auteur d'écrits d'inspiration philosophique aujourd'hui perdus, mais surtout d'une histoire romaine, *ab Vrbe condita*, « depuis la fondation de Rome », en cent quarante-deux livres. Seule la mort interrompt son travail. Il nous reste trente-cinq livres, fort instructifs, qui sont notre source principale sur l'histoire archaïque de Rome. Malheureusement, les livres consacrés aux guerres civiles ont disparu. Tite-Live s'appuie sur différents matériaux : des légendes, des documents officiels, les œuvres des premiers historiens, les « annalistes », qui consignaient tous les événements importants survenus chaque année. Il ne se livre pas nécessairement à une critique des sources, mais juxtapose les différentes versions sans forcément évoquer ses préférences ou les doutes qu'une légende peut lui inspirer. Son travail se veut non seulement narratif mais aussi explicatif et didactique : son ouvrage multiplie les *exempla*, les figures de citoyens exemplaires qui ont fait la force et la grandeur de la Rome des premiers temps et qui doivent aujourd'hui servir de mémento à ses contemporains dévoyés par le luxe et la débauche. Tite-Live cherche également à composer une œuvre d'art : l'exigence de vérité ne l'amène jamais à sacrifier sa visée esthétique.

Valerius Flaccus (Ier siècle apr. J.-C.)

Valerius Flaccus n'aura pas vécu assez longtemps pour achever son poème des *Argonautiques*, qui s'interrompt brusquement au livre VIII. Le sujet en est la conquête de la toison d'or par Jason et ses compagnons. Il avait déjà été traité en quatre livres par Apollonios de Rhodes, qui a servi de modèle au poète latin, mais le ton en est plus pathétique, et Valerius Flaccus donne à ses héros une dignité toute romaine. L'influence de Virgile en particulier est si sensible dans son œuvre qu'on a pu la qualifier de « néoclassique ».

Virgile (70-19 av. J.-C.)

Si Homère devait avoir un double latin, ce serait Virgile, tant son œuvre fut célébrée, autant par les Anciens que par les générations suivantes. Issu d'une famille modeste spoliée d'une partie de ses biens par la guerre civile, Virgile est né à Mantoue et ne tarde guère à se consacrer à la poésie, après avoir étudié la rhétorique et la philosophie épicurienne à Crémone, Milan et Rome. À trente ans à peine il a déjà composé les *Bucoliques*, pièces champêtres à la manière du poète grec Théocrite, qui comportent plusieurs allusions à la triste réalité contemporaine des propriétaires spoliés. Il poursuit avec les *Géorgiques*, imitées de la poésie didactique d'Hésiode. Mécène puis l'empereur Auguste le remarquent, l'encouragent et lui redonnent un petit domaine rural en Campanie. Virgile devient ainsi le chantre officiel de l'Empire. Toutefois, ce poète de cour est un poète de génie. Désireux de chanter la gloire d'Auguste, il a cependant l'idée de ne pas célébrer directement ses exploits mais d'entreprendre une épopée propre à flatter tant le prince que l'orgueil national : l'*Énéide* relate les exploits d'Énée, chef troyen, fils de Vénus et ancêtre mythique de la famille d'Auguste et du peuple romain. Un réseau complexe d'allusions à la destinée future du peuple romain assure le lien entre le récit fabuleux des origines et l'histoire contemporaine. C'est ainsi que les Romains ont pu rivaliser avec les glorieux héros grecs. Insatisfait de son œuvre, Virgile avait demandé à Varron de la jeter dans les flammes s'il venait à mourir. Bravant la volonté du poète mort brusquement d'une insolation, Auguste en ordonna la publication. Dès lors l'épopée nationale fut considérée comme un véritable abrégé du savoir humain et le modèle de la grande poésie, louée tant par les païens que par les chrétiens. À partir des trois œuvres du poète s'élabora le modèle de « la roue de Virgile » : les motifs, les tournures de chacune servaient de références aux trois niveaux de style, bas, moyen et élevé (*humile, mediocre, sublime*).

Xénophon (426-354 av. J.-C.)

Né près d'Athènes, Xénophon est issu d'une famille aristocratique très aisée. Il prend part à la défense d'Athènes dans la guerre du Péloponnèse. En 401, il rejoint les Spartiates combattant en Asie Mineure aux côtés de Cyrus, qui cherchait alors à renverser son frère. Après l'échec de la campagne des Dix-Mille, où Cyrus perdit la vie, il est élu général, et, traversant l'Asie, conduit les Grecs jusqu'à Trébizonte, exploit qu'il raconte dans l'*Anabase.* Surnommé « l'abeille grecque », Xénophon nous a laissé une œuvre aussi variée qu'abondante. De l'enseignement de Socrate dont il fut le disciple, il a tiré des ouvrages dits socratiques, les *Mémorables, Le Banquet,* l'*Apologie* et, d'une certaine manière, l'*Économique* (dialogue socratique évoquant les problèmes de gestion d'un domaine). Son travail d'historien se compose de l'*Anabase* et surtout des *Helléniques* où il poursuit le récit de la guerre du Péloponnèse là où Thucydide avait interrompu son enquête. Outre des traités sur la cavalerie, la chasse et une histoire romancée de la vie de Cyrus, la *Cyropédie,* nous lui devons des ouvrages politiques témoignant de son admiration pour Sparte, la cité rivale d'Athènes.

POUR ALLER PLUS LOIN

Sources

Nota bene. L'abréviation « CUF » désigne la Collection des Universités de France, publiée à Paris par Les Belles Lettres.

Ambroise de Milan

Hymnes, texte établi, traduit et annoté sous la direction de J. Fontaine, par J.-L. Charlet, S. Deléani, Y.-M. Duval, J. Fontaine, A. Goulon, M.-H. Jullien, J. de Montgolfier, G. Nauroy, M. Perrin, H. Savon, Paris, Éditions du Cerf, 1992.

Ammien Marcellin

Histoires, tome III : *Livres XX-XXII*, texte établi, traduit et annoté par J. Fontaine avec la collaboration de E. Frézouls et J.-D. Berger, « CUF », 1996.

Anthologie Grecque

Anthologie Palatine, tome II : *Livre V*, texte établi et traduit par P. Waltz et J. Guillon et tome VIII : *Livre IX, Épigrammes 359-827*, texte établi et traduit par P. Waltz, G. Soury, J. Irigoin et P. Laurens, « CUF », 1929 et 1974.

Anthologie de la poésie grecque, par R. Brasillach, Paris, Stock, 1991 (1950).

APOLLONIOS DE RHODES

Argonautiques, tome I : *Chants I-II* et tome II : *Chant III*, texte établi et commenté par F. Vian et traduit par É. Delage, « CUF », 1974 et 1980.

APULÉE

Les Métamorphoses, tome I : *Livres I-III*, tome II : *Livres IV-VI* et tome III : *Livres VII-XI*, texte établi par D.S. Robertson et traduit par P. Valette, « CUF », 1940, 1941 et 1945.

Opuscules philosophiques. Fragments (Du Dieu de Socrate – Platon et sa doctrine – Du monde), texte établi, traduit et commenté par J. Beaujeu, « CUF », 1973.

ARATOS

Phénomènes, tomes I et II, texte établi, traduit et commenté par J. Martin, « CUF », 1998.

ARCHIMÈDE

Œuvres, tome II : *Des spirales – De l'équilibre des figures planes – L'Arénaire – La Quadrature de la parabole*, texte établi et traduit par C. Mugler, « CUF », 1971.

ARISTOPHANE

Comédies, tome III : *Les Oiseaux – Lysistrata* et tome V : *L'Assemblée des femmes – Ploutos* texte établi par V. Coulon et traduit par H. Van Daele, « CUF », 1928 et 1982 (5e tirage).

ARISTOTE

Petits traités d'histoire naturelle, texte établi et traduit par R. Mugnier, « CUF », 1953.

ARTÉMIDORE

La Clef des songes. Onirocritique, traduit du grec et présenté par J.-Y. Boriaud, Paris, Arléa, 1998.

Oneirokritika ou « Traité d'interprétation des rêves », traduction et étude en préparation par l'équipe Artémidore, dirigée par J. du Bouchet et C. Chandezon (laboratoire CRISES – université Paul-Valéry, Montpellier-3).

AUGUSTIN (saint)
Confessions, tome II : *Livres IX-XIII*, texte établi et traduit par P. de Labriolle, revu et corrigé par M. Testard, « CUF », 1994 (9e tirage).

AULU-GELLE
Les Nuits attiques, tome I : *Livres I-IV*, texte établi et traduit par R. Marache, « CUF », 1967.

BOÈCE
La Consolation de philosophie, introduction, traduction et notes par J.-Y. Guillaumin, Paris, Les Belles Lettres, « La Roue à livres », 2002.

BUCOLIQUES GRECS, tome I : Théocrite, texte établi et traduit par P.-E. Legrand, « CUF », 1925.

CATULLE
Poésies, texte établi et traduit par G. Lafaye, « CUF », 1923.

CÉSAR
Guerre des Gaules, tome II : *Livres V-VIII*, texte établi et traduit par L.-A. Constans (1926), 14e édition revue et corrigée par A. Balland, « CUF », 2002 (2e tirage).

CICÉRON
Caton l'ancien. De la vieillesse, texte établi, traduit et commenté par P. Wuilleumier, « CUF », 1961.
De la divination, traduit et commenté par G. Freyburger et J. Scheid, Paris, Les Belles Lettres, « La Roue à livres », 1992.

CLAUDIEN

Œuvres, tome I : *Le Rapt de Proserpine*, texte établi et traduit par J.-L. Charlet, « CUF », 1991.

CORIPPE

Berbères ou barbares ? Recherches sur le livre second de la Johannide de Corippe, traduction et commentaire par V. Zarini, Nancy, ADRA/Paris, diff. de Boccard, 1997.

ÉPICTÈTE

Entretiens, tome III : *Livre III*, texte établi et traduit par J. Souilhé avec la collaboration de A. Jagu, « CUF », 1963.

ESCHYLE

Tragédies, tome I : *Les Suppliantes – Les Perses – Les Sept contre Thèbes – Prométhée enchaîné* et tome II : *Agamemnon – Les Choéphores – Les Euménides*, texte établi et traduit par P. Mazon (1925, 1926), sixième édition revue et corrigée, « CUF », 1955.

EURIPIDE

Tragédies, tome III : *Héraclès. – Les Suppliantes. – Ion.*, texte établi et traduit par H. Grégoire et L. Parmentier, tome VI, 1re partie : *Oreste*, texte établi et annoté par F. Chapoutier, traduit par L. Méridier « CUF », 1923 et 1959.

FRONTON

Correspondance, traduction de P. Fleury avec la collaboration de S. Demougin, Paris, Les Belles Lettres, « Fragments », 2003.

GÉMINOS

Introduction aux phénomènes, texte établi et traduit par G. Aujac, « CUF », 1975.

GERMANICUS
Les Phénomènes *d'Aratos*, texte établi et traduit par A. Le Boeuffle, « CUF », 1975.

HÉLIODORE
Les Éthiopiques, tome II, texte établi par R.M. Rattenbury, revu par T.W. Lumb et traduit par J. Maillon, « CUF », 1960.

HÉRACLITE
Fragments, traduits et commentés par M. Conche, Paris, Presses universitaires de France, 4e édition, 1998.

HÉSIODE
Théogonie – Les Travaux et les Jours – Bouclier, texte établi et traduit par P. Mazon, « CUF », 1928.

HIPPOCRATE
Tome VI, 1re partie : *Du régime*, texte établi et traduit par R. Joly, « CUF », 1967.

HOMÈRE
Hymnes, texte établi et traduit par J. Humbert, « CUF », 1936.
Iliade, tome III : *Chants XIII-XVIII*, texte établi et traduit par P. Mazon, avec la collaboration de P. Chantraine, P. Collart et R. Langumier, « CUF », 1943.
L'Odyssée, tome III : *Chants XVI-XXIV*, texte établi et traduit par V. Bérard, « CUF », 1924.

HORACE
Odes et Épodes, texte établi et traduit par F. Villeneuve, « CUF », 1929.

HYMNES ORPHIQUES
Anthologie de la poésie grecque, traduit et édité par R. Brasillach, Paris, Stock, 1950.

Orphée. Poèmes magiques et cosmologiques, édité par L. Brisson, Paris, Les Belles Lettres, « Aux sources de la tradition », 1993.

JAMBLIQUE
Les Mystères d'Égypte, texte établi et traduit par É. des Places, « CUF », 1966.

JUVÉNAL
Satires, texte établi et traduit par P. de Labriolle et F. Villeneuve (1932), revu et corrigé par J. Gérard, « CUF », 1996.

LUCAIN
La Guerre civile (La Pharsale), tome II : *Livres VI-X*, texte établi et traduit par A. Bourgery, « CUF », 1927.

LUCIEN
Œuvres, tome II : *Opuscules XI-XX* et tome III : *Opuscules XXI-XXV*, texte établi et traduit par J. Bompaire, « CUF », 1998 et 2003.
Comédies humaines, traduction, introductions et notes par A.-M. Ozanam, Les Belles Lettres, « Classiques en poche », 2010.

LUCRÈCE
De la Nature, tome I : *Livres I-III* et tome II : *Livres IV-VI*, texte établi et traduit par A. Ernout, « CUF », 1920 et 1921.

LYSIAS
Discours, tome I : *Discours I-XV*, texte établi et traduit par L. Gernet et M. Bizos (1924), « CUF », 1967 (6e tirage).

MACROBE
Commentaire au songe de Scipion, tome I : *Livre I*, texte établi, traduit et commenté par M. Armisen-Marchetti, « CUF », 2001.

Nonnos de Panopolis

Les Dionysiaques, sous la direction de F. Vian, tome X : *Chants XXX-XXXI*, texte établi et traduit par F. Vian, 1997.

Ovide

Les Amours, texte établi et traduit par H. Bornecque (1930), revu et corrigé par H. Le Bonniec, « CUF », 1995 (6e tirage).

Les Fastes, tome I : *Livres I-III* et tome II : *Livres IV-VI*, texte établi et traduit par R. Schilling, « CUF », 1993.

Les Métamorphoses, tome I : *Livres I-V*, tome II : *Livres VI-X* et tome III : *Livres XI-XV*, texte établi et traduit par G. Lafaye (1925, 1928, 1930), revu et corrigé par J. Fabre (tome 1) et H. Le Bonniec (tomes 2 et 3, 7e édition), « CUF », 1999 (6e tirage), 1995 et 1991.

Parménide

Le Poème. Fragments, traduit et commenté par M. Conche, 2e édition, Paris, Presses universitaires de France, 1999.

Pétrone

Le Satiricon, texte établi, traduit et annoté par A. Ernout, « CUF », 1923.

Philostrate

La Galerie de tableaux, traduit par A. Bougot, révisé et annoté par F. Lissarague, préface de P. Hadot, Paris, Les Belles Lettres, « La Roue à livres », 1991.

Platon

Œuvres complètes, tome VII, 1re partie : *La République, livres IV-VII*, 2e partie : *La République, livres VIII-X*, texte établi et traduit par É. Chambry, tome X : *Timée – Critias*, texte établi et traduit par A. Rivaud et tome XII, 1re partie : *Les Lois, livres VII-X*, texte établi et traduit par A. Diès, « CUF », 1931, 1934, 1925 et 1956.

PLAUTE
Comédies, tome I : *Amphitruo – Asinaria – Aulularia* et tome III : *Cistellaria – Curculio – Epidicus*, texte établi et traduit par A. Ernout (1932 et 1935), revu, corrigé et augmenté par J.-C. Dumont (tome 1), « CUF », 1989 (9e tirage) et 2003 (5e tirage).

PLINE L'ANCIEN
Histoire naturelle, tome II : *Livre II (Cosmologie)*, texte établi, traduit et commenté par J. Beaujeu, tome XX : *Livre XX (Remèdes tirés des plantes de jardins)*, texte établi, traduit et commenté par A. Ernout et R. Pépin, tome XXVI : *Livre XXVI (Remèdes par espèces)*, texte établi, traduit et commenté par J. Beaujeu et tome XXXVI : *Livre XXXVI (Nature des pierres)*, texte établi par J. André, traduit par R. Bloch, commenté par A. Rouveret « CUF », 1951, 1958, 1951 et 1981.

PLUTARQUE
Œuvres morales, tome V, 2e partie : *Traité 23. Isis et Osiris*, texte établi et traduit par C. Froidefond et tome VII, 2e partie : *Traités 37-41. De l'amour des richesses – De la fausse honte – De l'envie et de la haine – Comment se louer soi-même sans exciter l'envie – Sur les délais de la justice divine*, texte établi et traduit par R. Klaerr et Y. Vernière, « CUF », 1988 et 1974.

POLYBE
Histoires, tome VII : *Livre VII-IX*, texte établi et traduit par R. Weil, « CUF », 1982.

PROPERCE
Élégies, texte établi, traduit et commenté par S. Viarre, « CUF », 2005.

PRUDENCE
Tome I : *Cathemerinon Liber (Livre d'heures)*, texte établi et traduit par M. Lavarenne, « CUF », 1944.

QUINTILIEN

Institution oratoire, tome VI : *Livres X-XI*, texte établi et traduit par J. Cousin, « CUF », 1979.

SÉNÈQUE

Lettres à Lucilius, tome II : *Livres V-VII*, texte établi par F. Préchac et traduit par H. Noblot, « CUF », 1947.

Tragédies, tome II : *Œdipe – Agamemnon – Thyeste*, texte établi et traduit par F.-R. Chaumartin, « CUF », 1999.

SILIUS ITALICUS

La Guerre punique, tome III : *Livres IX-XIII*, *Livres XI et XII* et tome IV : *Livres XIV-XVII*, *Livres XV et XVI* : texte établi et traduit par M. Martin, « CUF », 1984 et 1992.

SOPHOCLE

Tragédies, tome I : *Les Trachiniennes – Antigone*, texte établi par A. Dain et traduit par P. Mazon, « CUF », 1955.

SUÉTONE

Vies des douze Césars, tome I : *César – Auguste* et tome II : *Tibère – Caligula – Claude – Néron*, texte établi et traduit par H. Ailloud, « CUF », 1931.

TACITE

Annales, tome I : *Livres I-III* et tome IV : *Livres XIII-XVI*, texte établi et traduit par P. Wuilleumier, 2e édition, « CUF », 1974 et 1978.

La Germanie, texte établi et traduit par J. Perret, « CUF », 1949.

THUCYDIDE

La Guerre du Péloponnèse, tome IV : *Livre VI-VII*, texte établi et traduit par L. Bodin et J. de Romilly, « CUF », 1955.

TITE-LIVE

Histoire romaine, tome II : *Livre II*, texte établi par J. Bayet et traduit par G. Baillet, appendice rédigé par

R. Bloch, tome V : *Livre V*, texte établi par J. Bayet et traduit par G. Baillet (1954), augmenté d'un additif à l'appendice par R. Bloch et tome XXIX : *Livre XXXIX*, texte établi et traduit par A.-M. Adam « CUF », 1941, 1989 (4e tirage) et 1994.

VALERIUS FLACCUS
Argonautiques, tome I : *Livres I-IV*, texte établi et traduit par G. Liberman, « CUF », 1997.

VIRGILE
Énéide, tome I : *Livres I-IV* et tome II : *Livres V-VIII*, texte établi et traduit par J. Perret, « CUF », 1977 et 1978.

XÉNOPHON
Cyropédie, tome III : *Livres VI-VIII*, texte établi et traduit par É. Delebecque, « CUF », 1978.

Suggestions bibliographiques

ANNEQUIN, J., *Recherches sur l'action magique et ses représentations (Ier et IIe siècles apr. J.-C.)*, Paris, Les Belles Lettres, 1973.

ANTAYA, R.A., *The All-Night Festivals of the Greeks*, Ph.D., Johns Hopkins University, Baltimore (Md.), 1983.

AUJAC, G. et SOUBIRAN, J., *L'Astronomie dans l'Antiquité classique*, actes du colloque tenu à l'université de Toulouse-Le Mirail les 21-23 octobre 1977, Paris, Les Belles Lettres, 1979.

AUSTIN, C.F.L., « Nuits chaudes à Lesbos : buvons avec Alcée, aimons avec Sappho », dans G. Bastianini, A. Casanova (dir.), *I papiri di Saffo e di Alceo*, actes du colloque de Florence les 8-9 juin 2006, Firenze, Instituto papirologico G. Vitelli, 2007, p. 115-126.

Bakhouche, B., Moreau, A. et Turpin, J.-C. (dir.), *Les Astres et les Mythes. La description du ciel*, actes du colloque international de Montpellier les 23-25 mars 1995, Montpellier, Université Paul-Valéry, t. I, 1996.

Bakhouche, B., *Les Textes latins d'astronomie. Un maillon dans la chaîne du savoir*, , Louvain / Paris, Éditions Peeters 1996.

Benardete, S., « "Night and day…": Parmenides », *Métis*, 13, 1998, p. 193-225.

Bouché-Leclercq, A., *L'Astrologie grecque* [1899], réimpr. Bruxelles, Culture et civilisation, 1963.

Bouquet, J., « La nuit, le sommeil et le songe chez les élégiaques latins », *Revue des études latines*, 74, 1996, p. 182-211.

Bravo, B., *Pannychis e simposio : feste private notturno di donne e uomini nei testi letterari e nel culto*, Pisa, Ed. dell'Ateneo, 1997.

Brun, J., « La loi du jour et la passion de la nuit », *Eranos-Jahrbuch*, 44, 1975, p. 199-230.

Bureau, B., « Valerius Flaccus poète de la nuit », *Vita Latina*, 170, 2004, p. 98-129.

Carrique, P., *Rêve, vérité. Essai sur la philosophie du sommeil et de la veille*, Paris, Gallimard, « NRF essais », 2002.

Casati, R., *La Découverte de l'ombre (de Platon à Galilée, une énigme qui fascine tous les grands penseurs de l'humanité)*, Albin Michel, 2002.

Chrzanovski, L., *Lumière ! L'éclairage dans l'Antiquité*, catalogue de l'exposition du musée romain de Nyon, 15 mai 2003-30 avril 2014, Nyon, Musée romain, 2003.

Cumont, F., *Astrologie et religion chez les Grecs et les Romains*, texte présenté et édité par Isabelle Tassignon, Bruxelles / Rome, Institut historique belge de Rome, 2000.

DÉTIENNE, M., *Les Dieux d'Orphée*, Paris, Gallimard, 2007.

DÉTIENNE, M., *Dionysos mis à mort*, Paris, Gallimard, 1977.

DODDS, E.R., *Greeks and the Irrational* [1959], traduit par M. Gibson : *Les Grecs et l'irrationnel*, Paris, Aubier-Montaigne, 1965.

FERRIS, T., *Histoire du cosmos de l'Antiquité au big bang*, traduit par O. Bonis, préface de P. Léna, Paris, Hachette Littératures, 1992 (1988).

FESTUGIÈRE, A.-J., *La Révélation d'Hermès Trismégiste* et tome I : *L'Astrologie et les sciences occultes*, tome II : *Le Dieu cosmique*, Paris, J. Gabalda, 1950 et 1949.

GRAF F., *La Magie dans l'Antiquité gréco-romaine*, Paris, Les Belles Lettres, 1994.

GUIDORIZZI, E. (éd.), *Il sogno in Grecia*, Roma-Bari, Laterza, 1988.

GUITTARD, C., « Le problème des limites et subdivisions du jour civil à Rome (Varron, Aulu-Gelle, Macrobe) : *conticinum (-cinum, -cinnum)* ou *conticuum* (*-ciuum*) ? » *Mélanges de l'École française de Rome. Antiquité*, 88-2, 1976, p. 815-842.

GUYE, S. et MICHEL, H., *Mesures du temps et de l'espace : horloges, montres et instruments anciens*, Paris, Bibliothèque des arts, 1970.

HARRIS, W. V., *Dreams and Experience in Classical Antiquity*, Cambridge (Mass.) / London, Harvard University Press, 2009.

HARRISON, E., *Le Noir de la nuit, une énigme du cosmos*, Paris, Le Seuil, 1998.

KASPRZYK, D., « Conter les rêves : Artémidore, Eschyle, Synésios », *La Licorne*, 101, 2012, en ligne.

KESSELS, A.H.M., *Studies on the Dream in Greek Literature*, Utrecht, HES, 1978.

LAURENT, J., *La Mesure de l'humain selon Platon*, Paris, Vrin, 2002, « Le sommeil de Poros et la vigilance du Philosophe », p. 109-130.

LAURENT, J., *L'Éclair dans la nuit. Plotin et la puissance du Beau*, Chatou, La Transparence, 2011, « Le réveil intelligible et le sommeil corporel », p. 29-38.

LE BOEUFFLE, A., *Le Ciel des Romains*, Paris, de Boccard, 1989.

LE BOEUFFLE, A., *Le Ciel et la Mer. L'utilisation de l'astronomie dans la navigation ancienne*, Vannes, Burillier, 1997.

LE GOFF, J., « Les rêves dans la culture et la psychologie collective de l'Occident médiéval », *Scolies. Cahiers de recherches de l'École normale supérieure*, 1, 1971.

LEROUX, V. et PIGNÉ, C. (dir.), *Camenae*, 5 : *Les Visages contradictoires du sommeil de l'Antiquité à la Renaissance*, novembre 2008, en ligne.

LEROUX, V., PALMIERI, N. et PIGNÉ, C. (dir.), *Le Sommeil. Approches philosophiques et médicales de l'Antiquité à la Renaissance*, Paris, Champion, « Sciences, techniques et civilisations du Moyen Âge à l'aube des Lumières », à paraître en 2014.

LOSEV, A., « Évolution de la notion de nuit dans le mythe et la philosophie grecque », *Meander*, 24, 1969, p. 103-115.

MALLARMÉ, S., *Igitur, Divagations. Un coup de dés*, Paris, Poésie Gallimard, 1976.

MÉNAGER, D., *La Renaissance et la Nuit*, Genève, Droz, 2005.

NÄF, B., *Traum und Traumdeutung im Altertum*, Darmstadt, Wissenschaftliche Buchgesellschaft, 2004.

NEUGEBAUER, O., *A History of Ancient Mathematical Astronomy*, Berlin, Heidelberg, New York, Springer-Verlag, 1975.

PAILLER, M., *Bacchanalia. La répression de 186 av. J.-C. à Rome et en Italie : vestiges, images, traditions*, Rome, École française de Rome, 1988.

PAILLER, M., *Bacchus. Figures et pouvoirs*, Paris, Les Belles Lettres, 1995.

PAPASTAVROU, H., « Nyx », dans *Lexicon Iconographicum Mythologiae Classicae*, Zürich und München, Artemis Verlag, VI, 1, p. 939-941.

PATTENDEN, P., « When did a guard duty end? The regulation of the night watch in ancient armies », *Rheinisches Museum*, 130, 1987, p. 164-174.

PIGEAUD, J., « Le rêve érotique dans l'Antiquité grécoromaine : l'*oneirogmos* », *Littérature, Médecine, Société*, 3, 1981, p. 10-23.

PRÉAUX, C., *La Lune dans la pensée grecque*, Bruxelles, Palais des Académies, 1973.

QUIGNARD, P., *La Nuit sexuelle*, Paris, Flammarion, 2007.

RAMNOUX, C., *La Nuit et les enfants de la nuit dans la tradition grecque*, Paris, Flammarion, 1959.

REBUFFAT, R., « Images pompéiennes de la Nuit et de l'Aurore », *Mélanges d'archéologie et d'histoire de l'École française de Rome*, 76, 1964, p. 91-104.

SALLES C., *Les Bas-fonds de l'Antiquité*, Paris, Robert Laffont, 1982.

SCIOLI, E. et WALDE, C. (dir.), *Sub Imagine Somni: Nighttime Phenomena in Greco-Roman Culture*, Pisa, ETS, 2010.

SEGAL, E., « The night they auctioned off the Roman empire », *Horizon*, 3, 1970, p. 36-39.

SINEUX, P., « Une nuit à l'Asklépéion dans le "Ploutos" d'Aristophane : un récit dans le théâtre pour l'étude du rite de l'incubation », *Métis*, N.S. 4, 2006, p. 193-210.

SOUBIRAN, J., « Mythologie et astronomie : la longue nuit de Jupiter et d'Alcmène : (Plaute, *Amph.* 272-276) », *Pallas*, 38, 1992, p. 345-358.

STROBL, P., *Die Macht des Schlafes in der griechisch-römischen Welt : eine Untersuchung der mythologischen und physiologischen Aspekte der antiken Standpunkte*, Hamburg, Kovac, 2002.

VEGLERIS, E., « Platon et le rêve de la nuit », *Ktéma*, 7, 1982, p. 53-65.

VERDON, J., *La Nuit au Moyen Âge*, Paris, Perrin, 1994.

WORHLE, G., *Hypnos, der Allbezwinger. Eine Studie zum literarischen Bild des Schlafes in der griechischen Antike*, Stuttgart, Steiner, 1995.

ZHURAVLEC, D., *Fire, Light and Light Equipment in the Graeco-Roman World*, Oxford, Archaeopress, 2002.

INDEX DES AUTEURS ET DES ŒUVRES

TABLE DES MATIÈRES